Blumenstock · **Handbuch der Leseübungen**

Leonhard Blumenstock

Handbuch der Leseübungen

*Vorschläge und Materialien
zur Gestaltung
des Erstleseunterrichts
mit Schwerpunkt
im sprachlich-akustischen Bereich*

Beltz Verlag
Weinheim und Basel

CIP-Titelaufnahme der Deutschen Bibliothek

Blumenstock, Leonhard:
Handbuch der Leseübungen : Vorschläge und Materialien zur
Gestaltung d. Erstleseunterrichts mit Schwerpunkt im
sprachlich-akustischen Bereich / Leonhard Blumenstock. – 2. Aufl. –
Weinheim ; Basel : Beltz, 1989.
  (Beltz-Praxis)
  ISBN 3-407-62068-3

Alle Rechte, insbesondere das Recht der Vervielfältigung und
Verbreitung sowie der Übersetzung, vorbehalten. Kein Teil des
Werkes darf in irgendeiner Form (durch Photokopie, Mikrofilm
oder ein anderes Verfahren) ohne schriftliche Genehmigung
des Verlages reproduziert oder unter Verwendung elektronischer
Systeme verarbeitet, vervielfältigt oder verbreitet werden.

2. Auflage 1989

© 1983 Beltz Verlag · Weinheim und Basel
Satz: Bauer & Bökeler, 7306 Denkendorf
Druck und buchbinderische Verarbeitung:
Druckhaus Beltz, 6944 Hemsbach über Weinheim
Zeichnungen und Gestaltung: Ottmar Frick, Reutlingen
Umschlaggestaltung: E. Warminski, Frankfurt/M.
Printed in Germany

ISBN 3-407 62068 3

Inhaltsverzeichnis

0.	Einleitung	7

I. Grundlegender Teil: Vorüberlegungen zu den Übungsschwerpunkten

1.	Beziehungen zwischen Lautsprache und Schriftsprache auf der Ebene der Elemente	11
1.1.	Der lautsprachliche Charakter der Schriftsprache	11
1.2.	Die Bedeutung sprachlich-akustischer Übungen	11
1.2.1.	Grundsätzliches	11
1.2.2.	Artikulation/Lautbildung	12
1.2.3.	Lautdiskrimination	12
1.3.	Laut-Buchstaben-Assoziation im Einzelelementenbereich	13
1.4.	Optische Arbeit am Buchstaben	13
1.5.	Reihenfolge der einzuführenden Buchstaben/Laute	14
1.6.	Assoziationshilfen	15
2.	Wortstruktur	16
2.1.	Buchstaben- und Lautstruktur eines Wortes	16
2.2.	Übergeordnete Strukturelemente des Wortes	17
3.	Anreize zum selbständigen Erlesen	18
4.	Verbesserung der Lesefertigkeit	19
5.	Förderung der Bedeutungserschließung	19
6.	Verbindung von Lesen und Schreiben	20
7.	Vorschlag für die Anordnung der Übungsschwerpunkte in einem Lehrgang	21

II. Übungssammlung

0.	Übungsübersicht	24
A.	Übungen zum Buchstaben-Laut-Bereich	29
A1.	Akustische Analyse von Einzellauten	29
A1.1.	Übungen mit Gegenständen und Bildern	29
A1.2.	Spielerische Übungen	30
A1.3.	Übungen zum Sprechen und Hören	31
A1.4.	Übungen zum Schreiben, Malen und Hantieren	32
A2.	Lautdiskrimination im Wort	33
A2.1.	Übungen zum Sprechen und Hören	33
A2.2.	Übungen zum Schreiben, Malen und Hantieren	34
A3.	Optische Arbeit am Einzelbuchstaben	35
A3.1.	Optische Analyse von Buchstaben im Wortverband	35
A3.1.1.	Übungen an der Wandtafel	35
A3.1.2.	Übungen mit Wort- und Bildkarten	36
A3.1.3.	Spielerische Übungen	37
A3.1.4.	Übungen zum Schreiben, Malen und Hantieren	38
A3.2.	Arbeit am Einzelbuchstaben	38
A3.2.1.	Erfassen und Nachbilden des Buchstabens	38
A3.2.2.	Erkennen, Unterscheiden und Ordnen von Buchstaben	39
A4.	Laut-Buchstaben-Assoziation bei Einzelelementen	40
A4.1.	Übungen an Wörtern	40
A4.1.1.	Übungen an der Wandtafel	40
A4.1.2.	Übungen mit Wort- und Bildkarten	40
A4.1.3.	Spielerische Übungen	42
A4.1.4.	Übungen zum Schreiben, Malen und Hantieren	43
A4.2.	Übungen mit Einzellauten und -buchstaben	44
A4.2.1.	Übungen zum Sprechen und Schreiben	44
A4.2.2.	Übungen mit Lernmaterialien	44
A5.	Lautbildung	46
A5.1.	Explosivlaute B - P	46
A5.2.	Explosivlaute D - T	47
A5.3.	Explosivlaute G - K	47
A5.4.	Reibelaute S, Z, Sch	48
A5.5.	Reibelaute W - F (V)	48
A5.6.	Zitterlaute R und Ch_2	49
A5.7.	Nasale M - N - ng	49
B.	Übungen zur Erfassung der Wortstruktur	51
B1.	Laute und Buchstaben als Elemente der Wortstruktur	51
B1.1.	Laut- und Buchstabenanalyse	51
B1.2.	Laut- und Buchstabensynthese	52
B1.3.	Silbensynthese	54
B1.3.1.	Synthese einer Silbe	54
B1.3.2.	Synthese von zwei Silben	54
B1.4.	Wortauf- und -abbau	56
B1.5.	Buchstaben- und Lautvariationen	57
B1.6.	Spielen mit Buchstaben und Lauten	59
B2.	Wortbildung	61
B2.1.	Wortbildungsübungen mit Silben	61
B2.2.	Wortbildungsübungen mit Morphemen	63

B2.3.	Wortbildungsübungen mit häufigen Wortteilen	64
B2.4.	Wortbildungsübungen mit Substantivkomposita	64
C.	Übungen zum selbständigen Erlesen	67
C1.	Übungen im Rahmen des Erstlese- und -schreibunterrichts	67
C1.1.	Erleseübungen an Wörtern im Lehrgang	67
C1.2.	Erleseübungen an Sätzen im Lehrgang	69
C2.	Lehrgangsübergreifende Übungen	70
C2.1.	Lehrgangsübergreifende Erleseübungen an Wörtern	70
C2.2.	Lehrgangsübergreifende Erleseübungen an Sätzen	71
D.	Übungen zur Verbesserung der Lesefertigkeit	73
D1.	Schnelleres Erfassen häufigen Wortmaterials	73
D2.	Gezielte Erhöhung des Lesetempos	74
D3.	Verbreiterung des Lesefeldes	74
D4.	Verschiedene Schriften lesen	75
D5.	Einführung der Buchstabennamen und des Alphabets, Gebrauch häufiger Abkürzungen	76
E.	Übungen zur Bedeutungserschließung	79
E1.	Übungen zur Bedeutungserschließung an Sätzen	79
E2.	Übungen zur Bedeutungserschließung an Texten	81
III.	**Sprachmaterial und methodische Hilfen zu den Übungen**	
1.	Materialsammlung zur Lautbildung: Sprechübungen, Sprechverse, Zungenbrecher, Kurzgedichte, Kinderlieder	85
1.1.	B - P	85
1.2.	D - T	86
1.3.	G - K	86
1.4.	S - Z - Sch - X	87
1.5.	H	88
1.6.	W - F (V)	89
1.7.	M - N - ng	89
1.8.	R - Ch$_2$	89
1.9.	Vokale	90
1.10.	Konsonantenhäufungen	92
2.	Material zur Einprägung der Laute und Buchstaben	95
2.1.	Interjektions- und Bedeutungslautverfahren	95
2.2.	Anlaut- und Auslautverfahren	95
2.3.	Handzeichen als Assoziationshilfen zur Einprägung der Buchstabenform	96
2.4.	Lautgebärden	97
2.4.1.	Kleinmotorische Systeme	97
	1. Beispiel: Handzeichen von Kossow	97
	2. Beispiel: Gebärden von Koch	101
2.4.2.	Großmotorische Systeme	102
	1. Beispiel: Phonomimische Zeichen von Radigk	102
	2. Beispiel: Lautgebärden von Bleidick/Kraft	105
3.	Spezielles Übungswortmaterial	115
3.1.	Wortmaterial für die Anfangs- und Endlautanalyse	115
3.2.	Wortmaterial für die Lautdiskrimination	115
3.3.	Wortmaterial für die Einführung in die Analyse und Synthese	116
4.	Grundwortschatzlisten	117
4.1.	Minimalwortschatz	117
4.2.	Grundwortschatz der deutschen Umgangssprache	117
IV.	**Materialanhang**	
1.	Leselehrgänge	121
2.	Lehr- und Lernmaterialien	127
2.1.	Materialien ohne Selbstkontrolle	127
2.1.1.	Blätter/Hefte	127
2.1.2.	Kärtchen	128
2.1.3.	Würfel/Steine	133
2.1.4.	Lernmittel mit Spielvorlagen oder Hilfsgeräten	136
2.1.5.	Buchstaben und Buchstabenelemente	139
2.2.	Materialien mit Selbstkontrolle	140
3.	Lesestoffe	143
3.1.	Kategorie I	143
3.2.	Kategorie II	145
3.3.	Kategorie III	146
4.	Testvorschläge für den Verlauf des 1. Schuljahres	153
4.1.	Artikulation	153
4.2.	Lautdiskrimination	153
4.3.	Buchstaben-Laut-Kenntnis	153
4.4.	Lautanalyse	154
4.5.	Lautverbindung	154
4.6.	Lesefähigkeit	154
5.	Literaturvorschläge vorwiegend zur Unterrichtspraxis	157
5.1.	Erstlesen	157
5.2.	Erstschreiben	157
5.3.	Lese-Rechtschreibeschwäche	158
5.4.	Sprache – Artikulation – Sprachfehler	158
5.5.	Grundwortschatz	159
5.6.	Lautgebärden	159

0. Einleitung

Der grundlegende Leseunterricht besitzt für die schulische Laufbahn eines Kindes große Bedeutung. Vor allem Lese-Rechtschreibschwächen können durch einen ungenügend durchdachten und nicht auf wesentliche Fähigkeiten ausgerichteten Erstleseunterricht begünstigt werden (vgl. u. a. Valtin 1975, Schultheis 1976). Die in den letzten Jahren erschienenen Leselernwerke bieten zwar viel Material an, unterscheiden aber häufig nicht zwischen wesentlichen und unwesentlicheren Bereichen; sie erschweren oft auch durch die Vielfalt der gebotenen Übungen unterschiedlicher Zielrichtungen den Überblick oder binden den Lehrer eng in einen festgelegten Lehrgang ein.

Im vorliegenden Übungs- und Materialangebot wurden Bereiche besonders herausgestellt, die sich in den Forschungen zur Lese-Rechtschreibschwäche der letzten Jahre als besonders wichtig herausgestellt haben und die zentral für den Erwerb der Lesefähigkeit sein dürften:
– Einsicht in das phonematische Grundprinzip der Schriftsprache gewinnen;
– Beziehungen zwischen Lautsprache und Schriftsprache herstellen;
– Sprache akustisch-sprachlich durchschauen und differenzieren;
– Einblick in die Wortstruktur gewinnen.

Bei der Zusammenstellung des Materials ist Vollständigkeit nicht angestrebt. Kein kompletter Erstleselehrgang soll angeboten werden, sondern ein nach Schwerpunkten geordnetes Übungs- und Materialangebot, das für häufig auftretende Lernsituationen des 1. Schuljahres gedacht ist. Besondere individuelle Probleme einzelner Schüler oder spezifische Klassensituationen können natürlich nicht berücksichtigt werden. So kommen zwangsläufig auch kommunikative Bezüge zwischen Schreiber und Leser oder situationsbezogene spontane Lese- und Schreibaktivitäten in dieser Zusammenstellung zu kurz. Außerdem ist die gesamte grapho-motorische Seite des Schreiblehrgangs nicht angesprochen, da es hierzu zahlreiche gut verwendbare eigene Lehrgänge gibt.
Aspekte des über die Einführung hinausgehenden weiterführenden Lesens sind nur angesprochen, soweit sie die Erweiterung der Lesefertigkeit im engeren Sinne berühren (vgl. Ritz-Fröhlich 1971). Auf eine Darlegung der Probleme literarischer Grunderziehung, die zweifellos bereits im 1. Schuljahr beginnt, wurde ebenfalls verzichtet.
Im grundlegenden Teil I wird versucht, die gewählten Schwerpunkte des Übungsangebotes aus dem aktuellen Stand der Diskussion über Probleme der Einführung in die Schriftsprache zu begründen. In Teil II ist ein nach Lernschwerpunkten geordnetes Übungsangebot bereitgestellt, aus dem der Lehrer unabhängig vom verwendeten Lehrgang auswählen kann. Innerhalb der Schwerpunktbereiche sind die Übungen in etwa nach ihrem Schwierigkeitsgrad geordnet. So kann der Lehrer in besonders wichtigen Bereichen den Lernvorgang vertiefen, für lernschwache Schüler geeignete Übungen auswählen, spielerische Angebote für Lerngruppen bereitstellen oder schneller lernenden Schülern zusätzliches Arbeits- oder Spielmaterial anbieten. Er kann sich auf diese Weise von einem gängelnden Lehrgang freimachen. Auch die Erarbeitung eines eigenen Leselehrganges – im Sinne einer Eigenfibel – wird durch das Übungsangebot erleichtert (vgl. die Übungsübersicht S. 25).
In Teil III ist Sprachmaterial zusammengestellt, das in den Übungen verwendet werden kann (z. B. Grundwortschatzangebote für den Lehrgang, Wortschatz für die Einzellaut- oder die Gesamtlautanalyse, ferner eine Sammlung an Kurzgedichten, Zungenbrechern und Kinderliedern für die Lautbildung). Außerdem sind akustische, optische und gestische Hilfen zur Einprägung von Lauten und Buchstaben enthalten.
Teil IV (Anhang) enthält wichtige Literatur zum Erstleseunterricht, eine Übersicht über geeignete Lernmaterialien und Lesestoffe für den Leseanfänger, Hinweise auf leicht durchführbare Tests zur Erfassung der Lernvoraussetzungen und des Lernerfolges sowie eine Auflistung neuerer Leselehrgänge.
Das Handbuch entstand aus einer Dissertation zur Prophylaxe der Lese- und Rechtschreibschwäche im 1. Schuljahr (Blumenstock 1979), aus Lehrveranstaltungen zur Theorie und Praxis des Erstlese- und -schreibunterrichts und zur Lese-Rechtschreibschwäche an der Erziehungswissenschaftlichen Hochschule Rheinland-Pfalz, Abteilung Landau, sowie aus eigenen praktischen Unterrichtserfahrungen in ersten Schuljahren.

I Grundlegender Teil: Vorüberlegungen zu den Übungsschwerpunkten

1. Beziehungen zwischen Lautsprache und Schriftsprache auf der Ebene der Elemente

1.1. Der lautsprachliche Charakter der Schriftsprache

Beim Leselehrgang handelt es sich um die erste grundlegende Begegnung der Schüler mit der Schriftsprache. Während Kinder im Alter von sechs Jahren die gesprochene Sprache recht sicher handhaben, fehlt ihnen meist die Fähigkeit, schriftlich fixierte Sprache zu entschlüsseln, d. h. sie in gesprochene Sprache zu überführen und den Sinn des Geschriebenen zu erfassen. Die Einführung in das Lesen muß grundlegende Aspekte dieser Beziehung zwischen Schrift- und Lautsprache in den Vordergrund stellen:
Da unsere Schrift eine Lautschrift darstellt – im Unterschied etwa zu Begriffsschriften –, sollte in den Mittelpunkt der Einführung zunächst die Beziehung zwischen den Grundelementen der geschriebenen Sprache (Buchstaben) und denen der gesprochenen Sprache (Laute) treten. Die Begriffe „Laut" bzw. „Buchstabe" werden hier im Sinne der heute häufig zu lesenden Begriffe „Phonem" bzw. „Graphem" (Abstraktionen vom jeweils variierten Einzelelement; vgl. u. a. Bierwisch, in: Hofer 1976, S. 50 ff.) verwendet.
Die Beziehung zwischen Laut und Buchstabe stellt das „Grundmodell der alphabetischen Schriftsysteme" dar (Schwartz 1978, S. 295). Durch Verwendung der Lautschrift gelingt es, mit wenigen graphischen Zeichen jede Lautstruktur aufzuschreiben. Dieses Grundprinzip ist sehr einfach und daher auch gut für die Einführung in das Erlesen einer Lautschrift geeignet (vgl. auch Vestner 1975).

1.2. Die Bedeutung sprachlich-akustischer Übungen

1.2.1. Grundsätzliches

Durch zahlreiche Untersuchungen, besonders bei der Erforschung der Probleme mangelnder Lese- und Rechtschreibfähigkeiten, wurde die Bedeutung sprachlich-akustischer Fähigkeiten herausgestellt. Es sind dies vor allem vier Bereiche (vgl. auch Blumenstock 1979, S. 20 ff.):
– Artikulation/Lautbildung
  (Wörter korrekt sprechen, Laute korrekt bilden; vgl. Übungen S. 46–49, 85–94).
– Lautunterscheidung (-diskrimination)
  (Laute akustisch im Wort und als Einzellaute unterscheiden; vgl. Übungen S. 33–34)
– Lautanalyse
  (Einzellautanalyse gegenüber Anfangs-, Binnen- und Endlauten; vgl. Übungen S. 29–33, 51–52)
– Lautsynthese (-verbindung)
  (Verbindung der isolierten Normallautreihe zu einem gesprochenen Wort; vgl. Übungen S. 52–55).

Die Ergebnisse der empirischen Untersuchungen (vgl. u. a. Kossakowski 1962; Valtin 1972; Blumenstock 1979) lassen sich dahingehend zusammenfassen, daß besonders der Lautanalyse- und Lautverbindungsfähigkeit hohe Bedeutung für den Erwerb der Lesefähigkeit zukommt. Daher sind diese Bereiche in den Mittelpunkt eines Erstleselehrganges zu rücken. Die Forderung gilt besonders für lernschwache Schüler, die im Analysieren und Synthetisieren große Schwierigkeiten besitzen. Lautbildungs- und Lautunterscheidungsschwierigkeiten sind demgegenüber seltener. Sie sind aber dort, wo sie auftreten, durch geeignete Übungsmaßnahmen gezielt zu bekämpfen.
Insgesamt muß im Erstleseunterricht ein hohes Maß sprachlicher Aktivität aufgewandt werden.
Die gesprochene Sprache (Lautsprache) der Schüler wird durch folgende Übungen differenzierter erfaßt, akustisch überprüft und verbessert:
– Sprechen und Flüstern von Wörtern und größeren sprachlichen Einheiten,
– genaues Bilden von Lauten,
– exaktes Hören auf den Lehrer und auf den Mitschüler,
– Sprechen der in einem Wort enthaltenen Lautreihe aufgrund exakten Abhörens,
– Bilden von Wörtern aus gesprochenen Lautreihen.

Die gesprochene Sprache wird ferner durch gezielte Übungen im Einzellautbereich und im Bereich von größeren Spracheinheiten (vor allem Morpheme und Wörter, aber auch Sätze; vgl. dazu die Überlegungen S. 16–18) zur Schriftsprache in Beziehung gesetzt.
Somit wird schon im Bereich der Einzelelemente die grundlegende Einsicht in das Hauptprinzip der Lautsprache angebahnt:
– Der erste Laut im gesprochenen Wort entspricht dem ersten Buchstaben im geschriebenen Wort;

– der letzte Laut im gesprochenen Wort entspricht dem letzten Buchstaben im geschriebenen Wort;
– ein Laut im Wortinneren entspricht auch einem Buchstaben im Wortinneren.

1.2.2. Artikulation/Lautbildung

In mehreren Untersuchungen wurden Beziehungen zwischen der Fähigkeit der Schüler in der Artikulation und Lautbildung und der Lesefähigkeit festgestellt.
Besonders Kossakowski (1962, S. 21) fand signifikante Beziehungen zwischen Schwächen in Lesen und Rechtschreiben und der Artikulation. (vgl. auch Blumenstock 1979, S. 21 ff.).
Demnach liegt die Bedeutung von Lautbildungsübungen einmal darin, die Schüler allgemein sicher in der Aussprache der Laute, der Lautgruppen, der Wörter und der (zum Teil schwierig zu sprechenden) Satzgebilde zu machen. Sie liegt ferner in der Behebung leichterer Sprachfehler, die nicht unbedingt einer Sonderbehandlung bedürfen (vgl. die Einordnung der Artikulationsschwächen bei Fried 1981, Topsch 1979, Führing u. a. 1978).
Wichtig im ersten Schuljahr ist eine rechtzeitige Feststellung von Sprachfehlern.
Dies kann im Bereich der Lautbildung durch den Lautbildungstest von Fried (LBT) geschehen (vgl. Diagnostische Instrumente im Anhang).
Folgende Übungsmöglichkeiten sind zu berücksichtigen:
– Übungen, die unbewußt die Lautbildung fördern (für den Vorschulbereich gibt hier Fried (1981) einen hervorragenden Überblick);
– Sprechverse, geeigneten Wortschatz sprechen lassen und somit zwar bewußt, aber doch spielerisch die Lautbildung fördern;
– Bewußtmachen der Lautbildung und der Unterschiede zwischen verwechselbaren Lauten (isoliert und im Wort);
– falsche Lautbildung korrigieren
Methodische Möglichkeiten:
– Eigene Sprechwerkzeuge befühlen, betasten, beobachten;
– fremde Sprachvorbilder (Lehrer, Mitschüler, Mundtafeln) beobachten (bzw. betrachten), nachsprechen, Lautbildung von der Mundstellung absehen;
– Lautbildung durch Sprechen verbessern;
– isoliert Laute üben.

1.2.3. Lautdiskrimination

Im 1. Schuljahr darf eine Beziehung zwischen Lautdiskriminationsvermögen und Lesefähigkeit angenommen werden. Schüler, die grundlegende Schwächen in der Lautunterscheidungsfähigkeit besitzen, machen mehr Lesefehler als andere (vgl. die Zusammenfassung mehrerer Untersuchungen bei Blumenstock 1979, S. 25 ff.). Ebenso geht aus Untersuchungen hervor, daß die Lautdiskriminationsfähigkeit eng mit der Artikulations- und akustischen Analysefähigkeit verbunden ist.
Nach Kossakowski (1962, S. 35) sind vor allem Konsonanten akustisch leicht zu verwechseln:
– Explosivlaute (d–t, g–k, b–p)
– andere akustisch ähnliche Laute, besonders wenn sie an der gleichen oder einer nahe gelegenen Stelle im Sprechapparat gebildet werden, besonders:
 m–n, s–sch, s–z, ch_1–sch, w–f, ch_2–r, x–s, x–z
– Bei Vokalen kommen Verwechslungen ebenfalls vor:
 z. B. a–o, u–ü, ü–i, ü–ö, ei–eu
Vokale werden aber bei weitem nicht so häufig verwechselt wie Konsonanten. Daher soll das Hauptaugenmerk auf Konsonanten gerichtet werden.

Die Diskrimination von Einzellauten fällt leichter als die Lautunterscheidung im Wortverband. Die Übungen werden daher meist an Wortmaterial durchgeführt. Folgende Prinzipien sind dabei zu beachten:
– Reihenfolge der zu unterscheidenden Laute:
 Anfangslaute, dann Endlaute, zuletzt Binnenlaute (vgl. auch dieselbe Reihenfolge in der akustischen Analyse).
– Wortwahl: Je länger und komplexer das Wort, desto schwieriger ist die Lautdiskrimination. Daher ist auf Steigerung der Schwierigkeiten in der Wortwahl zu achten.
Eine große Auswahl an leicht zu verwechselnden Wörtern ist im Bremer Lautdiskriminationstest (BLDT) von Niemeyer (vgl. Übersicht über Testverfahren S. 153) zu finden.
Zur exakten Überprüfung der Lautdiskriminationsfähigkeit eines Schülers kann der standardisierte Lautunterscheidungstest von Fried (LUT) eingesetzt werden (vgl. Übersicht über Testverfahren, S. 153).
Übungen mit der gesamten Klasse sind schon recht früh im Zusammenhang mit akustischen und artikulatorischen Übungen durchzuführen. Besonders wichtig ist aber, daß der Lehrer individuelle Schwächen bei einzelnen Schülern fest-

stellt und sie gezielt durch Übungen bekämpft (vgl. die Wortzusammenstellungen zu verschiedenen Lautgegenüberstellungen S. 115).

1.3. Laut-Buchstaben-Assoziation im Einzelelementenbereich

Durch die Arbeit an den Elementen der Schrift- und Lautsprache und ihre Assoziierung wird das Grundmaterial für den Leselehrgang bereitgestellt (vgl. Übungen S. 40–46). Methodisch sind zwei Übungsbereiche zu unterscheiden:
– Analytische Formen:
  Buchstaben werden aus dem geschriebenen Wort, Laute aus dem gesprochenen Wort ausgegliedert und wechselseitig in Beziehung gesetzt.
– Arbeit am isolierten Element (Buchstaben-Laut-Beziehung):
  Die gegenseitige Buchstaben-Laut-Beziehung muß auch am isolierten Element geübt werden. Das Ziel besteht darin, die Kenntnis von Buchstaben und Lauten in beiden Richtungen zu automatisieren.

Bei der Durchführung der Übungen ist folgendes zu beachten:
– Der Buchstabe wird fest mit dem Laut verbunden: Eine Basisvoraussetzung für das Lesenlernen. Unkenntnis des Lautwertes von Einzelbuchstaben ist ein recht häufiges Hindernis für das Erlesen.
– Außerdem soll der Schüler merken, daß Buchstaben im Wort sehr häufig einem bestimmten Lautwert (mit einer gewissen Variationsbreite) entsprechen.
  Dazu bedarf es der Verwendung weitgehend lauttreuen und leicht durchschaubaren Wortmaterials mit einfacher innerer Struktur (z. B. Wörter mit wenigen Buchstaben oder einfacher Vokal-Konsonanten- oder Konsonanten-Vokal-Folge).
– Die Elemente müssen vollständig, gründlich und in einer überlegten Schwierigkeitsstufung eingeführt werden (vgl. Kap. 1.5., S. 14–15).
– Akustische Übungen bereiten meist mehr Schwierigkeiten als optische. Daher sind mit besonderer Gründlichkeit akustische Übungen durchzuführen.
– Lange geschlossene Laute sind akustisch leichter zu analysieren als kurze offene. Dies ist bei den ersten Analysen zu beachten (Beispiel: Das <O> in Ofen ist leichter zu hören als das <O> in Tom).
– Die Variationsbreite eines Lautes (z. B. die unterschiedliche phonetische Wertigkeit des <E> in Erika, Essen, Spinne) spielt am Anfang noch keine Rolle. Sie ist jedoch im weiteren Fortgang des Unterrichts zu beachten.
– Die Schüler sollten die Elemente der Schrift nicht zu spät im Lehrgang kennenlernen. Es ist möglich, bereits in den ersten Tagen mit akustischen und dann optischen Analysen zu beginnen und anschließend in regelmäßigen Abständen die Elemente einzuführen.
– Durch möglichst tägliche Übungen sollen alle Schüler zur Beherrschung der Ziele in den drei Lernbereichen geführt werden.
– Übungen an der Buchstaben-Laut-Beziehung sind nach ihrer Einführung für längere Zeit täglich durchzuführen, zumindest so lange, bis möglichst alle Schüler die Einzelelemente beherrschen.

1.4. Optische Arbeit am Buchstaben

1. Die optische Erfassung des Einzelbuchstabens genießt bei den Ganzheitlern (vgl. Kern/Kern 1964) zeitlichen Vorrang vor der akustischen Arbeit. Nach neueren Untersuchungen (vgl. Oehrle 1975) sind rein optische Schwächen auch bei lese-rechtschreibschwachen Kindern selten. Es empfiehlt sich daher, bei der Mehrzahl der Übungen, die optische Arbeit am Einzelbuchstaben mit der akustischen zusammenzufassen.
2. Die optische Seite darf dennoch nicht zu kurz kommen, damit die Kinder
   – bestimmte Einzelelemente wiedererkennen (isoliert und im Wort),
   – Einzelelemente als gleich erkennen (identifizieren) und
   – Einzelelemente unterscheiden (diskriminieren).

Die Arbeit im optischen Bereich am Einzelbuchstaben erstreckt sich daher darauf, die Form von Buchstaben zu erfassen und einzuprägen, sie auch bei geringfügigen Variationen (z. B. Größe) als gleich zu erkennen und Buchstaben ähnlicher Form voneinander zu unterscheiden.

3. Erste Voraussetzung für die optische Arbeit ist die Sehfähigkeit der Schüler. Sie sollte im Zweifelsfall ärztlich überprüft werden (vgl. einen informellen Sehtest für Kinder bei Topsch 1979).

4. Die Übungsarbeit muß verschiedene Tätigkeitsformen einbeziehen:
   – Das Betrachten und Vergleichen der Buchstabenformen,
   – das Nachfahren, Betasten (z. B. von Plastikbuchstaben),
   – das Nachlegen (mit kleinen Steinchen) oder Nachformen (Plastilin),
   – das Schreiben der Buchstaben (vgl. Übungen S. 38–40).

1.5. Reihenfolge der einzuführenden Buchstaben/Laute
(vgl. auch Bleidick 1976, S. 90f.)

Da die akustische Analyse zugleich schwierig und wichtig ist, haben akustische Prinzipien bei der Festlegung der Reihenfolge Vorrang:
– Laute, die gedehnt gesprochen werden können, stehen am Anfang (z. B. Vokale oder sog. Dauerkonsonanten wie M, S, R)
– Laute, die nur in typischer Verbindung mit einem anderen Laut vorkommen (au, ei, eu) sollten aus folgenden Gründen nicht am Anfang stehen:
Schüler empfinden diese Laute häufig als zwei Laute (akustische Analyse).
Falls der Lehrer die Diphtonge als einen Laut vor den Einzellauten einführt, kommen diejenigen Schüler in Konflikt, die bereits lesen können und wissen, daß hier ein Doppelbuchstabe geschrieben wird.
Bei einem Lehrgang, der Lesen und Schreiben von Anfang an verbindet, sind in zweiter Hinsicht optische und schreibmotorische Prinzipien zu berücksichtigen; d. h., von den Lauten/Buchstaben, die aus akustischen Gründen Priorität genießen, sind die optisch-schreibmotorisch einprägsamen vorzuziehen.
Die Häufigkeitsrangreihe der Buchstaben (vgl. Schönpflug 1969, S. 157 ff.) zeigt, daß auch Explosivlaute (besonders t–d) in der Sprachverwendung ziemlich häufig vorkommen. Obwohl Explosivlaute akustisch Nachteile bei der Analyse besitzen, müssen dennoch einige ziemlich an den Anfang der Analyse gestellt werden.
Die Häufigkeitsrangreihe zeigt auch, daß die Umlaute ü, ä, ö und danach j, y, x und q die am seltensten vorkommenden Buchstaben sind.

Vorgeschlagene Reihenfolge der Buchstaben/Laute:

1. Stufe: Einführung
Vokale:
O: prägnante optische Form, gut zu sprechen und akustisch zu analysieren, Buchstabenform gleicht der Mundstellung beim Sprechen.
I   ist als Druckbuchstabe (i) leicht zu schreiben.
U, A kommen häufig in Namen vor (Uta, Sabine, Uli, Anna, Andrea)
E: nur als langer Vokal in Anfangsstellung (Eva)
Die Vokale besitzen alle den Vorteil, daß sie in ihrer geschlossenen langen Form gut zu analysieren und gedehnt zu sprechen sind. Erst auf einer späteren Lernstufe sollen die akustischen Variationsformen (kurz, offen) eingeführt werden.
Nasallaute:
M, N kommen in Wörtern häufig vor, besonders in kindgemäßen Substantiva (Mund, Nase, Maus). Sie sind akustisch von Vorteil, da sie klingen und durch ihren Nasalklang leicht von anderen Lauten unterschieden werden können. Da sie als Nasallaute miteinander verwechselt werden können, sind sie getrennt nacheinander einzuführen und dann gezielt zu diskriminieren.
Reibelaute:
S: optisch sehr einprägsam (Vergleich mit Seil, Schlange), akustisch auffällig.
F kommt in Substantiva der Leselehrgänge sehr häufig vor (Fisch, Affe, Frosch, Fenster), prägnant im akustischen Klang (das V ist als Buchstabe vom F getrennt einzuführen, um Verwechslungen zu vermeiden. Akustisch ist natürlich keine Unterscheidung zwischen F–V möglich).
Zitterlaut:
R: akustisch sehr gut einzuführen (Rasseln des Weckers), klingt deutlich als Anfangslaut, kommt häufig vor (Rad, Roller, Tor, Uhr, rot).

2. Stufe: Die meisten der anderen Laute/Buchstaben können auf einer zweiten Stufe eingeführt werden. Dabei ist die Reihenfolge unwesentlich.
Explosivlaute:
B–P, D–T, G–K
Sie kommen relativ häufig in Wörtern vor, sind recht gut zu hören, aber nicht gedehnt zu sprechen, da sie sofort verklingen.

Sie sind zunächst getrennt einzuführen. Spätere Diskriminationsübungen sind bei den Paaren B–P, G–K und D–T sinnvoll.
Reibelaute: W, V, Sch
Diphtonge: Ei, Au
Hauchlaut: H
Lateralengelaut: L

3. **Stufe:** Seltener vorkommende Laute/Buchstaben und solche, die besondere Schwierigkeiten bereiten, stehen am Schluß des Lehrgangs.
Umlaute: Ä, Ö, Ü
Sie kommen in der Sprache seltener vor, häufig in Ableitungsformen (z. B. Mehrzahlbildungen Hand – Hände)
Umgelautete Diphtonge: Äu (Eu)
Seltene Laute/Buchstaben, die am Schluß der Häufigkeitsrangreihe stehen: J, X, Q, Y:
Davon bieten X und Q noch zusätzlich Schwierigkeiten, da sie als doppelter Laut gesprochen werden <ks> bzw. <kw>
Das gleiche gilt auch für Z (Sprechweise <ts>).
C, Ch: Beide Buchstaben bieten große Schwierigkeiten, da sie einer ganzen Reihe von Lautwerten zugeordnet werden können. Sie sollten daher erst ganz am Schluß eingeführt werden.
C   kommt als Einzelbuchstabe selten vor, meist in Fremdwörtern, hier in sehr unterschiedlicher Sprechweise:
    <k>: Cockpit, Club
    <tsch> Cello
    <s> City
    <ts> Celle
Ch: Hier sind zwei völlig verschiedene Lautungen möglich, die häufig als ch_1 (ich-Laut) und ch_2 (ach-Laut) bezeichnet werden. Dazu kommt die oft völlig andere Aussprache in Fremdwörtern:
    <k> Chor
    <sch> Chanson
Ng: Der ng-Laut ist ein Nasallaut, der im hinteren Bereich der Mundhöhle gebildet wird. Für die Schüler ist schwierig, daß der Einzellaut durch einen Doppelbuchstaben repräsentiert wird.

1.6. Assoziationshilfen

Für schwächere Schüler, denen es besonders schwer fällt, sich die Buchstabenform, den Lautwert oder die Beziehung zwischen Buchstabe und Laut einzuprägen, können „Einprägungshilfen" wichtige Lernstützen darstellen (S. 95–113).
Viele dieser Assoziationshilfen sind seit der Zeit der synthetischen Lehrgänge bekannt, gerieten dann aber weitgehend in Vergessenheit und werden heute eigentlich nur noch im Unterricht der Sonderschulen verwendet, obwohl sie für Grundschüler mit Lernschwächen ebenfalls wichtig sind.
Diese Assoziationshilfen (Zeichen, Gebärden, akustische Symbole) können – besonders bei lernschwachen Schülern – über die Unterstützung der Laut-Buchstaben-Einprägung hinaus auch Hilfen für die Laut- und Buchstabensynthese darstellen (vgl. dazu Kraft 1971; Schultheis 1972; Dummer 1978).
Folgende Möglichkeiten sind gegeben:
(vgl. auch Bleidick 1966, S. 126 ff; Kowarik/Kraft 1973, S. 72 ff.; Radigk 1979, S. 82 ff.)
– Einprägungshilfen für den Laut:
    Bedeutungslautmethode (Laute, die in der Umwelt des Kindes vorkommen, werden herangezogen) (S. 95)
    Interjektionsmethode (gefühlshaltige Ausrufe in bestimmten Situationen) (S. 95)
    Anlaut- bzw. Auslautmethode (Wörter, die einen Laut in typischer Weise als Anfangs- oder Endlaut beinhalten) (S. 95–96)
– Einprägungshilfen für die Form des Buchstabens (S. 96)
– Ausdrucksgebärden (Handzeichen, Lautgebärden) als Einprägungshilfen für Buchstabe oder Laut (je nach System; Beispiele häufig gebrauchter klein- bzw. großmotorischer Systeme sind S. 97–113 zu finden)

2. Wortstruktur

2.1. Buchstaben- und Lautstruktur eines Wortes

Die Übungen an der Gesamtheit der Elemente (Buchstaben/Laute) von Spracheinheiten (meist Wörter) stellen aufbauend auf die Übungen an den Einzelelementen das Material bereit, mit dem die grundlegenden Einsichten in die Charakteristika der Lautschrift gewonnen werden können:
- Die gesprochene Sprache besteht aus Lauten.
- Diesen Lauten lassen sich Schriftzeichen zuordnen. Damit kann man die gesprochene Sprache darstellen.
- Die Schriftzeichenfolge kann wieder in die Lautfolge zurückverwandelt werden.
- Laute, die am Anfang eines Wortes zu hören sind, entsprechen den Anfangsbuchstaben, Laute am Wortende den Endbuchstaben;
grundsätzlich entsprechen die Lautpositionen den Buchstabenpositionen.
- Umstellungen von Lauten in der gesprochenen Sprache bedingen auch Buchstabenänderungen und umgekehrt; Änderungen bei den Lauten ziehen Buchstabenänderungen nach sich.

Bei allen Abweichungen und nicht eindeutigen Zuordnungen zwischen Laut und Buchstabe, die besonders von linguistischer Seite hervorgehoben wurden (vgl. u. a. Bierwisch, in: Hofer 1976, S. 50 ff.), gelten dennoch die genannten Prinzipien. Es ist sicher lernpsychologisch günstig, den Schülern zunächst an relativ lauttreuen und innerlich einfach strukturierten Wörtern (vgl. die Wortschatzsammlung S. 116) die grundlegenden Wechselbeziehungen zwischen geschriebener und gesprochener Sprache aufzuzeigen. Das bedeutet nicht, daß andere Prinzipien der Wort- und Sprachstruktur unwichtig wären (vgl. S. 17–18 zur Morphemproblematik).

Die Grundeinsicht, daß Laute zu Buchstaben (bzw. Phoneme zu Graphemen) und Buchstaben zu Lauten in gegenseitiger Wechselbeziehung stehen, kann auf mehreren methodischen Wegen vermittelt werden:
- Analyse- und Synthesemaßnahmen am gesamten Buchstaben- und Lautbestand eines Wortes (Lautieren bzw. Lautsynthese) (vgl. Übungen S. 51–55)
- Wortaufbau und -abbau mit begleitendem Auf- und Abbau des klanglichen Wortkörpers; (vgl. Übungen S. 56–57)
- Veränderungen in der Buchstabenfolge, Buchstabenaustausch und die sich dadurch ergebenden lautlichen Veränderungen (vgl. Übungen S. 57–61)

Folgende Grundsätze sind bei der Durchführung der Übungen zu beachten:
- Im Lehrgang müssen die einzelnen Teilfähigkeiten nacheinander schrittweise erlernt werden. Dabei sind leicht durchschaubare, einfach strukturierte Wörter zu verwenden (besonders zur Einführung in die Technik der Lautanalyse bzw. -synthese).
Die Übungen müssen so lange durchgeführt werden, bis die Schüler selbständig Wörter erlesen können.
- Rein oder vorwiegend akustische Formen der Veränderung am Wortkörper werden von den Kindern am wenigsten beherrscht. Akustische Übungen sind daher besonders wichtig.
- Die Schüler müssen lernen, ein Wort akustisch-sprachlich in seine Normallaute (Phoneme) zu zerlegen (Lautieren) und aus den Normallauten die Wortvor- und Wortendgestalt wieder herzustellen (Synthese, Lautverbindung).

Die entscheidende Syntheseleistung, die bei jedem Leseakt gegenüber einem unbekannten Wortkörper beim Leseanfänger notwendig ist, vollzieht sich nämlich im sprechmotorisch-akustischen, nicht im optischen Bereich. Die Buchstaben erinnern an die Lautwerte, aus der Synthese der Lautwerte ergibt sich die Wortvorgestalt, die über die Sinnfindung zur Wortendgestalt wird:

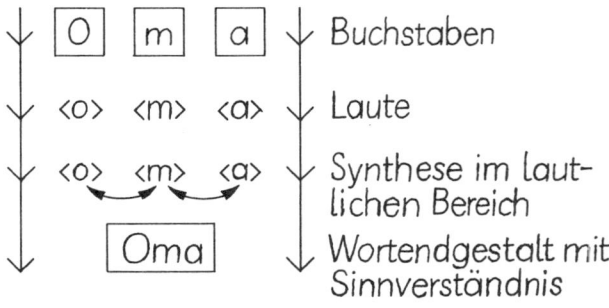

- Die Synthese ist für das Lesenlernen so entscheidend wichtig, daß die Technik gründlich eingeübt werden muß.
Manche Schüler tun sich bei längeren Wörtern sehr schwer. Sie müssen die Synthese schrittweise erlernen, als Verbindung von zwei Lauten (durch zwei Buchstaben bzw. Buchstabengruppen symbolisiert) zu einer Silbe (vgl. Übungen S. 54–55)

Die Silbensynthese ist nur Mittel zum Zweck, den Schülern die Technik der Synthese an einfachsten Beispielen zu verdeutlichen. Sie darf nicht zum Selbstzweck werden, wie dies in manchen „synthetischen" Leselehrgängen der Fall ist. Hier werden alle möglichen Buchstaben zu sinnlosen Silben verbunden. Auf die Dauer führt dies zu Schematismus und Langeweile.

2.2. Übergeordnete Strukturelemente des Wortes

Besonders von linguistischer Seite aus wurde nun betont (vgl. Bierwisch 1976), daß zwischen Buchstaben und Normallauten (Phonemen) keine eindeutige Zuordnung besteht, der gleiche Laut also durch mehrere Buchstaben bzw. Buchstabengruppen repräsentiert werden kann (z.B. <i> durch i, ie, ieh). Außerdem kann auch ein Buchstabe zu mehreren Lauten in Beziehung stehen (z.B. wird <e> am Wortanfang häufig geschlossen und gedehnt gesprochen: z.B. Esel; in den Suffixen el, en dagegen wird es kurz, offen und unbetont gesprochen). Es ist notwendig, den Schülern diese Mehrdeutigkeiten aufzuzeigen.

Daher wurden von verschiedenen Didaktikern des Erstleseunterrichts elementenübergreifende Strukturprinzipien der Schriftsprache hervorgehoben:

Gliederungseinheiten der gesprochenen Sprache (akustisch-rhythmische Wortgliederung):	Häufig wiederkehrende Bauteile der Sprache:	
	Sinngliederung:	sinnfreie Wortgliederung:
Silben	Morpheme Wortzusammensetzungen	z.B. Signalgruppen, Konsonantenhäufungen am Wortanfang
(vgl. Übungen S. 54–55, 61–63)	(vgl. Übungen S. 63–65)	(vgl. Übungen S. 64)

Über die Bewertung der verschiedenen Strukturierungsmöglichkeiten des Wortes besteht unter den Experten keine Einigkeit. Von Synthetikern wird die Silbe als beste Untergliederungsform und kleinste Syntheseeinheit angesehen (vgl. Dobies: Ich lerne lesen, S. 37).

Warwel (1975) bevorzugt die sogenannten „Signalgruppen" (häufig wiederkehrende Teile in Wörtern wie „ing" in Ring, singen oder wie „ock" in Stock, Rock, Bock) als Untereinheiten der Wörter bzw. als „Superzeichen". Allerdings fällt es schwer, die Signalgruppen voneinander abzugrenzen. Sie bestehen in großer Fülle und können nach Belieben vermehrt werden.

Linguistisch klar abgrenzbar sind dagegen die Morpheme als „kleinste bedeutungstragende Einheiten der Sprache" (Funkkolleg Linguistik, Studienbegleitbrief 3, S. 64).
So enthalten Wörter wie
gekauft, kaufen oder Kaufladen
das Morphem „kauf".
Sehr häufig kommen die Funktionsmorpheme (z.B. Präfixe oder Suffixe) vor. Sie sind ein wesentliches Element der Wortbildung und daher für das schnelle Erfassen des Wortes beim Lesen oder für das richtige Schreiben von Bedeutung.

Schubenz (1978) stellt folgende Funktionsmorpheme als besonders häufig und damit für die Wortbildung wichtig heraus:
Grammatikalische Morpheme:
t (in schreibt), st (in schreibst), e (in bleibe), er (in größer), en, n, et, est, end, ent, nd;
Endmorpheme:
heit (in Vergangen**heit**), keit (in Freundlich**keit**), schaft, ung, tum, tüm, nis, mand, ei, ling, in, lich, ig, sam, haft, bar, isch, chen, lein, sal, zig;
Anfangsmorpheme:
be (in **be**wegen), ent (in **ent**scheiden), emp, er, ge, ver, zer, ent, miß, rück, ur, um, vor, an (in **an**sehen), zu.
Solche Morpheme sollten durch Wortvergleich von den Kindern als wortkonstituierend in immer gleicher Form wiederkehrend erkannt werden.
Selbstverständlich geht diese Aufgabe in den Rechtschreibunterricht der gesamten Grundschule ein. Keinesfalls sollte der Lehrer auch versuchen, systematisch und erschöpfend alle Morpheme herausstellen zu wollen. Er muß aber an zahlreichen Beispielen erarbeiten, daß viele Teile in Wörtern immer wiederkehren.

3. Anreize zum selbständigen Erlesen

Morpheme bereits von Anfang des Leselehrganges parallel zu den Elementen Buchstabe/Laut einführen zu wollen, erscheint jedoch aus folgenden Gründen problematisch:
- Die Schüler könnten die Analyseeinheiten verwechseln und Buchstaben mit Buchstabengruppen durcheinanderwerfen.
- Buchstaben/Laute sind als Analyseeinheiten in ihrer Anzahl überschaubar, während es doch sehr zahlreiche Morpheme in der deutschen Sprache gibt. Dies ist besonders für lernschwache Schüler wichtig, die sich schon bei der Einprägung der Buchstaben-Laut-Beziehung schwer tun.

So liegt es nahe, erst aufbauend auf dem Grundleselehrgang gegen Ende des 1. Schuljahres mit der Arbeit an den Morphemen zu beginnen und sie in den Rechtschreibunterricht der folgenden Schuljahre einzubeziehen.

Daneben sind für die Durchstrukturierung vor allem von längeren Wortgebilden auch die Möglichkeiten der Wortzusammensetzung von Bedeutung.

Eine Besonderheit der deutschen Sprache, die sowohl für Lesen wie für Rechtschreiben Schwierigkeiten bereitet und zugleich wichtig ist, stellen die zahlreichen Konsonantenhäufungen durch Übergangskonsonanten dar:
Pf, Pfl, Zw, Tr, Kl, Dr usw.
Sie müssen gegen Ende des ersten Schuljahres und noch weiterführend im 2. Schuljahr gründlich geübt werden.

Die Schüler sollen motiviert und befähigt werden, sich fremde Wörter in steigendem Schwierigkeitsgrad, dann kleine Sätze und Sinnzusammenhänge selbständig zu erlesen, d. h. die Klanggestalt aus dem Buchstabenbild herzustellen und die Bedeutung des Gelesenen zu verstehen.
Dazu bedarf es vielfältiger Anreize, denn „Lesen lernt man durch Lesen" (Meiers 1981, S. 25 f.).
Bei der Durchführung des Unterrichts (vgl. Übungen S. 67–72) muß folgendes berücksichtigt werden:
- Lesematerialien (Fibeln, Kinderbücher, Kinderlexika) sollen bereitgestellt werden (vgl. Materialübersicht im Anhang, S. 143–151)
- Lesesituationen sind durch Eigentexte, Beschriftungen, Notizen, Arbeitsanweisungen, kleine Berichte oder Briefe zu schaffen.
- Erleseanreize müssen so früh wie möglich gegeben werden. Wenn die Schüler Buchstaben-Laut-Verbindungen kennen, Lautier- und Syntheseübungen durchgeführt haben, setzt die Fähigkeit und Bereitschaft ein, Wörter selbständig zu erlesen.
- Erleseanreize sollen die Schüler motivieren, ihnen Erfolgsgefühle schaffen und sie vom „Gängelband" der Leseübungen allmählich befreien: „Ich kann es selbst".
- Die Schüler sollen keinesfalls zum Erlesen gezwungen oder genötigt werden, wenn sie es noch nicht können. Das würde Versagenserlebnisse schaffen. Ermunterungen und Lob nach einer individuell guten Leistung sind sehr förderlich.
- Erleseanreize sind daher sehr individuell nach dem Lesevermögen der Schüler zu stellen.
- Erleseanreize sind in allen Fachbereichen, nicht nur im Erstleseunterricht möglich.
- Die Selbständigkeit der Schüler wird nicht gefördert durch ständiges unnötiges Vorlesen des Lehrers oder durch ausschließliches „Chorlesen" der Klasse (Verzicht auf Einzelleistung),
Bevormundung durch bessere Schüler,
gängelnden Unterricht, der keine Anreize schafft.
- Die Erleseanreize sollen möglichst abwechslungsreich sein.

4. Verbesserung der Lesefertigkeit

1. Die technische Seite des Lesens muß grundsätzlich im Zusammenhang mit der Inhalts- und Bedeutungserschließung beim Lesen gesehen werden. Unverstandenes kann nicht erlesen werden.
2. Dennoch bedarf es dann, wenn die Schüler zum selbständigen Erlesen leichten Sprachmaterials in der Lage sind, gezielter Übungen zur Steigerung der technischen Lesefertigkeit (vgl. Übungen S. 73–78).
3. Dazu gehören u. a. Maßnahmen zur Erhöhung des Lesetempos, zur schnelleren Erfassung häufig vorkommender Wörter, zur Steigerung der Erlesefertigkeit gegenüber längeren Wörtern und größeren Sinnzusammenhängen (Verbreiterung des Lesefeldes), aber auch zum Vertrautmachen mit der Variationsbreite der Schriften oder zum Erlesen von Abkürzungen (im Zusammenhang mit der Einführung des Alphabets).
4. Von besonderer Bedeutung für die Lesefertigkeit sind die übergreifenden Funktionen der Aufmerksamkeit, Konzentration über eine längere Zeitspanne hinweg und der Lesefreude, die mit dem Erfolg steigt. Diese Funktionen sollen in allen Übungen angesprochen werden.
5. Die meisten der beschriebenen Übungen sind besonders für leseschwache Schüler geeignet. Sie sind daher gezielt in Förderstunden und Förderkursen anzuwenden, die bereits im ersten Schuljahr zur Vermeidung späterer kumulierter Schwächen im Lese-Rechtschreibbereich anzusetzen sind.

5. Förderung der Bedeutungserschließung

1. Die Erschließung der Bedeutung von Gelesenem ist Grundprinzip des gesamten Leselehrgangs. Dem Schüler soll das, was er gelesen hat, verständlich sein.
2. Im Basislehrgang des ersten Schuljahrs besitzt der Schüler in aller Regel noch große lesetechnische Schwierigkeiten. Daher sollten die zu erlesenden Wörter und Sinnzusammenhänge keine inhaltlichen Probleme aufwerfen, damit nicht lesetechnische und inhaltliche Schwierigkeiten zusammen den Schüler überfordern.
3. Wenn der Schüler beginnt, selbständig zu erlesen, wird der Bedeutungsaspekt noch wichtiger. Die Schüler sollen in gezielten Maßnahmen dazu geführt werden, sich den Inhalt von Gelesenem zu erschließen bzw. zunächst einmal überhaupt auf den Inhalt zu achten und darüber nachzudenken (vgl. Übungen S. 79–82). Damit wird auch der Übergang zum Weiterführenden Leseunterricht des 2. Schuljahres vorbereitet
(vgl. u. a. Ritz-Fröhlich 1971 und 1981).
4. Je sicherer die Schüler in der Lesetechnik werden, desto mehr kann Augenmerk auf differenziertere Texterschließung gelegt werden, desto länger und schwieriger können die Texte auch werden.
5. Umgekehrt ist mit fortschreitendem Lesevermögen die Fähigkeit zur Sinn- und Bedeutungserschließung auch Voraussetzung für das Erlesen eines Textes.

6. Verbindung von Lesen und Schreiben

Lesen als Entschlüsseln aufgeschriebener Bedeutung und Schreiben als Verschlüsseln von Gesprochenem stehen in sehr engem Zusammenhang. Beide Tätigkeiten stützen sich gegenseitig. Heller (1977, S. 205 ff.) wies zum Beispiel nach, daß allein durch Lesen das Rechtschreibvermögen der Schüler verbessert werden kann. Umgekehrt wirkt sich Schreiben sehr vorteilhaft auf Lesen aus:
- Buchstabenkenntnis und Formerfassung der Buchstaben werden gestützt;
- das Leseinteresse wird durch Schreiben gefördert (vgl. die Methode der Waldorfschulen und Maria Montessoris; vgl. Dühnfort/Kranich 1971, S. 110 ff.);
- die prinzipielle Einsicht, daß alles Gelesene geschrieben und alles Geschriebene gelesen werden kann, wird durch die Verbindung von Lesen und Schreiben gestützt.

Zahlreiche Didaktiker betonen in den letzten Jahren die Notwendigkeit, Lesen und Schreiben im Anfangsunterricht zu integrieren (vgl. Menzel 1975; Chomsky 1976; Heuß 1977; Liedel 1977). So sollte den Schülern früh die Möglichkeit gegeben werden, Gedachtes, Gelesenes, Gesprochenes in Bild und Text umzusetzen.

Unter diesem Gesichtspunkt kann auch die Druckschrift (gemischte Antiqua) als eine leicht zu erwerbende, dem Schulanfänger gemäße Schriftart (vgl. die Untersuchung von Meis 1963, S. 22 f.) anders als bisher (vgl. Lämmel 1960; Glöckel 1976; Gramm 1971) bewertet werden. Da die gemischte Antiqua als beste Leseschrift unumstritten ist (vgl. Muth 1977, S. 147 ff.), liegt es nahe, parallel in einem Basis-Lese- und Schreibkursus auch Schreibversuche in Druckschrift zu ermöglichen. Dies gilt umso mehr, als nachteilige Auswirkungen der Druckschrift auf die spätere Schreibschrift der Schüler nicht zu befürchten sind (vgl. die gründliche Untersuchung von Weinert u. a. 1966).

Versuche mit der „Vereinfachten Ausgangsschrift" auf breiterer Basis sollten abgewartet werden. Bisher durchgeführte unterrichtliche Erprobungen lassen vermuten, daß diese Schriftart gute Möglichkeiten zu einer Koordinierung von Schreiben und Lesen eröffnet (vgl. Grünewald, in: Neuhaus-Siemon 1981, S. 55 ff.).

7. Vorschlag für die Anordnung der Übungsschwerpunkte in einem Lehrgang

Basisübungen

O. Ganzheitliches Lesen
von Schrift in der Umwelt des Kindes: Bedeutungshaltige, für das Kind interessante Wörter und kleine Sätze, Namen, Schilder (Oma, Opa, Tom, Fewa, Haus, Maus usw.), dadurch Bereitstellung von Wortmaterial für die ersten Analysen
parallel dazu erste Schreibversuche: Vorübungen; Versuche, kleine Wörter in Druckschrift nachzuschreiben

1. Buchstaben-Laut-Bereich

Anfangslautanalyse
Beginn mit kurzen, einfach strukturierten, möglichst lauttreuen Wörtern

Artikulation-Lautbildung
Optische Analyse (Erkennen von Gleichheiten) am geschriebenen Wort

In-Beziehung-Setzen von Einzellaut und Einzelbuchstabe im Wort

Optische Übungen zur Erfassung der Buchstabenform mit Schreiben der Buchstaben

Festigung und Einübung der **Buchstaben-Laut-Kenntnis**

Endlautanalyse

Binnenlautanalyse

Lautdiskrimination

2. Buchstaben-Lautstruktur des Wortes

Lautieren

In-Beziehung-Setzen der Buchstabenfolge zur Lautfolge im Wort

Laute verbinden (Synthese) an einfachstem Wortmaterial und an Silben

Auf- und Abbauübungen an Wörtern

Abwechslungsreiche Übungen zur Beziehung zwischen Lauten und Buchstaben im Wort

steigender Wortschwierigkeitsgrad

steigender Schwierigkeitsgrad

Übergangskonsonanten (pf, pfl usw.)

Aufbauende Übungen

1. Anreize zum selbständigen Erlesen von angemessen schwierigem Sprachmaterial

2. Förderung der Bedeutungserschließung (Sinnerfassung und Sinngestaltung)

↓

fachübergreifend
(inhaltliche Verbindung vor allem zum Sachunterricht)

3. Gezielte Maßnahmen zur Verbesserung der Lesefertigkeit (z.B. Verbreiterung des Lesefeldes, Erhöhung der Leseschnelligkeit, Erlesen anderer Schrifttypen)

4. Verbesserung der **Einsicht in die Schriftstruktur** (Silben, Wortteile, Morpheme) zur gezielten Verbesserung von Lesen und Rechtschreiben

Erlesen und Bedeutungserschließung an kleineren literarischen Texten

(wird im 2. Schuljahr weitergeführt)

II Übungssammlung

Übungsübersicht

1. Zahl (kursiv) = Nummer der Übung
2. Zahl (fett) = Seitenzahl

① Übungen zu Einzellauten und -buchstaben

		Lautbildungs-übungen zu speziellen Lernzielen	Sprechübungen, Verse usw. zur Lautbildung	Einprägungs-hilfen über Interjektions- und Bedeutungs-lautverfahren	Wortschatz zur Anfangs- und Endlautanalyse
Explosivlaute	b	*76–85* **46–47**	*268–275* **85–86**		*409* **96** *561* **115**
	p	*76–85* **46–47**	*268–275* **85–86**		*397* **95** *410* **96** *574* **115**
	d	*86–90* **47**	*276–281* **86**	*390* **95**	*412* **96** *562* **115**
	t	*86–90* **47**	*276–281* **86**	*390* **95**	*396* **95** *411* **96** *577, 595* **115**
	g	*91–95* **49–50**	*282–287* **86**		*413* **96** *565* **115**
	k (ck)	*91–95* **49–50**	*282–287* **86**		*414* **96** *569, 588* **115**
Reibelaute	s (ß)	*96–101* **48**	*288–318* **87–88**	*386* **95**	*425* **96** *576, 594* **115**
	z (c)	*96–101* **48**	*288–318* **87–88**	*395* **95**	*427* **96** *580, 597* **115**
	sch	*96–101* **48**	*288–318* **87–88**	*392* **95**	*426* **96** *584* **115**
	x		*288–318* **87–88**		*422* **96**
	ch₁				
	j				*421* **96** *568* **115**
	w	*102–106* **48**	*321–326* **89**	*391* **95**	*419* **96** *579* **115**
	f (v)	*102–106* **48**	*321–326* **89**	*388* **95**	*420* **96** *564, 587* **115**
Hauchlaut	h		*319, 320* **88**	*393* **95**	*423* **96** *566* **115**
Lateralengelaut	l				*415, 424* **96** *570, 589* **115**
Nasale	m	*113–117* **49**	*327–332* **89**	*385, 389* **95**	*416* **96** *571, 590* **115**
	n	*113–117* **49**	*327–332* **89**	*389* **95**	*417* **96** *572, 591* **115**
	ng	*113–117* **49**	*327–332* **89**	*389* **95**	*418* **96**
Zitterlaute	r	*107–112* **49**	*333–339* **89–90**	*387* **95**	*429* **96** *575, 593* **115**
	ch₂	*107–112* **49**	*333–339* **89–90**	*394* **95**	*424* **96**
Vokale	a		*340–364* **90–92**	*377* **95**	*399* **95** *560, 585* **115**
	e		*340–364* **90–92**	*380* **95**	*398* **95** *563, 586* **115**
	i (ie)		*340–364* **90–92**	*381* **95**	*400* **95** *567* **115**
	o		*340–364* **90–92**	*378* **95**	*401* **95** *573, 592* **115**
	u		*340–364* **90–92**	*379* **95**	*402* **95** *578, 596* **115**
Diphtonge	au		*340–364* **90–92**	*383* **95**	*404* **95** *581* **115**
	eu (äu)		*340–364* **90–92**		*405* **95**
	ei (ai)		*340–364* **90–92**	*382* **95**	*403* **95** *582* **115**
Umlaute	ä		*340–364* **90–92**	*384* **95**	*406* **96**
	ö		*340–364* **90–92**		*407* **96** *583* **115**
	ü		*340–364* **90–92**		*408* **96**
	q				*441* **96**
	y				*448* **96**
Konsonantenhäufungen			*365–376* **92–94**		

Handzeichen zur Einprägung der Buchstabenform	Handzeichen von Kossow	Gebärden von Koch	Phonomimische Zeichen von Radigk		Lautgebärden nach Bleidick/Kraft	
		457 98	473 101	512 103		555 112
440 96		458 98	487 101	517 104		554 112
431 96		459 98	474 101	511 103		557 112
444 96		460 99	490 101	510 103		556 112
433 96		461 99	477 101	515 104		559 113
436 96		462 99	482 101	516 104		558 113
443 96		465 100		509 103		544 109
430, 449 96			494 101	521 104		545 110
		466 100	489 101	521 104		546 110
447 96				521 104		
		468 100		525 104		
			481 101	520 104		547 110
446 96		464 99	493 101	519 104		541 108
432, 445 96		463 99	476, 492 101	513 103	518 104	542, 543 109
434 96			478 101	514 103		540 108
437 96		470 100	483 101	507 103		550 111
438 96		455 98	484 101	505 103		551 111
439 96		456 98	485 101	506 103		552 111
		471 101				553 112
442 96		469 100	488 101	508 103		549 111
		467 100	479 101	525 104		548 110
		450 97	472 101	497 102		532 105
		451 97	475 101	500 102		533 105
435 96		454 97	480 101	499 102	529 105	534, 535 106
		452 97	486 101	498 102		531 105
		453 97	491 101	501 102		530 105
			495 101	503 102		538 108
				504 102		539 108
			496 101	502 102		537 107
				526 104		536 107
				527 104		536 107
				528 104		536 107
				521 104		

② **Übungen zur Buchstaben- und Lautstruktur des Wortes**

	Klasse/Großgruppe	Kleingruppe Partnerarbeit	Alleinarbeit
Akustische Analyse von Einzellauten	*1, 2, 3, 4, 5* **29** *6, 8, 9* **30** *12, 13, 14, 15, 16* **31**	*7, 10* **30** *11* **31** *19* **32**	*7* **30** *17, 18, 19, 20* **32** *21, 22, 23* **33**
Lautdiskrimination	*24, 25* **33** *26, 27, 28* **34**	*27* **34**	*29, 30* **34**
Optische Arbeit am Einzelbuchstaben	*31, 32, 33, 34* **35** *35, 36, 37* **36** *45, 46, 47* **38**	*38, 39, 40, 41* **37** *52* **39** *53* **40**	*42, 43, 44* **38** *47, 48* **38** *49, 50, 51* **39**
Laut-Buchstaben-assoziation bei Einzelelementen	*54, 55, 56, 57, 58* **40** *59, 60* **41** *68, 69* **44** *74* **45**	*61, 62, 63, 64* **42** *67* **43** *68, 70, 71* **44**	*61* **41** *65, 66, 67* **43** *72, 73, 74* **45** *75* **46**
Laut- und Buchstabenanalyse beim ganzen Wort	*118, 119, 120* **51** *121* **52**	*118* **51** *121* **52**	
Laut- und Buchstabensynthese	*122, 123, 124* **52** *127, 128* **53** *130, 131, 132* **54** *136, 137* **55**	*122, 124* **52** *127* **53** *138* **55**	*125, 126, 129* **53** *130, 131, 132, 133, 134* **54** *135, 136, 137* **55**
Wortaufbau und -abbau	*139, 140, 141, 142* **56**		*143, 144* **57**
Buchstaben- und Lautveränderungen	*145, 146, 147, 148, 149* **57** *150, 151, 152* **58** *155, 156, 157, 159* **59** *162, 163* **60**	*158* **59** *161* **60**	*147, 148* **57** *153, 154* **58** *160* **59** *162, 163* **60** *164, 165, 166* **61**

③ Übungen mit Wortteilen

	Klasse/Großgruppe	Alleinarbeit
Silben	*167, 168, 169, 170* **61** *171, 172, 173, 174, 176* **62**	*175, 176, 177, 178* **62** *179* **62**
Morpheme	*180, 181, 182, 183, 184, 185* **63** *186* **64**	*180, 181, 182, 183, 184, 185* **63**
häufige Wortteile/Konsonantenhäufungen	*187, 188, 189, 190, 191, 192, 193* **64**	*187, 192* **64**
Substantivkomposita	*194* **64** *195, 196, 197* **65**	*194* **64**

④ Übungen mit Wörtern

	Klasse/Großgruppe	Kleingruppe/Partnerarbeit	Alleinarbeit
Grundlegende Erleseübungen	*198, 199, 200, 202* **67** *204* **68** *218* **70** *219, 220, 221* **71**	*201* **67** *205, 206, 207* **68** *208, 209, 210, 211, 212* **69**	*203, 207* **68** *218* **70** *221* **71**
Erfassen häufigen Wortmaterials			*226, 227, 228* **73** *229* **74**
Erhöhung des Lesetempos	*231* **74**		
Verbreiterung des Lesefeldes			*232* **74** *233* **75**
Lesen verschiedener Schriften	*218* **70** *237* **75**		*218* **70** *235, 238, 239, 240* **75**
Abkürzungen, Buchstabieren	*242, 243* **76** *246, 247, 248* **78**	*242* **76**	*249* **78**

⑤ Übungen mit Sätzen und kleinen Texten

	Klasse/Großgruppe	Kleingruppe/Partnerarbeit	Alleinarbeit
Grundlegende Erleseübungen	*213, 214* **69** *215, 216, 217* **70** *222, 224* **71**	*221* **71**	*217* **70** *223* **71** *225* **72**
Verbesserung der Lesefertigkeit			*226, 227* **73** *230* **74** *234* **75**
Bedeutungserschließung	*250, 255* **79** *258* **80** *260, 261, 262* **81** *264, 267* **82**	*259* **81** *265* **82**	*251, 252, 253, 254, 256* **79** *257, 258* **80** *263* **81** *266* **82**
Lesen verschiedener Schriften	*224* **71**	*236* **75**	*225* **72** *241* **76**
Alphabetgedichte	*244, 245* **76**		

A. Übungen zum Buchstaben-Laut-Bereich

A1. Akustische Analyse von Einzellauten

A1.1. Übungen mit Gegenständen und Bildern

1 Hinter meinem Rücken
Material: Größere Abbildungen, Fotos, Bildtafeln, Demonstrationsbilder aus Leselehrgängen (z. B. System Radigk, vgl. Materialübersicht im Anhang).
Verlauf: Der Lehrer (oder Schüler) spricht: Hinter meinem Rücken habe ich ein Bild; das fängt an (hört auf, hat in der Mitte) ein O... Wer errät, was es ist?
Lösungen mit O... werden als möglich zugelassen. Falls ein Schüler einen Vorschlag macht, der nicht den richtigen Laut enthält, versucht der Lehrer, den Schüler seinen Fehler erkennen zu lassen. Er läßt das Wort sprechen, den Laut hören oder spricht selbst das Wort deutlich vor.

2 Ich sehe ein Bild
Material: Wandbilder sind an der Wand aufgehängt (z. B. Bildkarten aus dem System Radigk, vgl. Materialübersicht im Anhang).
Verlauf: Der Lehrer spricht: Ich sehe ein Bild an der Wand (eine Bildkarte), das fängt an (hört auf; hat in der Mitte) ein T... (oder: Da ist etwas draufgemalt, bei dem man ein T... hört. Was ist es?)

3 Ich sehe etwas, was du nicht siehst
Verlauf: Der Lehrer (Schüler) merkt sich einen Gegenstand im Zimmer. Er sagt dann: Ich sehe etwas, was du nicht siehst (nicht weißt), das fängt an (hört auf, hat in der Mitte, enthält) ein M... Als Hilfe zum Erraten kann man einzelne Schüler durch das Klassenzimmer gehen lassen. Wenn sie in die Nähe des Gegenstandes kommen, sagt man: „Es wird warm". Wenn sie sich davon entfernen: „Es wird kalt".

4 Grabbelsack
Material: Stoffsack, verschließbare Schachtel oder Dose; Gegenstände, die im Sack versteckt werden können (z. B. Milchtüte, Metermaß)
Verlauf: Der Lehrer stellt den Sack vor die Schüler hin: In dem Sack ist ein Ding, das fängt mit M... an. Könnt ihr es erraten?

Mögliche Hilfen durch Angabe von Gegenstandseigenschaften:
Es ist rund und fängt mit B... an (z. B. Ball).

5 Aaaa, wie schön – mmm, wie gut...
Material: Zu den einzelnen Lauten lassen sich typische Verbindungen zu Lauten in der Umwelt, emotionalen Äußerungen oder Geräuschen herstellen (vgl. die Übersicht über Assoziationen in den Interjektions-, Bedeutungslaut-, An- und Auslautverfahren S. 95–96).
Verlauf: Der Lehrer versucht, im Gespräch mit den Schülern, durch Betrachten eines Bildes (siehe Zeichnung unten) oder durch Anhören eines Geräuschs (z. B.

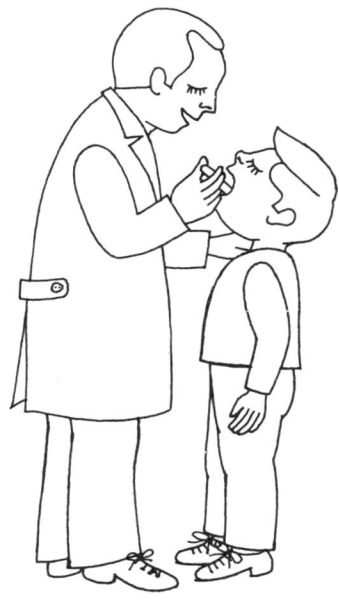

über eine Schallplatte, etwa aus dem Lernspiel „Hör – was ist das?" Otto Maier Verlag, Ravensburg) eine Verbindung zwischen dem Lautwert des Buchstabens und bekannten Lauten herzustellen. A: So machen, wie wenn man beim Zahnarzt ist und den Mund ganz weit aufmachen muß (vgl. Radigk, W.: Arbeitsfibel, Synthesevorsatz zum System Radigk, Düsseldorf: Schwann 1973, S. 4; weitere Beispiele siehe S. 97–101).

Handzeichen:
A:

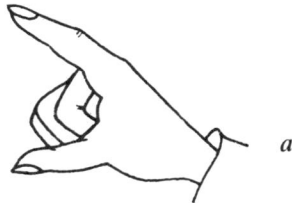

(nach Kossow; vgl. Lautgebärdensystem, S. 97–101).

6 *Anlaute (Endlaute) nennen*
Material: Verschiedene Gegenstände (Spielsachen: Puppe, Teddy, Elefant..., Schulsachen: Heft, Mäppchen, Ranzen usw.)
Verlauf: Der Lehrer bringt verschiedene Gegenstände mit. Er zeigt sie vor. Die Schüler benennen sie und sagen, mit welchem Laut das Wort anfängt (aufhört).

7 *Zuordnen*
Material: Abbildungen von Gegenständen, Namensschilder
Verlauf: Die Schüler ordnen jeweils einem Gegenstand ein Namensschild zu. Dabei müssen sich lediglich die Anfangs- bzw. Endlaute entsprechen.
Beispiel:

8 *Gegenstände ordnen*
Material: Verschiedene Gegenstände (z. B. Spielgegenstände, die die Schüler mitgebracht haben)
Verlauf: Die Klasse sitzt im Kreis. Die Gegenstände werden in der Mitte ungeordnet aufgestellt und von den Schülern benannt.
Danach werden die Anfangs- (End-)Laute genannt. Nun können die Schüler die Gegenstände nach gleichen Anfangs- (End-)Lauten ordnen (z. B. Alle Gegenstände, die mit B beginnen: Ball, Bär, Buch usw.).
Die Gegenstände werden in eine Reihe, bzw. auf einen Stoß gelegt.

Variation 1:
Ordnen von Bildern oder Blumen nach gleichen Lauten; Schüler werden in Gruppen nach gleichen Anfangslauten ihres Namens zusammengestellt (z. B. durch Mengenkreise zusammengefaßt: Seil um die Gruppe herumlegen) Schülernamen werden an die Tafel geschrieben; Namen gleichen Anfangslautes werden in einem Mengenkreis zusammengefaßt, bzw. Namensschilder aneinandergehängt. Dazu können die Bankschilder der Schüler verwendet werden.

Variation 2:
Material: Fotos der Schüler (von zu Hause mitbringen lassen).
Falls die Lesefähigkeit der Schüler zum Erlesen der Schülernamen noch nicht ausreicht, können auch Fotos der Schüler nach Anfangsbuchstaben des Namens geordnet werden.

Variation 3:
Material: Bildkarten
In Mengenkreisen befinden sich falsch zugeordnete Bildkarten (Fotos). Die Schüler sprechen die Wörter und entscheiden, was paßt und was geändert werden muß.

Variation 4:
Die Bilder können auch über den Tageslichtprojektor vorgegeben werden (auf verschiebbaren Folienstücken). Die Schüler ordnen die Bilder nach Anfangs- (End-) Lauten durch Verschieben der Folienstücke.
Herstellung: Die Bildfolien können von einer Bildvorlage auf einem Fotokopiergerät hergestellt werden; die Kärtchen eines Lesespiels (z. B. Leselotto oder Sprechlernspiele; vgl. die Materialübersicht im Anhang) werden nebeneinandergelegt, auf Folie kopiert und dann in kleine Einzelfolien zerschnitten.

A1.2. Spielerische Übungen

9 *Mein rechter Platz ist leer*
Verlauf: Die Schüler und der Lehrer sitzen im Kreis auf Stühlen. Ein Stuhl bleibt leer. Der Schüler, auf dessen rechter Seite der leere Stuhl steht (es kann natürlich auch der linke Stuhl sein), sagt: Mein rechter, rechter Platz ist leer, da ruf ich mir den M... her. Es wird nur der Anfangsbuchstabe genannt. Die Schüler, die infrage kommen, stehen auf. Der Schüler sagt, wen er gemeint hat. Es wird dann überlegt, ob die richtigen Schüler (mit dem genannten Anfangsbuchstaben) aufgestanden sind.
Zur Einübung empfiehlt es sich, das Spiel zunächst mehrmals mit den vollen Namen zu spielen.

10 *Ball zuwerfen*
Material: Stoffball oder Ball aus anderem leichtem Material
Herstellung: Ein Perlonstrumpf wird mit Schaumstoff oder Watte ein Stück weit ausgestopft, beidseitig abgeschnitten und an beiden Enden zugebunden.
Verlauf: Ein Schüler nennt einen Laut. Er wirft einem Mitschüler den Ball zu. Dieser muß ihn auffangen und einen Gegenstand (Person, Tier) nennen, dessen Name

mit dem genannten Laut beginnt. Wer ein falsches Wort nennt, bekommt einen Strafpunkt (z. B. ein rotes Plättchen oder ein Kreuz, das an der Tafel notiert wird).

11 Wer gewinnt?
Material: Rechenplättchen (aus einem Rechenlehrgang)
Verlauf: Der Lehrer sagt einen Laut (schreibt einen Buchstaben an). Wer ein Wort sagen kann, das mit diesem Laut beginnt, bekommt einen Punkt (ein Rechenplättchen), bzw. darf sich selbst ein Plättchen hinlegen. Es wird reihum gefragt. Wer die meisten Punkte hat, hat gewonnen.

Variation 1:
Es wird reihum gefragt. Wer kein Wort mehr weiß, ist ausgeschieden. Sieger ist der Schüler, der am Schluß übrigbleibt.

Variation 2:
Der Lehrer (Schüler) nennt Wörter. Die Schüler müssen der Reihe nach die entsprechenden Anlaute (Endlaute) nennen. Es wird analog den vorher beschriebenen Spielmöglichkeiten der Sieger ermittelt.

A1.3. Übungen zum Sprechen und Hören

12 Ich kenne jemand
Verlauf: Der Lehrer (Schüler) sagt: Ich kenne einen Jungen (in der Klasse sitzt ein Junge oder ein Mädchen), dessen Name mit A... anfängt.

13 Was ist es?
Verlauf: Der Lehrer beschreibt eine Person oder einen Gegenstand mit einem Satz oder bildet einen Satz, in dem das Ding (die Person) vorkommt.
Beispiele:
Beim B... kann man Brot kaufen. (Bäcker)
Der I... hat Stacheln. (Igel)
Ein Fahrzeug, das im Wasser schwimmt: Ein Sch... (Schiff), ein B... (Boot), ein F... (Floß).
Es wächst im Garten: A... (Apfel)

14 Sprechen und Hören
Verlauf: Der Lehrer spricht Wörter vor (Namen von Schülern, Gegenständen). Er läßt entscheiden, ob in dem Wort ein bestimmter Laut als Anlaut, Endlaut oder Binnenlaut vorkommt:
z. B.: Kommt ein R vor in Rad, Oma, Laden?
Die Schüler entscheiden, indem sie den Laut nennen, die Frage beantworten, eine bestimmte Buchstabenkarte hochhalten oder die Hand heben.

Variation 1:
Die Schüler betrachten Bildkarten, benennen den Gegenstand und bestimmen Anfangs- oder Endlaute.

Variation 2:
Die Wörter werden auf Tonband gesprochen und vorgespielt (Möglichkeit der Differenzierung). Die Schüler bestimmen Anfangs- oder Endlaute.

Vartion 3:
Die Wörter werden geflüstert und dann abgehört.
Dies ist eine gute Maßnahme zur Steigerung der Aufmerksamkeit der Schüler. Sie ermöglicht besonders gut, die Mundstellung des Sprechenden zu beobachten.

Variation 4:
Die Wörter werden mit dem Mund nur gemimt, nicht laut gesprochen. Dabei müssen die Schüler ganz genau die Mundstellung und -bewegung des Sprechenden beobachten, um herauszufinden, welches Wort gemimt wurde und mit welchem Laut es beginnt bzw. aufhört.

15 Sätze abhören
Verlauf: Der Lehrer spricht Sätze vor. Er tut dies langsam und sehr deutlich artikulierend. Die Schüler heben immer dann den Finger hoch, wenn sie einen bestimmten Laut hören. Dabei ist eine hohe Konzentration notwendig.
Beispiel: (Hören des A)
A, a, a, der Winter der ist da

16 Hören und Gleiches erkennen
Verlauf: Der Lehrer spricht Wörter vor. Die Schüler sollen erkennen, welcher Laut in allen Wörtern vorkommt.
Beispiel:
Sonne, Mond, Hose, Otto (Erkennen des O)

Variation:
Material: Bildkarten (vgl. Materialübersicht im Anhang)
Verlauf: Der Lehrer zeigt Bildkarten. Die Schüler sprechen die Wörter deutlich aus. Sie finden nun heraus, welche Wörter den gleichen Laut enthalten und ordnen die Bildkarten entsprechend. Die Lautposition (Anfang, Mitte, Ende) spielt dabei keine Rolle.
Beispiel:
Ast, Hase, Eva (gemeinsam: A)
Ofen, Dose, Lego (gemeinsam: O).

A1.4. Übungen zum Schreiben, Malen und Hantieren

17 Abbildungen ankreuzen
Material: Arbeitsblatt mit verschiedenen Abbildungen
Verlauf: Die Schüler sprechen die Namen der abgebildeten Dinge flüsternd oder halblaut und kreuzen je nach Arbeitsauftrag an.
Beispiel:
Kreuze an, wo du am Anfang ein A hörst!
oder:
Kreuze an, wo du am Ende ein l hörst!

18 Welcher Laut ist zu hören?
Material: Arbeitsblatt mit der Abbildung einer Matrix
Verlauf: Die Schüler sollen auf dem Arbeitsblatt diejenigen Abbildungen ankreuzen (oder anmalen), die einen bestimmten Laut enthalten (bzw. mit ihm beginnen oder aufhören)
Beispiel:
Was beginnt mit L, was mit Sch? Kreuze richtig an!

19 Wörter in Mengenkreise ordnen
Material: Bildkarten oder Wortkarten (vgl. Materialübersicht im Anhang), Arbeitsblatt mit Mengenkreisen oder Schnüre
Verlauf: Die Schüler betrachten die Bildkarten und sprechen jeweils den Anfangs- bzw. Endlaut. Sie ordnen dann die Bildkarten nach Anfangs- bzw. Endlauten und legen sie in die Mengenkreise.

Schwieriger ist die Aufgabe mit Wortkarten. Hier müssen die Wörter zuerst erlesen, dann geordnet und zuletzt in die Mengenkreise gelegt werden.

Variation: Partnerarbeit
Die Partner haben kleine Bildkarten vor sich liegen (evtl. aus einem Leselernspiel; vgl. die Materialübersicht im Anhang). Einer der beiden Schüler sucht eine Karte aus und zeigt sie seinem Partner. Dieser spricht das Wort und den Anfangslaut aus. Dann wird die Karte zu den anderen Karten mit gleichem Anfangslaut gelegt.

20 Lautpositionen im Wort feststellen
Material: Arbeitsblatt mit Abbildungen
Verlauf: Die Schüler betrachten die Abbildungen, sprechen sie und entscheiden, ob ein bestimmter Laut (z. B. N) als Anlaut, Endlaut oder Binnenlaut zu hören ist.
Beispiel:
Wo hörst du ein N, am Anfang, am Ende oder in der Mitte des Wortes?

Variation:
Material: Arbeitsblatt mit Abbildungen; darunter sind die Wagen eines Eisenbahnzuges gemalt.
Verlauf: Die Kinder sprechen die Wörter zu den Abbildungen und entscheiden, ob sie einen bestimmten Laut am Anfang, am Ende oder in der Mitte des Wortes hören. Je nachdem setzen sie den Laut (oder machen ein Kreuz) in den ersten, mittleren oder letzten Wagen.
Beispiel:
Wo kommt das A hin, in den ersten, mittleren oder letzten Wagen?

21 Gegenstand erraten
Material: Blatt mit Abbildungen oder sonstige Einzelbilder (z. B. aus einem Lesespiel; vgl. Materialübersicht im Anhang)
Herstellung: Es ist auch möglich, daß die Schüler aus Prospekten oder Versandhauskatalogen Bilder von Gegenständen ausschneiden und als Einzelbilder verwenden oder auf ein Blatt aufkleben. Sie können dabei nach inhaltlichen Gesichtspunkten (z. B. was Mutter in der Küche braucht) oder nach Leselehrgangsgesichtspunkten (z. B. Wörter mit D, B, A) ordnen. Auch Bilderbücher können verwendet werden (z. B. mit Tierabbildungen).
Verlauf: Die Schüler arbeiten zweckmäßigerweise in Partnerarbeit. Einer der beiden Schüler hat einige Abbildungen vor sich. Der Partner kann die Abbildungen nicht sehen. Der erste Schüler nennt den Anfangslaut des Wortes, der Partner versucht herauszubringen, was auf dem Bild enthalten ist. Hilfe: Beschreibung des Gegenstandes (Tieres usw.).
Beispiel:
Der erste Schüler sagt: Das Wort beginnt mit P. Es ist ein Tier, ein Vogel. Der Partner rät: Papagei.
Diese Übung fördert zugleich die sprachliche Beschreibungsfähigkeit der Schüler.

22 Bilder auf Mundbildkarten einordnen
Material: Bildkarten, große Mundbildkarten (Abbildung des Kopfes bzw. Mundes des Kindes, das einen bestimmten Laut spricht)

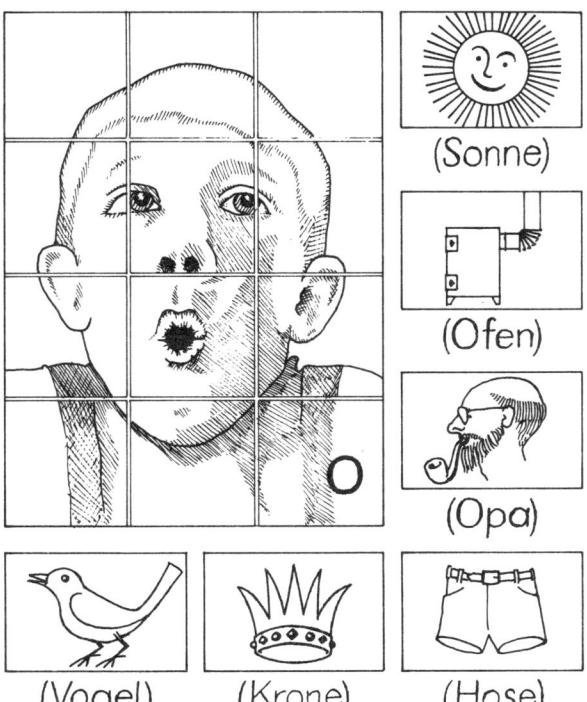

Das Material kann gekauft werden: Sprechlernspiele, O. Maier Verlag Ravensburg (vgl. Materialübersicht im Anhang).
Verlauf: Die Schüler sprechen die den Abbildungen entsprechenden Wörter, hören die Anfangslaute ab und ordnen die Wortkarten den Mundbildkarten zu, z. B. Wörter, die ein O enthalten, der entsprechenden Wortbildkarte mit dem Mund, der „O" spricht.
Beispiel:
Mundbildkarte O und entsprechende Bildkarten, die O enthalten: siehe Abbildung links unten.

Variation:
Partnerarbeit: Der Partner legt bewußt richtige und falsche Bildkarten auf die Mundbildkarte. Der andere Schüler muß die richtigen belassen und die falschen korrigieren.

23 Nach Lauten malen
Verlauf: Die Schüler malen Gegenstände, die mit einem bestimmten Laut beginnen.
Beispiel: Male Dinge mit A.
Die Schüler malen: Affe, Ananas usw.
Möglichkeit der Kontrolle: Partnerkontrolle durch Austausch der bemalten Blätter
Die Schüler erklären sich gegenseitig, was sie malen wollten und welcher Laut jeweils hörbar sein sollte. Auch die Fehlerrückmeldung durch den Partner darf nicht nur darin bestehen, die Fehler anzustreichen. Vielmehr muß der Partner das Wort vorsprechen, den hörbaren Laut nennen (z. B. Esel; da hört man vorne ein E) und den Fehler deutlich machen (z. B., du hättest doch Dinge mit A malen sollen; Esel beginnt aber mit E).

A2. Lautdiskrimination im Wort

A2.1. Übungen zum Sprechen und Hören

24 Gleich oder nicht gleich?
Material: Kärtchen für die Schüler, mit denen sie „gleich" oder „nicht gleich" ausdrücken können (z. B. Ja- und Nein-Kärtchen) aus Karton.
Verlauf: Der Lehrer spricht zwei Wörter vor. Die Schüler entscheiden, ob die Wörter gleich oder nicht gleich waren, indem sie eines der beiden Kärtchen hochheben.

25 Was ist zu hören?
Material: Bildkarten
Verlauf: Der Lehrer zeigt Bildkarten (vgl. Materialübersicht im Anhang). Die Schüler sprechen das dazugehörige Wort. Der Lehrer fragt: Hört ihr am Anfang a oder o? Die Schüler hören das Wort ab und entscheiden sich für einen bestimmten Laut.

26 Worin besteht der Unterschied?

Verlauf: Der Lehrer nennt jeweils ein Paar Wörter, die sich nur geringfügig unterscheiden. Die Schüler entscheiden akustisch, worin der Unterschied besteht; d. h. sie hören nur zu und entscheiden „gleich" oder „nicht gleich". Schwieriger ist es, wenn der Unterschied genau bezeichnet wird (z. B. reisen–reizen: Bei „reisen" hört man ein s, bei „reizen" ein z).

Beispiele:
Saal-Zahl (s–z)
reisen–reizen (s–z)
Haus–aus (h)
so–Zoo (s–z)
Tisch–Fisch (t–f)
Gabel–Gabe (l)
Bau–Baum (m)
Nabel–Nebel (a–e)
reich–weich (r–w)
(vgl. Wortmaterial S. 115)

27 Wer kann reimen?

Verlauf: Der Lehrer kündigt an: Wir wollen reimen. Er gibt denn ein Beispiel: Auf „Tier" reimt sich „Bier". Der Lehrer sagt nun jeweils ein Wort. Die Schüler suchen dazu ein passendes Reimwort.

Variation 1: Die Schüler geben noch zusätzlich an, worin sich die Reimwörter unterscheiden (vgl. Übung Nr. 26: „Worin besteht der Unterschied?")

Variation 2: Wettkampfform
In der Klasse werden etwa gleichstarke Gruppen gebildet. Die Schüler bekommen einige Minuten Zeit, um zu vorgegebenen Wörtern möglichst viele Reimwörter zu suchen. Die Vorgabe kann mündlich, schriftlich (Tafelanschrift bei Lesefähigkeit) oder in Bildform (z. B. Abb. wie Bier, Tisch, Fisch, Schrank) gegeben werden. Sieger ist die Gruppe, die die meisten Reimwörter nennen kann.

28 Kaspersprache

Verlauf: Der Lehrer kündigt folgendermaßen an: „Der Kasper verwechselt alles. Er kann noch nicht richtig sprechen. Ratet, was für ein Wort er sagen wollte. Jeweils ein Laut wird verwechselt."
Der Lehrer verändert die Wörter durch Vertauschung eines Lautes, zuerst mit deutlich unterscheidbaren, dann mit leichter verwechselbaren Lauten.
Beispiel:
Kasper sagt: Lüd. Er meint: Lied
Kasper sagt: Tose. Er meint: Dose

Variation 1:
Die Schüler erfinden selbst „Kasperausdrücke" und lassen die Mitschüler die richtigen Wörter finden. Ein Schüler sagt zum Beispiel „Nedel".
Was meint er? Ein Mitschüler bringt es heraus: „Nebel".

Variation 2:
Es können auch andere „Sprachen" erfunden werden:
Pippi-Sprache: Verwechslung von z und s. Pippi Langstrumpf sagt statt Zirkus „Sirkus"
(vgl. A. Lindgren: Pippi Langstrumpf, Hamburg: Oetinger, S. 76). Der Lehrer sollte das entsprechende Kapitel aus Pippi Langstrumpf „Pippi geht in den Zirkus" vorlesen.
Raben-Sprache: r statt ch$_2$: Statt „lachen" „laren"
Chinesen-Sprache: l statt r: Statt „Beeren" „Beelen"

A2.2. Übungen zum Schreiben, Malen und Hantieren

29 Welcher Laut ist zu hören?

Material: Arbeitsblätter mit Abbildungen
Verlauf: Die Schüler betrachten die Abbildungen, sprechen die Wörter leise und entscheiden, welcher der beiden vorgegebenen Laute zu hören ist.
Beispiel: g oder k? Kreuze richtig an!
Natürlich sollte das Abhör- und Ankreuzverfahren vorher an Beispielen geübt werden.

30 Lang oder kurz?

Material: Arbeitsblatt mit Abbildungen
Verlauf: Die Schüler sprechen die den Abbildungen entsprechenden Wörter. Sie entscheiden, ob der Stammvokal kurz oder lang gesprochen wird. Diese Übung bedarf einer gründlichen Vorübung und ist erst zu späterer Zeit im Lehrgang einzubauen.
Beispiel: Langes oder kurzes a? (Lang: —— ; kurz: •)
Kreuze an!

A3. Optische Arbeit am Einzelbuchstaben

A3.1. Optische Analyse von Buchstaben im Wortverband

A3.1.1. Übungen an der Wandtafel

31 Gleichen Buchstaben im Wort suchen

Verlauf: Der Lehrer schreibt Wörter mit gleichen Anfangsbuchstaben (oder später im Lehrgang: Endbuchstaben, Buchstaben im Wortinnern) an die Tafel. Die Gleichheit der Anfangsbuchstaben ist am leichtesten zu erkennen, wenn sie untereinander stehen. Die Schüler suchen die gleichen Elemente auf und heben sie hervor (einrahmen, einkreisen, farbig nachfahren oder durch senkrechten Strich vom Wortrest abtrennen).
Beispiel:

Affe	**A**ffe	A|ffe
Apfel	**A**pfel	A|pfel
Ast	**A**st	A|st
Anorak	**A**norak	A|norak

Variation 1:
Schwieriger ist folgende Übung:
Die Wörter stehen durcheinander (evtl. schräg oder auf dem Kopf) an der Tafel. Die Schüler heben die gleichen Elemente hervor (siehe oben).
Beispiel:

Variation 2:
Die Wörter stehen im Satzverband. Die Schüler heben die gleichen Elemente in den Wörtern hervor.
Beispiel:

32 Wie man sich die Buchstabenform merken kann

Material: Der Lehrer zieht Vergleiche zwischen Buchstaben und Umweltgegenständen bzw. -tieren. Er bringt evtl. eines der Dinge in den Unterricht mit.
Verlauf: Die Schüler vergleichen die Buchstabenform mit dem Gegenstand und ziehen Vergleiche, erkennen Gemeinsamkeiten, fahren die Form mit den Händen nach und malen sie auf.
Beispiele:
A: Turnstange
B: Strich mit zwei Rucksäcken
C: Zerbrochener Reifen
D: Halber Kuchen
H: Turnstange
O: runder Kreis, runder Mund
S: Schlange
X: Kreuzung

33 Lücke ergänzen

Verlauf: An der Tafel stehen Wörter, bei denen immer ein Buchstabe fehlt. Die Lücken sind durch Kästchen markiert.
Beispiel: Sch

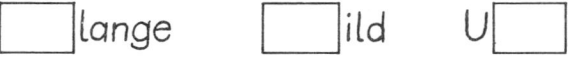

Variation:
Ein Test mit Lücken ist zu ergänzen. Die Lücken sind durch Punkte markiert.
Beispiel: A

Der ·pfel hängt ·m B·um.

34 Wörter heraussuchen

Verlauf: An der Tafel sind Wörter angeschrieben, die mit unterschiedlichen Anfangsbuchstaben beginnen. Die Schüler markieren diejenigen, die mit einem bestimmten Buchstaben beginnen bzw. einen bestimmten Buchstaben enthalten.

Variation:
Material: Wortkarten (vgl. Materialübersicht im Anhang)
Verlauf: Der Lehrer hängt Wortkarten an die Flanelltafel (steckt sie auf die Leiste des Buchstabenkastens, vgl. Materialübersicht im Anhang). Die Schüler suchen Wörter mit bestimmten Buchstaben und ordnen sie untereinander.
Herstellung der Wortkarten für die Flanelltafel:
Kartonstreifen werden beschriftet und mit Klettenstreifchen versehen (entsprechend mit Magnetplättchen, wenn es sich um eine Magnettafel handelt).
Beispiel: Wörter mit B, b
Suche alle Wörter mit einem B, b und ordne sie untereinander!

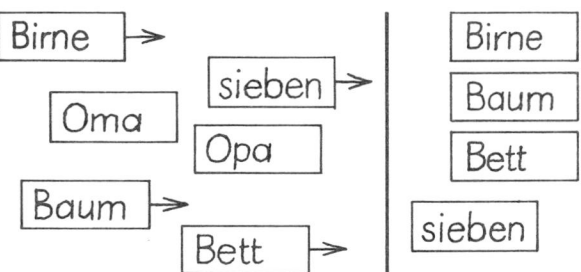

36 *Übungen zum Buchstaben-Laut-Bereich*

A3.1.2. Übungen mit Wort- und Bildkarten

35 Wort zu Buchstaben
Material: Wortkarten (vgl. Materialübersicht im Anhang)
Verlauf: Der Lehrer hängt an einer Seitenwand zu den Buchstaben des Alphabets jeweils ein oder zwei typische Wörter, die den Buchstaben als Anfangsbuchstaben enthalten. So entsteht mit der Zeit ein Buchstabenalphabet, das durch häufig vorkommende Wörter veranschaulicht ist.
Beispiele für einige Buchstaben:

A a	B b
Anna am	Besen bei
Ast aus	Buch

Variation 1:
Material: Bildkarten
Verlauf: Statt Wortkarten werden den Einzelbuchstaben Bildkarten (vgl. Materialübersicht im Anhang) zugeordnet.
Beispiel:

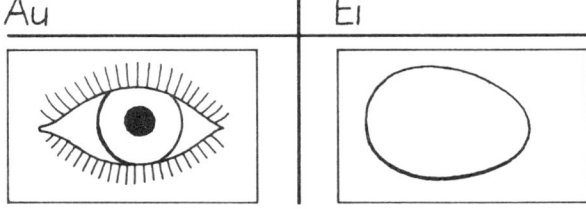

Variation 2:
Der Lehrer hängt vor Beginn des Unterrichts Bilder (bzw. Wörter an der Wandleiste) um. Die Schüler müssen die Fehler erkennen und korrigieren.
Beispiel: Was paßt nicht mehr zueinander?

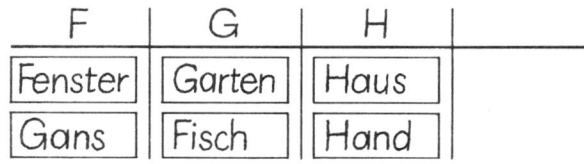

36 Wortketten
Material: Wortkarten (vgl. Materialübersicht im Anhang)
Herstellung: Falls die Wortkarten auf Kartonstreifen geschrieben werden, sind für diese Übung Großbuchstaben (Großantiqua) günstig: Der Endbuchstabe des vorhergehenden Wortes ist dann mit dem Anfangsbuchstaben des nachfolgenden Wortes identisch.

Verlauf: Der Lehrer gibt einige Wortkarten vor. Die Schüler sollen eine Kette bilden, d. h. die Wortkarten so aneinander legen, daß der letzte Buchstabe des vorhergehenden Wortes mit dem ersten des nachfolgenden Wortes identisch ist.
Beispiel:

In gemischter Antiqua ist die Übung etwas schwieriger:

Variation: Kreuzworträtselform
Der Lehrer malt den Kreuzworträtselraster an die Tafel. Als Erleichterung kann er dazu auch jeweils die übereinstimmenden End- bzw. Anfangsbuchstaben der Wörter schreiben. Noch leichter wird die Aufgabe, wenn zusätzlich noch Buchstaben aus dem Wortinneren vorgegeben werden.
Die Schüler suchen die passenden Wörter entweder aus einer vorgegebenen Wortmenge heraus oder suchen die Wörter frei. Sie überprüfen ihre Lösung an der durch den Raster vorgegebenen Buchstabenanzahl und an den im Raster vorgegebenen Buchstaben.
Beispiel:

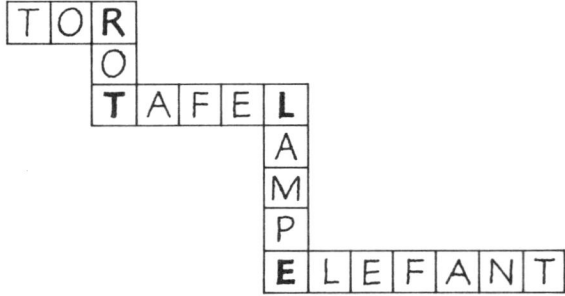

37 Wörter zu Buchstaben suchen
Material: Wortkärtchen für die Hand des Schülers (vgl. Materialübersicht im Anhang)
Herstellung: Kleine Wortkärtchen können mittels Fotokopiergerät auf dünnen Karton kopiert und dann von den Schülern ausgeschnitten werden. So kann man einen individuellen Klassenwortschatz für jeden Schüler schaffen.
Verlauf: Der Lehrer schreibt Buchstaben an die Tafel und läßt Wortkärtchen auf die Bank legen, die den Buchstaben als Anfangs- oder Endbuchstaben haben.

A3.1.3. Spielerische Übungen

38 *Abzählen* (Buchstaben einprägen)
Material: Buchstabenkarten (vgl. Materialübersicht im Anhang), Spielplan mit Buchstabenfeldern (Größe etwa 100 × 100 cm aus Karton; Felder werden entsprechend der Größe der Buchstabenkarten aufgezeichnet)
Verlauf: Die Schüler sitzen im Kreis mit dem Rücken zur Mitte auf Stühlen, so daß sie sich gegenseitig nicht sehen können.
In der Mitte liegt ein großflächiger Spielplan auf dem Boden, auf dem in die Felder Buchstaben geschrieben sind (Anzahl der Buchstaben je nach der Menge der bereits bekannten Buchstaben).
Eine Buchstabenkarte wird sehr schnell herumgereicht, so daß alle Schüler sie möglichst schnell sehen können. Sie dürfen dabei nichts sagen. Währenddessen zählt ein Schüler bis 25 (leise). Danach ruft er „halt" und nennt den Namen eines Mitschülers. Dieser muß sofort aufstehen und das Feld auf dem Spielplan zeigen, das der herumgereichten Buchstabenkarte entspricht. Der Schüler, der die Karte zuletzt in Händen hatte, legt sie auf das Feld.
Beispiel:

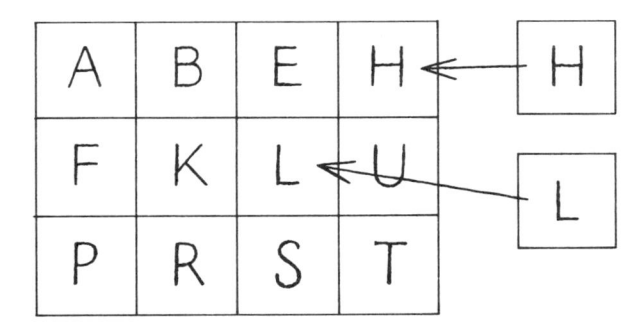

39 *Suchspiel*
Material: Buchstabenkarten oder Buchstaben aus anderem Material (vgl. Materialübersicht im Anhang) (z. B. Plastikbuchstaben) Demonstrations-Buchstabenkarten können aus Pappe leicht hergestellt werden (Größe ungefähr 15 × 10 cm).
Verlauf: Dieses Spiel wird am besten mit nicht allzu großen Gruppen gespielt (4–6 Schüler im Förderunterricht).
Der Lehrer versteckt irgendwo in der Klasse (z. B. hinter dem Schrank, am Stuhlbein mit Tesafilm, auf der Fensterbank) Buchstabenkarten. Die Schüler haben jeweils passende „Zwillinge" (die gleichen Buchstaben) vor sich liegen. Wenn sie ihren „Zwilling" gefunden haben, dürfen sie das Paar an die Buchstabenleiste stecken (oder sonst irgendwo ablegen).

Variation 1:
Zu Großbuchstaben werden die entsprechenden Kleinbuchstaben gesucht.

Variation 2:
Zu Wörtern werden Anfangs- bzw. Endbuchstaben gesucht.

40 *Das A- (bzw. B-, D-, E-, F- usw.)Spiel*
Material: Wortkärtchen für die Schüler (vgl. Materialübersicht im Anhang)
Verlauf: Der Lehrer sagt: Wir spielen heute das D-Spiel. Die Schüler sortieren nun aus ihren Wortkärtchen diejenigen aus, die mit D beginnen (bzw. ein D, d enthalten).
Wettkampf: Die Schüler zählen, wie viele Kärtchen mit D sie besitzen. Sieger ist der mit den meisten Kärtchen.

Variation 1:
Die Schüler zählen die Buchstaben der Wörter mit D. Sieger ist der Schüler mit den meisten Buchstaben.

Variation 2:
Die Wortkarten mit D/d werden nach der Buchstabenzahl geordnet. Zuerst die Karte mit 6, dann mit 5 Buchstaben usw.

41 *Quartett* (vgl. Kossow 1975, S. 52 f.)
Material: Wortbildkarten (mindestens jeweils vier mit gleichem Anfangsbuchstaben (vgl. Materialübersicht im Anhang).
Herstellung:
Die Bildkarten mit Wörtern können auch eigens für die Hand des Schülers hergestellt werden. Dazu fotokopiert man die gezeichnete Vorlage für jeden Schüler auf dünnen Karton und läßt die Schüler die Bildkarten ausschneiden (vgl. auch Übung 64, S. 42–43).
Verlauf: Die Schüler stellen Wortbildkarten nach Anfangsbuchstaben zusammen. Jeweils vier ergeben ein Quartett. Die Schüler legen sie nun in einer besonderen Anordnung zusammen, z. B. in Kreuzform.
Beispiel: A

Variation:
Für andere Anzahlen kann ebenfalls eine Anordnungsform gefunden werden:
Für drei Karten ein Dreieck, für fünf Karten ein Fünfeck oder eine Fünferreihe usw.

A3.1.4. Übungen zum Schreiben, Malen und Hantieren

42 *Auf Arbeitsblatt gleiche Buchstaben suchen*
Material: Arbeitsblatt mit Wörtern, die gleiche Anfangs- bzw. Endbuchstaben besitzen
Verlauf: Die Schüler kreisen gleiche Buchstaben am Anfang (Ende) ein.

43 *Lücken ausfüllen*
Material: Arbeitsblatt mit Lückenwörtern (bzw. Texten mit Lückenwörtern)
Verlauf: Die Schüler ergänzen die Lücken, indem sie die fehlenden Buchstaben einsetzen. Diese können in verkehrter Reihenfolge vorgegeben sein.

44 *Wörterschlangen bilden*
Material: Arbeitsblatt mit Wörtern
Verlauf: Die Schüler sollen Wörter mit gleichem End- bzw. Anfangslaut verbinden.
Leichte Übung: Zunächst immer nur zwei Wörter miteinander verbinden.
Ziel: Die Schlange soll möglichst lange werden.
Wettkampf: Sieger ist, wer die Schlange mit den meisten Wörtern gebildet hat.
Beispiel:

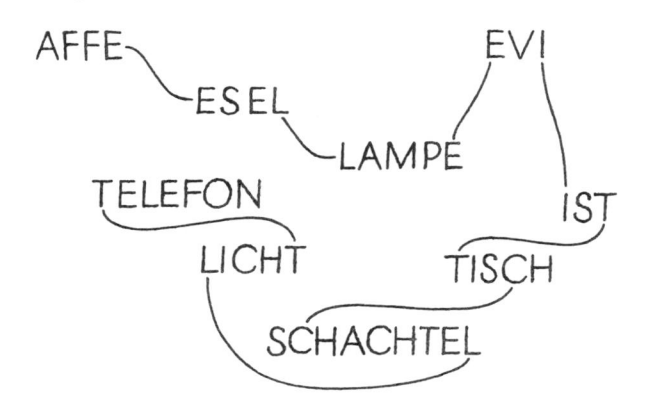

A3.2. Arbeit am Einzelbuchstaben

A3.2.1. Erfassen und Nachbilden des Buchstabens

45 *Nachschreiben*
Verlauf: Der Lehrer schreibt Buchstaben an die Tafel. Die Schüler schreiben sie nach.

46 *Luftschreiben*
Verlauf: Der Lehrer schreibt Buchstaben in die Luft vor. Die Schüler schreiben ebenfalls in die Luft (oder auf der Bank mit dem Finger) nach.

47 *Buchstabenform nachfahren (nachspuren)*
Verlauf: Der Lehrer schreibt an einer langen Wandtafel die Buchstabenform mehrfach im Großformat vor. Die Schüler spuren diese Form verschiedenfarbig mehrfach nach.
Beispiel:

Variation 1:
Die Schüler erhalten ein Arbeitsblatt, auf dem der Buchstabe vorgeschrieben ist. Sie spuren auf dem Blatt nach. Dabei empfiehlt es sich, von größeren Formen auszugehen (zur besseren Gestalterfassung) und die Form immer kleiner werden zu lassen (in mehreren Unterrichtsschritten bis zur normalen Schriftgröße).
Beispiel:

Druckschrift: A A A A

Schreibschrift: 𝒜 𝒜 𝒜 𝒜

Variation 2:
Die Schüler fahren mit dem Finger große dreidimensionale Buchstaben (z. B. aus Plastilin) nach. Diese Übung empfiehlt sich besonders für Schüler, die eine sehr schwache Formauffassung besitzen.

48 *Buchstaben formen*
Material: Plastilin oder anderes ähnliches Material
Verlauf: Der Lehrer gibt die Buchstabenform durch Anschreiben oder Luftschreiben oder durch einen vorgeformten Buchstaben vor. Die Schüler bilden den Buchstaben im Kleinformat nach.

Variation 1:
Der Buchstabe wird aus kleinen Steinchen gebildet (nebeneinander legen).

Variation 2:
Die Schüler malen den Buchstaben großformatig mit Fingerfarben auf Papier (z. B. auf Tapetenreste).

Variation 3:
Der Buchstabe wird mit Schnüren (bzw. mit Seil) gelegt.

Variation 4:
Ein Plastikbuchstabe wird in Modelliermasse eingedrückt. Der Buchstabenabdruck kann nun mit der Hand nachgefahren werden.

Variation 5:
Der Lehrer stellt einen Riesenbuchstaben aus Pappe oder Styropor her. Dieser kann mit der Hand nachgefahren werden.

A3.2.2. Erkennen, Unterscheiden und Ordnen von Buchstaben

49 *Erkennen und Unterscheiden von Buchstaben*
   Material: Arbeitsblatt mit einer Menge vorgegebener Buchstaben
   Verlauf: Die Schüler suchen aus der Buchstabenmenge den zu findenden Buchstaben heraus und markieren ihn.
   Beispiel:

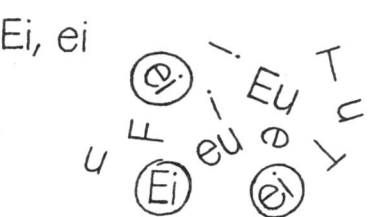

Optisch ähnliche und daher leicht zu verwechselnde Buchstaben (vgl. auch Kossow 1975, S. 47 und Topsch 1975, S. 83 f.):

o–a	n–u	r–n	M–N	eu–ei
l–b	v–u	n–m	O–Q	ei–ie
d–b	a–d	M–W	P–R	
q–p	c–e	B–ß	U–V	
t–f	b–h	B–P		

Variation:
Die Buchstaben sind in Form einer Reihe vorgegeben.
Beispiel:

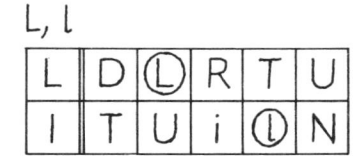

50 *Buchstaben unterschiedlicher Größe*
   Material: Arbeitsblatt mit verschiedenen Buchstaben in unterschiedlicher Größe
   Verlauf: Die Schüler suchen die gleichen Buchstaben heraus und markieren sie.

51 *Zuordnen von Buchstaben*
   Material: Arbeitsblatt mit verschiedenen Groß- und Kleinbuchstaben
   Verlauf: Die Schüler verbinden jeweils den zusammengehörigen Groß- und Kleinbuchstaben mit einem Strich.
   Beispiel:

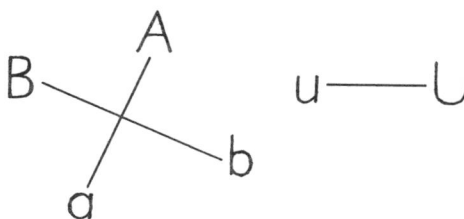

52 *Memory mit Buchstabenkarten*
   Material: Buchstabenkarten mit Klein- und Großbuchstaben (vgl. Materialübersicht im Anhang)
   Verlauf: Das Spiel eignet sich für kleine Gruppen (2 bis 4 Schüler). Verwendet werden die Buchstabenkarten, soweit die Buchstaben eingeführt sind. Die Buchstabenkarten (jeweils Klein- und Großbuchstabe) liegen verdeckt auf dem Tisch. Ein Schüler deckt jeweils eine Karte auf und versucht, die dazu passende Karte zu finden. Er deckt also eine weitere Karte auf. Hat er ein Paar aufgedeckt, gehört es ihm. Gelingt es ihm nicht, muß er die beiden Karten an ihre ursprüngliche Stelle wieder verdeckt hinlegen. Der nächste Spieler kommt dann reihum dran. Gewinner ist, wer am Schluß des Spieles die meisten Kartenpaare besitzt.
   Beispiel:

Variation 1:
Buchstaben-Laut-Assoziation:
Die Buchstabenkarten-Paare dürfen nur behalten werden, wenn der Spieler den zugehörigen Laut (später: Buchstabennamen) sagen kann.

Variation 2:
Der Spieler muß zu den Buchstaben ein Wort sagen, das mit diesem Buchstaben beginnt. Erst dann darf er das Paar behalten.

53 Paare bilden
Material: Buchstabenkarten (Klein- und Großbuchstaben) (vgl. Materialübersicht im Anhang)
Verlauf: Das Spiel kann in Partnerarbeit gespielt werden.
Der eine Schüler vertauscht die Buchstabenpaare. Der andere muß sie wieder richtig zusammenordnen.

A4. Laut-Buchstaben-Assoziation bei Einzelelementen

A4.1. Übungen an Wörtern

A4.1.1. Übungen an der Wandtafel

54 Wörtersammlung
Material: evtl. Wortkarten für die Flanelltafel oder den Lesekasten (vgl. Materialübersicht im Anhang)
Verlauf: An der Tafel sind Wörter angeschrieben (bzw. an der Flanelltafel oder Magnettafel angeheftet). Die Schüler sprechen sie deutlich aus, sprechen den Anfangslaut (Endlaut) gedehnt (sofern möglich) oder betont. Dann heben sie den entsprechenden Buchstaben hervor (einkreisen, farbig nachfahren).

Variation 1:
Dieselbe Übung kann auch mit Sätzen durchgeführt werden.

Variation 2:
Bilder (Bildkarten) (vgl. Materialübersicht im Anhang) hängen an der Tafel. In der Klasse sind Buchstabenkarten verteilt. Die Schüler sprechen das jeweilige Wort aus (z. B. Laterne). Sie dehnen den Anfangslaut (bzw. Endlaut). Wer den passenden Buchstaben besitzt, hält ihn in die Höhe und (oder) hängt ihn zur Bildkarte dazu.

55 Der Laut kommt am Anfang (Ende) dieses Wortes vor
Material: Als typische Repräsentanten für einen bestimmten Laut bzw. Buchstaben können häufig vorkommende Wörter aus dem Grundwortschatz zu den Anfangs- bzw. Endlauten gewählt werden (S. 115)
Verlauf: An der Wandtafel (in einem besonders dafür vorgesehenen Kästchen) wird zu einem Buchstaben ein Wort aus dem Grundwortschatz geschrieben, evtl. auch ein Bild dazugehängt.

56 Finden gemeinsamer Buchstaben / Laute
Verlauf: Der Lehrer spricht einige Wörter. Er sagt: Hört gut hin, damit ihr erkennt, was für ein Laut in allen Wörtern vorkommt. Hier ist evtl. schon auf lautliche Nuancen aufmerksam zu machen:
Offenes o in Sonne, geschlossenes o in Mond, Oma und Otto.
Beispiel: Sonne, Mond, Oma, Otto (gemeinsam: O)
Die Wörter werden gesprochen. Die Schüler hören den gemeinsamen Laut heraus. Danach werden die Wörter angeschrieben, das O farbig hervorgehoben und dann im gesprochenen Wort nochmals deutlich betont.

A4.1.2. Übungen mit Wort- und Bildkarten

57 Wortkarten sortieren
Material: Wortkarten (vgl. Materialübersicht im Anhang)
Herstellung: Es empfiehlt sich, Wortkarten mit Schülervornamen selbst herzustellen, da die Motivation dann erheblich höher als bei fertigen, im Handel käuflichen, Karten ist.
Dazu schneidet man weiße Kartonblätter in Streifen (ca. 40 × 15 cm) und beschriftet sie mit schwarzer Tusche oder mit breitem schwarzem Filzstift.
Verlauf: An der Tafel hängen Wortkarten. Daneben sind Buchstaben angeschrieben. Die Wörter können nun im Kreis jeweils um den Buchstaben gehängt werden, den sie als Anfangsbuchstaben besitzen.
Beispiel:

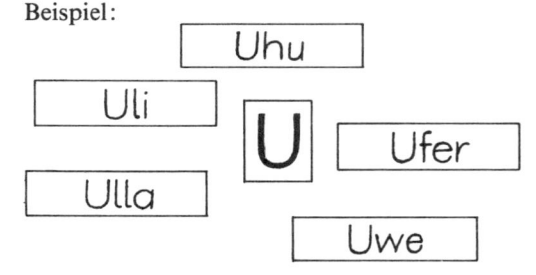

```
        Uhu
  Uli
         U    Ufer
  Ulla
              Uwe
```

58 Wörtertürme (-häuser)
Material: Wortkarten (vgl. Materialübersicht im Anhang)
Die Wortkarten können auch selbst hergestellt werden, z. B. aus einfarbigem Karton. Auch verschiedene Farben lassen sich sinnvoll verwenden: z. B. für die Wortarten: Substantive, Verben, Adjektive und die übrigen Wörter (vier verschiedene Kartonfarben).
Auf diese Weise ist es möglich, im Laufe des Lehrganges den Lese-Grundwortschatz auf Wortkarten verfügbar zu machen (zum Grundwortschatz vgl. S. 117–118)
Verlauf: Die Wörter werden untereinander in „Türmen" (Häusern) angeordnet. Dabei kann die Größe berücksichtigt werden, so daß sich ein nach oben verjüngender Turm ergibt.
Die Schüler sprechen dann die Wörter, hören Laute ab (flüstern, laut sprechen, dehnen, Lautbildung nur durch Mundbewegung andeuten).

Es muß erkannt werden, daß am Anfang (bzw. in der Mitte oder am Ende) jeweils der gleiche Laut dem gleichen Buchstaben entspricht.
Beispiele:

Anfangslaute/-buchstaben:

A-Turm: arm, Affe, Apfel, Anorak

D-Turm: du, dick, Dame, Daumen

Endlaute/-buchstaben:

e-Turm: Seife, Sahne, Sonne

Binnenlaute/-buchstaben (nur bei kurzen Wörtern):

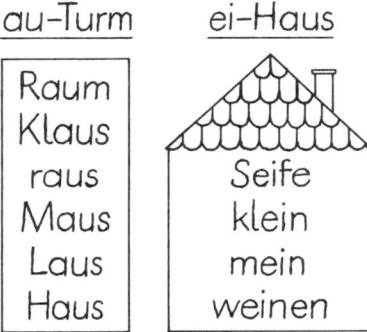

au-Turm: Raum, Klaus, raus, Maus, Laus, Haus

ei-Haus: Seife, klein, mein, weinen

59 Zuordnen von Namenskarten zu Buchstabenkarten
Material: Schülernamenskarten, (Für diese Übung können die am Schulanfang geschriebenen Namenskärtchen verwendet werden, vgl. Übungen 7, 8)
Buchstabenkarten (vgl. Materialübersicht im Anhang)
Verlauf: Die Schüler lesen ihre Namenskarte bzw. die Namenskarte eines Mitschülers vor. Sie ordnen die Karten nach Anfangsbuchstaben und hängen sie zum entsprechenden Buchstaben an der Tafel (oder legen sie auf den Boden zum Buchstaben). Danach sprechen sie den Lautwert des Buchstabens und betonen deutlich den entsprechenden Anfangslaut in ihrem Namen. Diese Übung kann analog auch mit anderen Buchstaben-Laut-Positionen im Namen durchgeführt werden.

Variation 1:
Ein Schüler sagt: Mein Name beginnt mit... (z. B. A). Alle Kinder, die auch einen Namen mit A am Anfang haben, kommen zu mir. Analog können auch andere Buchstaben-/Lautpositionen im Namen genannt werden (z. B. Mein Name hör mit e auf; oder: Mein Name hat an zweiter Stelle ein n).

Die Schüler mit gleichen Buchstaben im Namen stellen sich hintereinander. Dem ersten kann die entsprechende Buchstabenkarte um den Hals gehängt werden.
Wichtig ist, daß die Schüler durch Sprechen und genaues Anschauen des Wortbildes kontrollieren, ob die Namen wirklich die genannten Bedingungen (Vorkommen bestimmter Laute/Buchstaben) erfüllen.

Variation 2:
Namenskarten können auch Gegenständen (oder Wortkarten) mit gleichen Anfangs-(End-)Lauten zugeordnet werden. Die Wörter werden gelesen, abgehört, die Buchstaben hervorgehoben.
Beispiel:

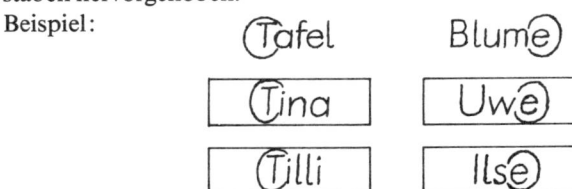

Tafel — Blume
Tina — Uwe
Tilli — Ilse

60 Wörterkreis
Material: Wortkarten (vgl. Materialübersicht im Anhang; auch aus Karton selbst hergestellte und beschriftete Karten können verwendet werden)
Verlauf: Die Schüler ordnen Wortkarten so an, daß der Endbuchstabe des vorhergehenden Wortes zugleich der Anfangsbuchstabe des folgenden Wortes ist. Wichtig ist, daß die Schüler die Wörter deutlich sprechen und durch Abhören erkennen, daß jeweils End- und Anfangsbuchstabe übereinstimmen.
Beispiel:

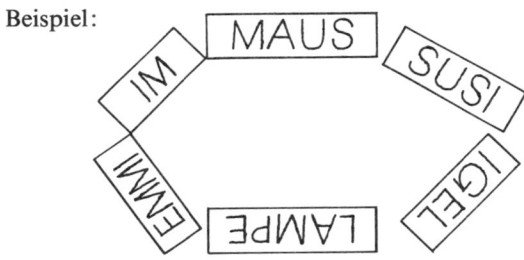

MAUS – SUSI – IGEL – LAMPE – EMMI – IM – (MAUS)

61 Wortkarten zerschneiden
Material: Wortkärtchen, die auf einem Arbeitsblatt vorgegeben sind
Verlauf: Diese Übung bereitet die Analyse des Buchstaben- und Lautbestandes ganzer Wörter vor.
Die Schüler schneiden zunächst die Wortkärtchen aus. Dann werden die Anfangs- und Endbuchstaben der Wörter abgeschnitten und durcheinandergebracht. Nun müssen die Schüler die Buchstaben den Wortresten wieder zuordnen. Sie sprechen zuerst den Lautwert der einzelnen Buchstaben, dann das ganze Wort.
Beispiel:

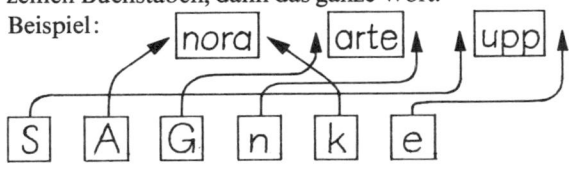

nora — arte — upp
S   A   G   n   k   e

Variation: Partnerarbeit
Zwei Schüler schneiden an einigen Wortkarten jeweils den Anfangsbuchstaben ab. Sie tauschen dann das Material aus. Der Partner muß jeweils die Wörter wieder richtig zusammenstellen. Er spricht das ganze Wort zur Kontrolle sorgfältig aus.

A4.1.3. Spielerische Übungen

62 Buchstaben würfeln
Material: Buchstabenwürfel (vgl. Materialübersicht im Anhang)
Herstellung – aus Karton:
Buchstaben werden mit Tusche oder schwarzem dicken Filzstift aufgemalt. Es empfiehlt sich, mehrere Würfel für verschiedene Buchstaben herzustellen (vgl. auch Kossow 1975, S. 75 ff.).
Beispiel: Explosivlaute:

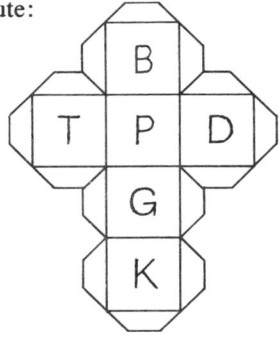

Daneben sollten auch Würfel hergestellt werden, auf denen die Nasale und die Reibelaute (M, N, S, Sch, R, F), die Vokale (A, E, I, O, U), die Diphtonge (Eu, Au usw.) oder seltene Laute (X, J, Y), später auch die Übergangskonsonanten (Pf, Pfl, Zw, Tr usw.) vorkommen.
– aus Holz: Holzwürfel können vom Schreiner besorgt werden. Die Buchstaben können dann mit Ölfarbe und Pinsel aufgetragen werden.
– aus Schaumgummi: Diese Würfel verursachen beim Würfeln den geringsten Lärm. Sie können mit Stoff- oder Papierbuchstaben beklebt werden.
Verlauf: Die Spielregel muß vor Beginn festgelegt werden:
Der gewürfelte Buchstabe muß z.B. als Anfangs- oder Endbuchstabe im Wort vorkommen.
Danach wird gewürfelt, der gewürfelte Buchstabe gesprochen, eine passende Wortkarte gesucht (oder ein Wort gesucht, in dem der Buchstabe vorkommt), im Wort der gewürfelte Buchstabe in seinem Lautwert gedehnt gesprochen und danach die Buchstabenkarte wieder abgelegt.

Variation:
Die Schüler hängen sich ihre Namenskarte (aus Karton, mit Farbstift beschrieben) um den Hals. Nun wird der Anfangsbuchstabe gewürfelt. Die Kinder, deren Namens-Anfangsbuchstabe gewürfelt wurde, treten in den Kreis. Jedes Kind spricht seinen Namen so deutlich aus, daß der gewürfelte Laut gut hörbar ist.

63 Nach Bildkarten fragen
Material: Bildkarten für eine Gruppe von Schülern (3–6 Schüler) (vgl. Materialübersicht im Anhang)
Verlauf: Die Kärtchen werden an die Mitspieler verteilt. Die Kinder fragen reihum: z.B. „Klaus, hast du ein Kärtchen mit S?" Wenn das Kind Erfolg hat, bekommt es das Kärtchen und darf so lange weiterfragen, bis der Gefragte ein Kärtchen nicht besitzt. Dieser darf dann die Fragereihe fortsetzen.
Es ist zweckmäßig, eine bestimmte Spieldauer festzusetzen (z.B. 10 Min) und danach das Spiel abzubrechen. Gewinner ist der Spieler mit den meisten Karten.
Beim Erlernen des Spiels können die Bildkarten offen auf dem Tisch liegen.

Variation:
Zur Erlernung der Buchstaben-Laut-Assoziation ist es zweckmäßig, beim Fragen einfach eine Buchstabenkarte hochhalten zu lassen. Der Spieler sagt dann etwa: „Fritz, hast du Wörter, die so anfangen?"

64 Quartett (Einsatz in Kleingruppen; vgl. Kossow 1975, S. 52 f.)
Material: Für ein Spiel werden 7–9 mal jeweils vier Quartettkarten benötigt. Dies reicht für ca. 3–5 Spieler.
Herstellung: Man verwende für die Herstellung der Spielkarten Karton
(Größe der Karten ca. 9 mal 6 cm). Aus einem DIN-A-4-Kartonblatt können etwa 12 Spielkarten hergestellt werden. Der Lehrer kann die Karten selbst beschriften und bemalen. Allerdings können auch die Schüler (evtl. in arbeitsteiligem Verfahren) das Bemalen nach Anweisung selbst übernehmen. Die Beschriftung (mit schwarzer Tusche) sollte der Lehrer selbst vornehmen.
Auf den Spielkarten sind Abbildungen mit gleichem Anfangslaut und eine Numerierung (z.B. für A-Wörter: A1, A2, A3, A4) enthalten.
Beispiel: A-Wörter

Verlauf: Die Karten werden an die Mitspieler verteilt. Die Schüler dürfen (nach den üblichen Quartettspielregeln) voneinander Karten verlangen: Sie verlangen die gewünschten Anfangsbuchstaben: z.B: A1 zu A2; es

kann auch gesagt werden: Ich hätte gern eine Karte, die mit A anfängt, A1. Der gefragte Spieler sagt, falls er die Karte besitzt: Auf A2 ist ein Ast abgebildet, Ast fängt mit A an.
Gewinner ist der Spieler, der am Schluß die meisten Quartette hat.

Variation:
Statt der Numerierung ist auf den Karten vermerkt, welche Abbildungen die anderen drei Karten enthalten. Der fragende Schüler muß diese Wörter erlesen können. Somit ist diese Art des Spielens erst auf einer späten Stufe des Lernprozesses möglich.
Beispiel: A-Karte

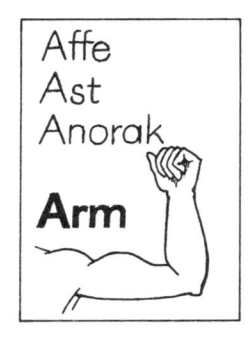

A4.1.4. Übungen zum Schreiben, Malen und Hantieren

65 Anfangsbuchstaben zu Bildern
Material: Arbeitsblatt mit Bildern
Herstellung: Der Lehrer kann die Skizzen in den Feldern des Arbeitsblattes selbst anfertigen (Anregungen finden sich u. a. in den Bildern der Sprechlernspiele und verschiedener Leselernspiele; vgl. die Materialübersicht im Anhang). Der Lehrer kann sich auf Umrißskizzen beschränken, da Kinder in diesem Alter sehr gerne Zeichnungen anmalen.
Es besteht aber auch die Möglichkeit, die Schüler selbst Gegenstände oder Tiere in die Felder des Blattes malen zu lassen.
Verlauf: Schüler betrachten die Bilder, sprechen die Wörter, hören sie auf den Anfangslaut hin ab und schreiben den Laut, den sie hören, dazu.
Beispiel:

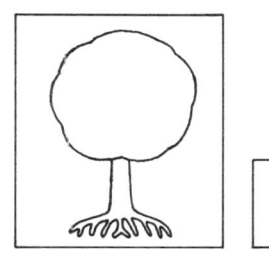

Variation 1:
Leichter ist eine Übung, bei der die Schüler nur entscheiden müssen, ob sie bei den Bildern einen bestimmten Laut in einer Position hören oder nicht.

Beispiel: Hört ihr bei den Wörtern am Anfang ein O oder nicht? Wenn ihr ein O hört, schreibt es dazu!

Variation 2:
Die Schüler verbinden Bilder und Buchstaben (in Reihen angeordnet) durch Striche oder Pfeile.
Beispiel:

66 Fehler entdecken
Material: Arbeitsblatt mit Bildern und teilweise falsch zugeordneten Buchstaben; dazu kann auch das in der vorherigen Übung bearbeitete Arbeitsblatt dienen (Kontrolle und Verbesserung durch Mitschüler)
Verlauf: Die Schüler suchen die Fehler und verbessern die Zuordnung.
Beispiel:

67 Erstellen von Buchstabenblättern
Material: Große Papierbögen (Tapetenstücke oder unbedrucktes Zeitungspapier, Größe 70 × 50 cm) für die wichtigsten Buchstaben des Alphabets, Kataloge mit Abbildungen (Versandhauskataloge), Illustrierten
Verlauf: Gemeinsames Klassenvorhaben
Die Schüler erhalten einzeln oder in kleinen Gruppen die Aufgabe, ein bestimmtes Buchstabenbild herzustellen. Dazu werden Gegenstände, die mit einem bestimmten Buchstaben beginnen, aus Katalogen ausgeschnitten und auf einen Bogen Papier aufgeklebt. Dazwischen wird farbig und groß auf freie Flächen der jeweilige Buchstabe geschrieben. Ein Schüler stellt z. B. ein F-Blatt her, ein anderer ein B-Blatt usw. Diese Bilder können im Klassenraum aufgehängt werden. Sie werden

auch für weitere Aufgaben des Leselehrgangs (Analyse, Synthese am gesamten Laut- und Buchstabenmaterial des Wortes) verwendet.
Beispiel: T-Blatt

Variation:
Solche Buchstabenblätter lassen sich auch mit den ABC-Blättern von Heyer und Jäger herstellen (vgl. Materialübersicht im Anhang)

A4.2. Übungen mit Einzellauten und -buchstaben

A4.2.1. Übungen zum Sprechen und Schreiben

68 *Buchstabendiktat*
Verlauf: Der Lehrer nennt einen Laut. Die Schüler schreiben den entsprechenden Buchstaben in ihr Heft.
Kontrolle: Der Lehrer sagt nochmals die Laute in der ursprünglichen Reihenfolge. Die Schüler kontrollieren sich gegenseitig (Vertauschen der Hefte unter den Banknachbarn).

Variation 1:
Partnerdiktat: Banknachbarn diktieren einander Buchstaben und kontrollieren sich gegenseitig.

Variation 2:
Der Lehrer zeigt Buchstaben hoch. Schüler nennen den Laut und schreiben dann den Buchstaben auswendig auf.

Variation 3:
Erschwerung: Groß- und Kleinbuchstabe müssen aufgeschrieben werden.

Variation 4:
Der Großbuchstabe wird gezeigt. Die Schüler nennen den Laut und schreiben den Groß- und den Kleinbuchstaben (bzw. den Kleinbuchstaben allein) auf.

69 *Wand-Wiederholungsreihe*
Verlauf: Die Buchstaben werden an der Tafel in einer Reihe angeschrieben.
Der Lehrer fordert einen Schüler auf: Nenne den ersten Buchstaben, den dritten usw.

Variation 1:
Die Schüler nennen der Reihe nach die Buchstaben eines Satzes: z. B. das ist Opa

Variation 2:
Die Schüler zählen die Buchstaben eines Satzes aus: Zwei mal kommt „a" vor usw.

70 *Wettspiel in Gruppen: Tiere, Pflanzen nennen*
Verlauf: Die Schüler nennen so viele Tiere oder Pflanzen (auch Gegenstände) mit einem bestimmten Anfangsbuchstaben, wie sie wissen. Es kann dafür ein bestimmter Zeitraum angegeben werden (z. B. 50 sec.). Die Gruppen kommen nacheinander an die Reihe. Zuerst darf die Gruppe 1 Namen nennen. Der Lehrer stoppt die Zeit und zählt die richtigen Nennungen. Dann kommt die 2. Gruppe dran usw.
Wer die meisten richtigen Nennungen hat, gewinnt.

A4.2.2. Übungen mit Lernmaterialien

71 *Buchstaben würfeln und Laute dazu sagen*
Material: Buchstabenwürfel (vgl. Materialübersicht im Anhang)
Herstellung: Vgl. dazu die Hinweise in Übung 62, S. 42
Verlauf: Die Schüler würfeln nacheinander Buchstaben und sprechen dann den entsprechenden Lautwert.
Dieses Verfahren eignet sich gut für kleinere Gruppen (Fördergruppen).

Variation 1:
Die Schüler sitzen im Kreis; ein Schüler würfelt, der nächste sagt den Laut.

Variation 2:
Mehrere Schüler würfeln gleichzeitig. Wer kennt alle gewürfelten Buchstaben?

Variation 3:
Wettkampf: Ein Schüler würfelt, sagt den Laut und erhält – bei richtiger Lautzuordnung – einen Punkt. Wer nach einer bestimmten Zeit die meisten Punkte gesammelt hat, ist Sieger.

Variation 4:
Spiel mit einer Kleingruppe, bei der jeder Schüler einen Würfel zur Verfügung hat:
Der Lehrer nennt einen Laut. Die Schüler würfeln so lange, bis sie den entsprechenden Buchstaben gewürfelt haben. Wer ihn zuerst würfelt, selbst erkennt und ausspricht, bekommt einen Punkt (oder einen Stern, ein Kärtchen usw.).

72 Buchstabenhaus
Material: Buchstabenhaus im Großformat (Klassenraum) oder im Kleinformat (für den Einzelschüler) (vgl. Materialübersicht im Anhang)

Herstellung für die Hand des Schülers:
Der Lehrer malt mit schwarzer Tusche (oder mit schwarzem Filzstift) auf ein DIN-A4-Blatt ein Haus (siehe unten). Das Buchstabenhaus sollte für alle Buchstaben des Alphabets einschließlich der Umlaute und Diphtonge Fenster aufweisen.

Ein großes Buchstabenhaus für den Unterricht mit der ganzen Klasse (Demonstration) kann an einer Seitenwand angemalt werden.

In dieses Buchstabenhaus werden die Buchstaben eingetragen (eingehängt). Dies kann in der Reihenfolge der Einführung oder in alphabetischer Reihenfolge geschehen.

Beispiel:

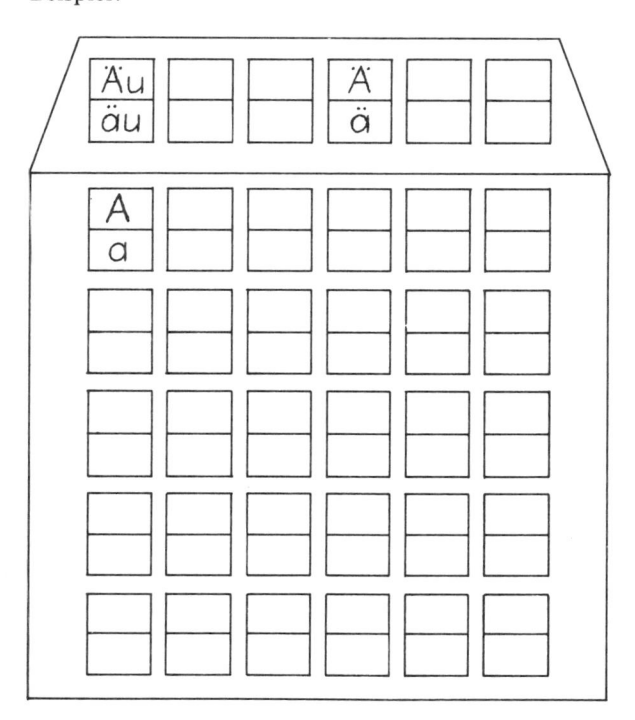

Verlauf: Der Buchstabe/Laut wird analysiert, akustisch und optisch in vielfältigen Übungen gefestigt und dann vom Lehrer ins große, von den Schülern ins kleine Buchstabenhaus eingetragen.

Variation 1:
Übung am Buchstabenhaus: Der Lehrer zeigt auf einen Buchstaben. Ein Schüler nennt seinen Lautwert.

Variation 2:
Welche Buchstaben sind versteckt?
Am Morgen fehlen einige der Buchstaben im Haus. Die Schüler sollen herausfinden, welche es sind und aus einem Stapel verschiedener Buchstaben die richtigen heraussuchen, benennen und wieder ins Buchstabenhaus hängen.

Variation 3:
Groß- und Kleinbuchstaben sind verwechselt. Die Schüler müssen sie wieder in Ordnung bringen und benennen.

Variation 4:
Wer kennt alle Buchstaben?
Ein Schüler (jeden Tag ein anderer) darf nacheinander alle Buchstaben im Buchstabenhaus benennen. Wer das kann, bekommt einen Stern.

73 Buchstabenkasten
Material: Buchstabenkasten mit Einzelbuchstaben (Lesekasten) für den Klassenraum und für die Hand des Schülers (vgl. Materialübersicht im Anhang)

Verlauf: Der Lehrer nennt einen Laut (oder ein Schüler). Die Schüler suchen im Buchstabenkasten den entsprechenden Buchstaben und stellen ihn auf die Leseleiste des Kastens bzw. legen sie auf die Bank.

Variation 1:
Die Buchstaben des Lesekastens sind durcheinandergeraten. Die Schüler sollen sie benennen und in das richtige Fach des Kastens einordnen.

Variation 2:
Die Schüler holen alle Buchstaben aus dem Lesekasten, die sie kennen. Wer die meisten benennen kann, wird „Buchstabenkönig".

74 Buchstabenkreis
Material: Pappkreis mit Zeiger, auf dem die Buchstaben eingetragen sind.

Herstellung: Für die Hand des Schülers: Durchmesser ca. 15–20 cm, aus Pappe; Buchstaben und Buchstabenfelder mit schwarzer Tusche einzeichnen; Zeiger aus steifem Karton mit Musterklammer drehbar befestigen. Zu Demonstraktionszwecken: Durchmeser ca. 90–100 cm; aus Sperrholz Scheibe und Zeiger aussägen (mit Schraube drehbar befestigen) oder aus steifem Karton ausschneiden.
Verlauf: Der Zeiger wird eingestellt. Die Schüler benennen den Buchstaben. Das Tempo der Einstellungsänderung wird beschleunigt. Die Schüler müssen sich sehr auf den Zeiger und die Buchstaben konzentrieren, da sie reihum oder durcheinander drankommen.

Variation
Der Lehrer stellt den Zeiger auf einen Buchstaben ein. Die Schüler, deren Name (Vorname) mit diesem Buchstaben beginnt, stellen sich und nennen ihren Namen und den Anfangslaut. Dafür bekommt man einen Punkt.

75 *Buchstaben-Buch*
Material: Ringbuch (DIN A5 mit 4 Klammern); Buchstabenkarten, die in dieses Ringbuch passen
Herstellung: Aus einem DIN-A4-Kartonblatt lassen sich 4 passende Buchstabenkarten herstellen.
Sie können mit schwarzem Filzstift beschriftet werden.
Verlauf: Diese Übung ist besonders für schwache Schüler geeignet. Die Schüler heften ihre Buchstabenkarten in ihr Ringbuch ein. Sie führen daran Merkübungen, Übungen der Zuordnung von Groß- und Kleinbuchstaben durch (vgl. auch Radigk 1979, S. 151).

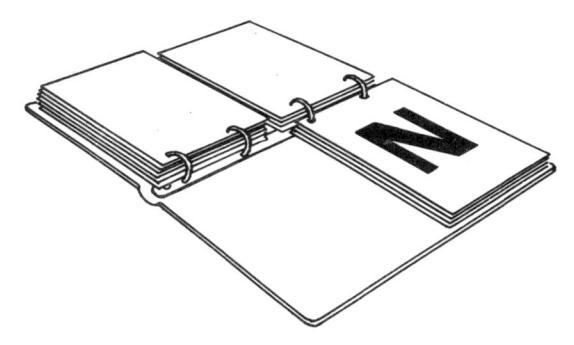

A5. Lautbildung

A5.1. Explosivlaute B-P (1. Artikulationsstelle)
(vgl. Sprechmaterial S. 85–86)

76 *Wir lassen die Lippen explodieren*
Verlauf: Der Lehrer drückt ganz fest die Lippen zusammen: p
Der Lehrer drückt leicht die Lippen zusammen: b
Die Schüler beobachten und ahmen nach.

77 *Papierstückchen wegpusten*
Verlauf: Wir pusten so (z. B. auf den Handrücken), daß die Papierstückchen liegenbleiben: b
Wir pusten so, daß die Papierstückchen fortfliegen: p

78 *Luftstrom auf dem Handrücken spüren*
Verlauf: Lehrer und Schüler sprechen b bzw. p auf den Handrücken. Sie erspüren den leisen Hauch bei b und den festeren bei p.

79 *Beobachten der Lautbildung*
Verlauf: Die Schüler schauen sich gegenseitig auf den Mund und stellen fest, daß b und p mit den Lippen gebildet werden. Sie sehen das feste Zusammenpressen der Lippen bei p und das leisere „Explodieren" bei b.

80 *Sprechen mit geschlossenen Augen*
Verlauf: Schließt die Augen und sprecht p und dann b. Spürt ihr einen Unterschied?

81 *Wörter sprechen*
Verlauf: Die Schüler sprechen Wörter mit b bzw. mit p als Anfangslaut (oder Endlaut). Sie hören auf die Unterschiede im Klang und in der Aussprache.

82 *In verschiedenen Sprachen sprechen*
Verlauf: Lehrer macht die „Fremdsprache" vor. Es geht darum, in Sätzen b durch p oder p durch b zu ersetzen.
B-Sprache: Baba geht auf die Bost
P-Sprache: Parpara padet in Padehosen.

83 *Handzeichen*
Material: Vorschläge zur Verwendung und Beschreibung von Handzeichen finden sich S. 97–113.
Verlauf:
Beispiel: **B/P**
B:

Bei der Bildung des „b" sind die Lippen geschlossen. Die Luft, die bei der Sprengung des Lippenverschlusses aus dem Mundraum strömt, wird auf dem Handrücken leicht empfunden.

Ball
Das Wort wird angeschrieben und gelesen.
Die Schüler sprechen das Wort deutlich aus und sprechen den Anfangslaut mehrfach:
b-b-b.

Lehrer: Wenn ihr auf den Handrücken sprecht, spürt ihr den leichten Luftstrom.

P:

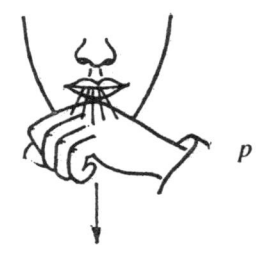

Die Bildung des „p" unterscheidet sich von der des „b" nur durch den stärkeren Luftstrom, der ganz deutlich auf dem Handrücken zu spüren ist.

Papa
Anschreiben und Sprechen des Wortes; sprecht p-p-p-p! Sprecht auf den Handrücken, dann spürt ihr den festen Luftstrom bei p, viel fester als bei b.
(vgl. auch Schneider-Rumor 1974, S. 23 ff.)

84 Sprechverse
Material: Vorschläge für Sprechverse, Sprachspiele, Scherzgedichte, Zungenbrecher folgen S. 85–86.
Verlauf: Der Lehrer spricht vor, läßt nachsprechen, muntert auf, läßt bestimmte Laute abhören, verbessert die Lautbildung, achtet auf Fehler, fordert zu Wettbewerb auf.

85 Lautbildung vom Munde absehen
Verlauf: Der Lehrer spricht Wörter und Sätze mit b oder p ganz leise, so daß die Schüler die Lautbildung vom Munde absehen müssen. Sie versuchen nachzusprechen.

Variation:
Der Lehrer macht stumme Mundbewegungen. Die Schüler erkennen, ob das Wort mit p oder mit b anfängt.

A5.2. Explosivlaute D-T (2. Artikulationsstelle)
(vgl. Sprechmaterial S. 86)

86 Lautbildung vormachen
Verlauf: Der Lehrer macht die Lautbildung vor. Er legt deutlich die Zunge an die oberen Schneidezähne. Die Schüler ahmen nach.

87 Unterschiede zwischen b und d/t
Verlauf: Der Lehrer schließt die Lippen und spricht b. Er legt dann die Zunge an die oberen Schneidezähne und spricht d.

Danach sprechen die Schüler beide Laute in Partnerübung. Sie schauen sich gegenseitig auf den Mund und kontrollieren sich.
Sie achten darauf, wo sie die Laute spüren:
b an den Lippen, d an der Zungenspitze.

88 Unterschiede zwischen d und t
Verlauf: Die Schüler halten den Zeigefinger vor die Schneidezähne. Sie spüren den leichten Luftstrom bei d und den stärkeren bei t.
Sie sprechen Wörter mit d bzw. t. Sie hören die Unterschiede in der Aussprache beider Laute.

89 „Fremdsprachen"
Verlauf: d-Sprache: Statt Tor: Dor
t-Sprache: Statt Doris: Toris

90 Handzeichen: siehe Übung Nr. 83 zu den Explosivlauten B/P und die Beschreibung von Handzeichen S. 97–113.

A5.3. Explosivlaute G-K (3. Artikulationsstelle)
(vgl. Sprechmaterial S. 86)

91 Wo spürt ihr den Laut?
Verlauf: Lehrer spricht b/d und g/k vor. Er fordert die Schüler auf, die Laute nachzusprechen und darauf zu achten, wo sie die Laute spüren. Sie werden merken, daß g/k ganz hinten im Rachen klingen.
b-d-g (p-t-k): Der Laut rutscht immer weiter nach hinten.
Unterschiede zwischen g und k
Verlauf: Der Laut wird in die Handfläche gesprochen. Bei g ist nur ein schwacher Luftstrom, bei k ein stärkerer zu spüren. Außerdem können Wörter mit g bzw. k gesprochen und die Unterschiede in der Lautbildung benannt werden.

92 Erklärung der Lautbildung
Verlauf: Der Lehrer kann auch in verständlicher Sprache über die Lautbildung reden. Die Zunge wird ganz hinten an den Gaumen gedrückt. Dabei wird ein Verschluß gebildet, durch den die Luft beim Sprechen zunächst nicht durchgeht. Wenn der Verschluß aufgemacht wird, entsteht ein kleiner „Knall" (g/k).

93 „Fremdsprachen"
Verlauf:
g-Sprache: Aus Karl wird Garl
k-Sprache: Aus Gans wird Kans

94 Sprechverse, Sprechübungen und Zungenbrecher
Material: Vorschläge für Sprechverse, Sprachspiele, Zungenbrecher usw. folgen S. 86.

Verlauf: Der Lehrer spricht das Sprachmaterial vor, läßt nachsprechen, muntert auf, läßt bestimmte Laute abhören, verbessert die Lautbildung, achtet auf Fehler, fordert zu Wettbewerb auf.

95 Handzeichen
Siehe Übung Nr. 83 zu den Explosivlauten B-P und die Beschreibung von Handzeichen S. 97–113

A5.4. Reibelaute S, Z, Sch
(vgl. Sprechmaterial S. 87–88)

96 Vormachen – Nachmachen
Verlauf: Der Lehrer spricht Wörter mit s, z oder sch vor oder spricht die Laute isoliert. Die Schüler sprechen nach.

97 Lautbildung bewußt machen
Verlauf: Die Schüler beobachten ihre Lautbildung im Mundspiegel (dazu kann ein kleiner Handspiegel verwendet werden). Sie beobachten den Lehrer bzw. den Banknachbarn beim Sprechen. Sie betrachten die Lautbildung auf Mundtafeln (vgl. Sprechlernspiele vom Maier Verlag Ravensburg und andere Materialien im Anhang).
S: Die Zungenspitze berührt die unteren Schneidezähne, die Zähne sind fast geschlossen, der Mund ist breit (Lachstellung), der Luftstrom zischt durch die obere Zahnreihe.
Z: Die Zungenspitze liegt hinter den oberen Schneiderzähne, die Mund- und Zahnstellung ist ähnlich wie bei S, die Zunge gibt hinter den Zähnen einen schmalen Spalt frei, so daß die Luft hindurchgedrückt werden kann.
Sch: Die Zunge liegt weiter zurück als bei S und Z, die Zähne sind nahe beieinander, der Mund wird vorgestülpt.

98 Beschreiben des lautlichen Unterschieds
Verlauf: Die Reibelaute werden gesprochen (von Schülern, vom Lehrer), sie werden laut und leise gebildet und abgehört. Die Schüler versuchen, die Laute zu charakterisieren und mit natürlichen Lauten zu vergleichen:
S: summt, saust, säuselt wie der Wind; surrt wie ein Spielauto
Z: zischt (Schlange)
Sch: macht wie eine alte Eisenbahn (sch – sch – sch…)
Daraus ergibt sich die Aufforderung zur Lautbildung an die Kinder: z. B. Surre, wie ein kleines Spielauto! usw.

99 „Fremdsprachen"
Verlauf: s-Sprache: Aus Zoo wird so, aus Zirkus wird Sirkus.
z-Sprache: Aus Susi wird Zuzi.
Sch-Sprache: Aus See wird Schee.

100 Sprechverse
Material: Vorschläge für Sprechverse usw. siehe S. 87–88
Verlauf: siehe Übung Nr. 84, S. 47 bei den Explosivlauten B-P

101 Handzeichen:
siehe Übung Nr. 83 zu den Explosivlauten B-P und die Beschreibung von Handzeichen S. 97–113

A5.5. Reibelaute W-F (V)
(vgl. Sprechmaterial S. 89)

102 Beschreiben des Lautunterschiedes
Verlauf: Durch Sprechen der Laute und Abhören von Wörtern erkennen die Schüler, daß w ein bißchen summt und f leise zischt.
W: Es brummt wie ein kleiner Motor.
F: Das zischt, wie wenn Luft aus dem Fahrradschlauch entweicht.

103 Unterschiede in der Lautbildung
Verlauf: Die Schüler beobachten die Lautbildung mit den bekannten Methoden und Hilfsmitteln.
Sie erkennen etwa folgendes (dabei kommt es nicht auf die exakte sprachliche Formulierung an):
F (V): Die oberen Schneidezähne berühren die Unterlippe (man beißt fast darauf), der Luftstrom entweicht zwischen Zahnreihe und Unterlippe und zwischen den oberen Schneidezähnen (stimmloser Laut).
W: Die Stellung der oberen Schneidezähne und der Unterlippe ist der Stellung beim F nahezu gleich. Es entweicht aber keine Luft zwischen den Zähnen, vielmehr „brummt es im Hals" (stimmhafter Laut unter Einsatz der Stimmbänder).

104 „Fremdsprachen"
Verlauf: W-Sprache: Statt Vogel : Wogel
F-Sprache: Statt Wagen : Fagen
Die Schüler verändern die Wörter durch Ersetzen der Laute (z. B. v durch w). Sie hören die Veränderungen ab, sprechen den anderen Schülern vor. Auch ist es möglich, daß sie sich gegenseitig Rätsel stellen: Was soll das für ein Wort sein? Oder: Was wird in der W-Sprache aus Vogel?

105 Sprechverse
Material: Vorschläge für Sprechverse, Zungenbrecher usw. finden sich S. 89
Verlauf: siehe Übung Nr. 84, S. 47 bei den Explosivlauten B-P

106 Handzeichen
Siehe Übung Nr. 83 zu den Explosivlauten B-P und die Beschreibung von Handzeichen S. 97–113

A5.6 Zitterlaut R (2. bzw. 3. Artikulationsstelle und Ch₂)
(vgl. Sprechmaterial S. 89–90)

107 Beschreiben des lautlichen Unterschieds
Verlauf: Die Schüler suchen Vergleiche aus der natürlichen Umgebung:
R: macht wie ein Flugzeug
Ch₂: schnarcht

108 Aufforderung zur Lautbildung
Verlauf: Schnarcht, wie der Opa macht, wenn er schläft! Laßt den Flugzeugmotor rattern; macht wie ein Motorrad!

109 Unterschiede in der Lautbildung
Verlauf: Durch die beschriebenen Methoden und Hilfsmittel wird etwa folgendes erkannt:
Beide Laute können im Rachen gebildet werden.
Beim Zungen-R (2. Artikulationsstelle) wird das R vorne mit der Zunge gesprochen (die Zungenspitze flattert hin und her: daher Zitterlaut).
Beim Rachen-R ist der Laut weit hinten im Rachen zu spüren (Vibrationen des Zäpfchens).
Das Ch₂ ist ebenfalls im Rachen zu spüren. Im Unterschied zum Rachen-R ergibt sich jedoch kein rollendes Geräusch, sondern ein „Schnarchgeräusch".

110 „Fremdsprachen"
Verlauf: In der R-Sprache wird aus machen maren. In der Schnarchsprache (ch₂) wird aus Uhr Uch.
Der Lehrer spricht die Wortveränderungen vor. Die Schüler erkennen, was für ein Wort entsteht. Sie hören die Veränderungen ab, sprechen den anderen Schülern vor. Auch können sie sich gegenseitig Rätsel stellen: Was für ein Wort wird in der ch-Sprache (Schnarchsprache) aus Ohr? (och)

111 Sprechverse, Zungenbrecher
Material: Vorschläge für Sprechverse, Zungenbrecher usw. finden sich S. 89–90
Verlauf: siehe Übung Nr. 84, S. 47 bei den Explosivlauten B-P

112 Handzeichen
Siehe Übung Nr. 83 zu den Explosivlauten B-P und die Beschreibung von Handzeichen S. 97–113

A5.7. Nasale M-N-ng (1., 2. und 3. Artikulationsstelle)
(vgl. Sprechmaterial S. 89)

113 Nase zuhalten
Verlauf: Der Lehrer fordert die Schüler auf, sich die Nase zuzuhalten und dabei die drei Laute m, n und ng zu sprechen Die Schüler erkennen, daß dies dann nicht mehr möglich ist. Sie begründen es: Da geht die Luft nicht mehr durch die Nase; dann kann man kein M mehr sprechen.

114 Erkennen der Lautbildungsunterschiede
Verlauf: Die Schüler beobachten Lehrer, Mitschüler beim Sprechen, Sie benützen den Mundspiegel oder betrachten die Mundtafeln. Sie erkennen etwa folgendes:
M: Beim M brummt es im geschlossenen Mund.
N: Da ist der Mund leicht geöffnet, die Zungenspitze liegt an der oberen Schneidezahnreihe, es brummt in der Nase.
ng: Der Mund ist weit geöffnet, die Zunge liegt hinten (Zungenrücken) oder am Gaumen (Gaumensegel); es summt hinten im Hals.

115 Charakterisierung der Lautunterschiede
Verlauf: Die Schüler hören die Laute ab und versuchen, sie durch Vergleiche zu beschreiben und zu unterscheiden.
N: Das macht, wie wenn man auf den Gong schlägt; es summt leis.
M: Ausdruck des Wohlbehagens (es hat gut geschmeckt)
ng: auf einen Gong schlagen

116 Sprechverse, Zungenbrecher
Material: Vorschläge für Sprechverse, Zungenbrecher usw. finden sich S. 89
Verlauf: Siehe Übung Nr. 84, S. 47 bei den Explosivlauten B-P

117 Handzeichen:
Siehe Übung Nr. 83 zu den Explosivlauten B-P und die Beschreibung von Handzeichen S. 97–113

B. Übungen zur Erfassung der Wortstruktur

B1. Laute und Buchstaben als Elemente der Wortstruktur

B1.1. Laut- und Buchstabenanalyse

118 Vom Dehnsprechen zum Lautieren
Verlauf: Einführung ins Dehnsprechen
Der Lehrer sagt: Wir wollen einige Wörter so langsam sprechen, daß jeder Laut ganz genau zu hören ist. Ihr haltet den Laut genau so lange, wie ich ihn vorspreche: Mmm–aaa–mm–aaa

Variation 1:
Der Laut wird so lange ausgehalten, bis der Lehrer den nächsten Finger hochhebt.

Variation 2:
Auseinanderschieben von „Eisenbahnwaggons
Material: Eisenbahnzug aus Pappkarton.
Herstellung: Lokomotive und Waggons können auf Pappe aufgemalt und ausgeschnitten werden (Länge eines Waggons für Demonstrationszwecke ca. 20 cm).
Verlauf: In einen „Zug" mit mehreren „Waggons" werden Buchstaben gesetzt.
Beispiel: Auseinanderschieben der Waggons:

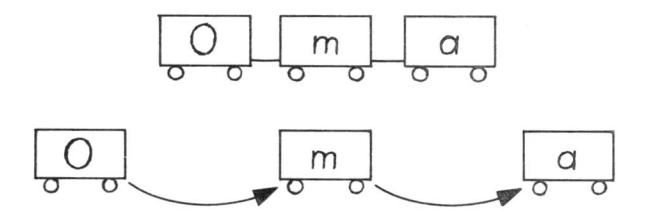

Zunächst wird das Wort normal gesprochen, dann folgt gedehntes Lesen. Dabei schiebt der Lehrer die Waggons auseinander. Der einzelne Laut wird so lange gehalten, bis der Zeigestock des Lehrers beim nächsten Waggon angekommen ist. So werden die einzelnen Laute sehr lange gedehnt. Das Wort zerfällt allmählich in seine Lautpositionen.

Variation 3:
„Ich spreche, wie wenn ich einschlafen würde"
(„wie wenn ein Tonband ganz langsam läuft", „wie wenn das Wort aus Gummi wäre und ganz langsam auseinandergezogen würde").

Variation 4:
Abgehacktes Sprechen: Wir zerhacken nun das Wort. Aus diesem abgehackten Sprechen ergibt sich unmittelbar das Lautieren (d. h. die Nennung der Einzellaute des Wortes).

Variation 5: Zum Lautieren
Material: großer Raster mit so vielen Kästchen, wie das Wort Laute besitzt, eine Bildkarte (vgl. Materialübersicht im Anhang)
Herstellung des Papprasters:
Ein Kartonstreifen oder ein Papierstreifen wird in Kästchen unterteilt (Größe der Kästchen: ca. 8 mal 12 cm)
Verlauf: Die Schüler sitzen mit dem Lehrer im Kreis. Vor ihnen liegt ein großer Pappraster, daneben ein Bild.
Beispiel:

Durch den Pappraster ist die Lautanzahl festgelegt.
Die Schüler sprechen das Wort nun gedehnt, dann abgehackt. Bei jedem Laut wird in ein Rasterfeld ein Zeichen gemacht. Statt neutraler Zeichen können auch die Buchstaben des Wortes in die Felder des Rasters gelegt oder geschrieben werden.

119 Buchstabenraten
Verlauf: Ein Schüler denkt sich ein Wort aus. Er schreibt den Anfangsbuchstaben an die Tafel und markiert die fehlenden Buchstaben mit Punkten:
z. B. H... (Hans). Die übrigen Schüler dürfen der Reihe nach Buchstaben nennen. Wer das Wort herausbringt, darf selbst Aufgaben stellen.

120 Wieviele Laute werden gesprochen?
Verlauf: Laute vom Mund ablesen!
Der Lehrer spricht ein einfaches Wort vor (Uli).

Die Kinder sprechen deutlich artikulierend nach und achten auf die verschiedenen Mundstellungen.
Sie beobachten, wieviel verschiedene Mundstellungen man beim Sprechen des Wortes Uli sieht und wieviele Laute man hört. Sie nennen die Laute.
Der Lehrer schreibt für jeden Laut einen Buchstaben an die Tafel.

Variation:
Die Schüler nennen die Laute und legen mit ihren Buchstabenkarten für jeden Laut einen Buchstaben. Damit wird Einsicht in ein wichtiges Prinzip der Buchstaben-Lautstruktur geschaffen.

121 Lesefenster
Material: Ein doppelter Pappkarton (an Längsseiten zusammengeklebt), bei dem an einer Seite ein Fenster ausgeschnitten ist; Wortlesestreifen aus Pappe (vgl. Materialübersicht im Anhang)
Beispiel:

E mo (Eskimo)

Besonders die Lautiertechnik wird unterstützt, da vom gesamten Wort ein Buchstabe nach dem anderen sichtbar gemacht werden kann.
1. Schritt: Die Schüler lesen das Wort auf dem Lesestreifen.
2. Schritt: Der Streifen wird in die Lesemappe geschoben. Die Buchstaben erscheinen nacheinander im Fenster. Die Schüler nennen die ihnen entsprechenden Laute.
3. Schritt: Die Schüler nennen die Laute des Wortes auswendig.

B1.2. Laut- und Buchstabensynthese

122 Was ist es (Hilfe für die Lautsynthese durch Sinnstütze)
Verlauf: Der Lehrer gibt ein Rätsel auf. Wie heißt die ältere Frau? Ihr Name klingt so: O--m--a.
Der Lehrer kann am Anfang noch die Verbindungen zwischen den Lauten andeuten, d. h. nur stark gedehnt sprechen; später nennt er die einzelnen Laute getrennt (er lautiert).

Variation 1:
Material: „Ratemappe"
Herstellung einer Ratemappe:
Ein Aktendeckel wird an der Breitseite zugeklebt und bemalt. An den Schmalseiten lassen sich Bildkarten und Wortstreifen einschieben und herausziehen.

Verlauf: Der Lehrer zieht eine Bildkarte langsam aus der „Ratemappe" (vgl. Materialübersicht im Anhang) heraus, so daß die Schüler allmählich den Gegenstand erkennen können. Er lautiert dazu langsam die Lautfolge des betreffenden Wortes. Die Schüler schließen zunächst die Augen und versuchen, die Laute akustisch zu verbinden und auf diese Weise zur Wortgestalt zu kommen. Schüler, die dazu noch nicht in der Lage sind, dürfen auf die Bildkarte sehen, damit sie nicht entmutigt werden.

Variation 2:
Der Lehrer gibt einen Sinnrahmen vor: Ralf verreist am Wochenende. Er fährt mit dem <Au> <t> <o>. Nun zeigt der Lehrer nacheinander die Buchstabenkarten vor. Die Schüler synthetisieren die den Buchstaben entsprechenden Laute. Durch die Sinnvorgabe finden sie leichter die Wortendgestalt.

123 Vormachen – Nachmachen (Hilfe für Lautsynthese)
Verlauf: Der Lehrer gibt zunächst die Laute vor, z. B. <U> <l> <i>. Er macht dann die Lautverbindung vor: U--l--i (gedehnt); zuletzt spricht er das Wort in der Endgestalt (Uli).
Übertragung:
Die Kinder müssen dann selbst an anderen leichten Wörtern ihre Lautsynthesefähigkeit erproben:
z. B. Wer bringt heraus, wie das Kind heißt?
<E> <v> <i>
Die Schüler flüstern leise mit, während der Lehrer lautiert.
Schließlich bringen sie heraus, wie das Wort heißt. Sie haben die Lautsynthese vollzogen.

124 „Lebendes Wort"
Material: Buchstabenbilder, die Kindern umgehängt werden können (Schilder aus Karton, Größe ca. 15 × 15 cm), dünne Schnur
Verlauf: Jeder Schüler bekommt einen Buchstaben zum Umhängen. Dann wird ein Wort gezeigt (oder gesprochen). Die Schüler mit einem Buchstaben, der im Wort vorkommt, treten vor die Klasse und stellen sich in der richtigen Reihenfolge auf.
Kontrolle: Das Wort wird richtig angeschrieben und verglichen.
Beispiel:

H A U S

Variation:
Die Schüler in der Klasse machen die Augen zu. Buchstaben werden ausgetauscht bzw. umgestellt. Wie heißt das „lebende" Wort nun?

125 Buchstabensteckwürfel

Material: Buchstabensteckwürfel können gekauft werden (Plastikwürfel mit Steckvorrichtung zum Zusammenstecken der Würfel) (vgl. Materialübersicht im Anhang).

Verlauf: Schüler vollziehen die Synthese mit:
Der Lehrer baut ein Wort aus Buchstaben auf. Die Schüler stecken mit Buchstabenwürfeln das Wort zusammen und erlesen es.

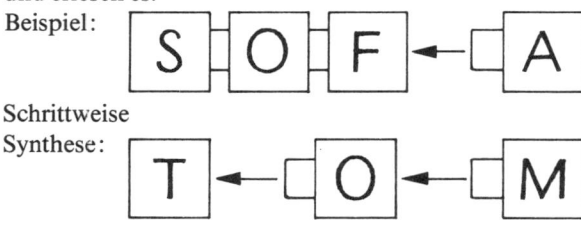

Beispiel: S O F ← A

Schrittweise Synthese: T ← O ← M

Variation 1:
Buchstabendiktat: Die Schüler stecken die vom Lehrer diktierten Buchstaben mit Steckwürfeln zusammen und erlesen die Wörter.

Variation 2:
Analyse:
Der Lehrer zeigt, wie die Buchstabenwürfel auseinandergenommen werden (ein Würfel nach dem anderen von hinten: dazu wird jeweils der Wortrest gelesen).

126 Buchstabenwürfel (Hilfe für Lautsynthese)

Material: gekaufte (vgl. Materialübersicht im Anhang) oder selbst hergestellte Buchstabenwürfel

Herstellung: Würfel aus Holz (vgl. auch Kossow 1975, Seite 50 f.):
Holzwürfel (Kantenlänge zwischen 2 und 4 cm für die Verwendung in Kleingruppen und ca. 10 cm für die Demonstration) können vom Schreiner hergestellt werden. Die Buchstaben können in verschiedenen Farben geschrieben werden (z. B. Explosivlaute in Rot usw.; vgl. die Übersicht über die verschiedenen Lautgruppen Seite 46–49).
Es ist auch möglich, Würfel aus Karton zusammenzukleben (vgl. Übung 62, S. 42).

Verlauf: Die getrennt liegenden Würfel werden jeweils von rechts an den anderen Würfel herangeschoben. Die Laute werden so lange gesprochen, bis der Würfel heran ist.

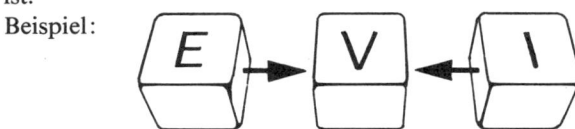

Beispiel: E → V ← I

127 Zaubermappe (buchstabenweise synthetisieren)

Material: Aktendeckel, der an der Längsseite zugeklebt ist. Aus ihm lassen sich Wortkarten herausziehen.

Verlauf: Der Lehrer zieht langsam eine Wortkarte aus einem Aktendeckel („Zaubermappe"), so daß Buchstabe für Buchstabe erscheint. Die Schüler verbinden so Laut für Laut miteinander und lernen allmählich, schneller zu einer Wortgestalt und zur Sinnfindung zu kommen.

Variation:
Eine Sinnstütze hilft bei der Hypothesenbildung, d. h., die Schüler haben eine bestimmte Worterwartung. Dies könnte aber auch das Raten erleichtern.
Der Lehrer könnte z. B. den gesuchten Gegenstand beschreiben: Es ist rund und springt, hat aber keine Beine (Ball).

128 Synthetisieren mit Tafelunterstützung

Verlauf: Der Lehrer verbindet die an der Tafel stehenden Buchstaben mit Bögen. Während die Schüler einen Laut sprechen, fährt er mit der Kreide oder einem Zeigestock zum nächsten Buchstaben. Die Schüler lesen langsam weiter:

Beispiel: E ⌣ v ⌣ i

Ganz langsam lernende Schüler können die Verbindungsbögen mit dem Finger nachfahren und dabei die Laute zu einem sinnvollen Wort verbinden.

129 Buchstaben miteinander verbinden

Material: Arbeitsblatt mit Buchstabenvorgaben (Buchstabengruppen, die jeweils die Buchstaben der Wörter und einen oder zwei im Wort nicht vorkommende Buchstaben enthalten).

Verlauf: Die Schüler versuchen, durch Verbindungsstriche aus den Buchstaben sinnvolle Wörter herzustellen.
Erleichterung: Die Wörter stammen aus dem gerade behandelten Lesestoff.
Je mehr Buchstaben vorgegeben sind, desto schwieriger wird die Aufgabe. Kontrolle: Vorlesen der Wörter, Anschreiben

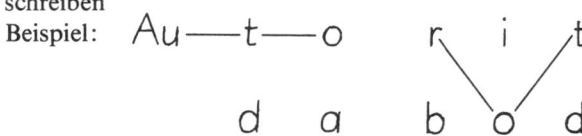

Beispiel: Au—t—o   r i t
            d   a   b o d

Variation 1:
Bilder sind dazugemalt (der Schüler weiß, welche Wörter er bilden kann).

Variation 2:
Die Wörte sind vorher genannt worden. Sie müssen jetzt nur noch gebildet werden.

54 Übungen zur Erfassung der Wortstruktur

130 Lesestraße (Syntheseübung).
Verlauf: Buchstaben an der Tafel sind mit Linien („Straßen") verbunden. Die Schüler dürfen beliebige Linien entlangfahren und zunächst sinnvolle Wörter, dann aber auch Unsinnwörter zusammenstellen. Die Verbindungslinien der Sinnwörter können farbig markiert werden.
Beispiel:

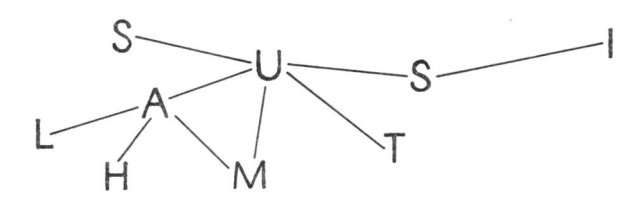

```
        S           I
     L    U    S
        A     T
      H    M
```

B1.3. Silbensynthese

B1.3.1. Synthese einer Silbe

131 Buchstabenhaus
Material: Buchstabenhaus an der Wand (an Wandtafel zu zeichnen oder über Verlage zu beziehen; vgl. Materialübersicht im Anhang)
Verlauf: In die täglichen Buchstaben-Laut-Wiederholungsübungen können kleine Syntheseversuche eingebettet werden. Der Lehrer zeigt nacheinander zwei Buchstaben im Buchstabenhaus. Wie klingen sie zusammen; wie heißt das Wörtchen?
Beispiele: d-a, w-o, i-ch, i-m, i-n, s-o, u-m, usw.
Die Schüler lernen (bzw. hören von anderen Schülern), wie die Synthese vollzogen wird.

132 Ratespiel
Material: Buchstabenkärtchen (vgl. Materialübersicht im Anhang)
Verlauf: Wer bringt heraus, was für ein Wort ich meine?
So beginnt das Wort (der Lehrer nennt zwei Laute und zeigt die zwei Buchstaben).
Beispiel: M--a; die Schüler synthetisieren zu Ma-- und vermuten, wie das Wort heißen könnte: Mama, Mann, Mast usw.
Der Lehrer gibt dann die Auflösung, indem er das Wort ganz anschreibt oder alle Buchstaben des Wortes zeigt.

Variation 1:
Der Lehrer schreibt an: So (eine ganze Silbe)
Was könnte es geben (Sonne, Sofa, usw.)?

Variation 2:
Arbeitsblatt:
Auf dem Blatt sind Anfangssilben (bzw. die beiden ersten Buchstaben) von Wörtern und die dazu passenden Abbildungen verteilt. Die Schüler sollen die Anfangssilbe erlesen und dem passenden Gegenstand zuordnen.
Beispiel:

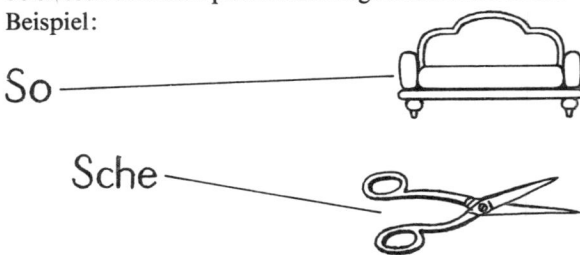

So —— [Sofa]

Sche —— [Schere]

133 Ringbuch mit Buchstaben (vgl. auch Radigk 1979, S. 151)
Material: Ringbuch (DIN A5) mit vier Ringen, in das auf jeder Seite zwei Buchstabenkarten übereinander eingeheftet werden.
Herstellung der Buchstabenkarten aus Karton (4 Karten aus einem DIN A4-Bogen)
Beispiel:

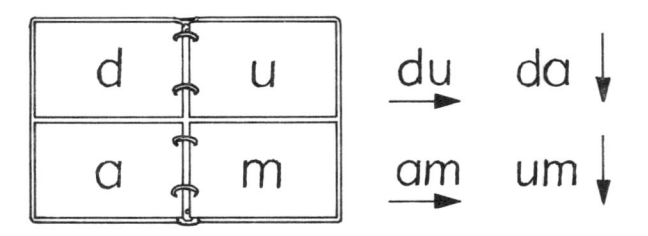

| d | u | du da ↓ |
| a | m | am um ↓ |

Verlauf: Durch Umblättern der Buchstabenkarten können senkrecht und waagrecht verschiedene Buchstaben zu Wortteilen kombiniert werden.
Die Schüler erlesen diese Wortteile.
Sie können (falls sich kein sinnvolles Wort ergibt) die Wortteile zu einem sinnvollen Wort ergänzen.
Beispiel:

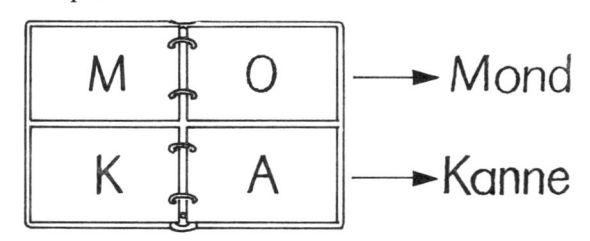

| M | O | → Mond |
| K | A | → Kanne |

Variation:
Die Schüler schlagen im Ringbuch auf, was sich durch Zufall ergibt (Zufallswörter). Sie können dazu mit einem Brieföffner eine Seite hochheben.

B1.3.2. Synthese von zwei Silben

134 Silbenringbuch (vgl. auch Radigk 1979, S. 151)
Material: Ähnlich dem Buchstabenbuch (vgl. Übung 73, Seite 46)
Die Ringbuchblätter enthalten Silben.
Verlauf: Für Gruppen schwächerer Schüler zur Einführung in einfachste Techniken der Synthese geeignet.

Durch Umklappen und Austauschen der Silbenblätter entstehen jeweils neue Silbenkombinationen, die verbunden werden können.
Beispiel:

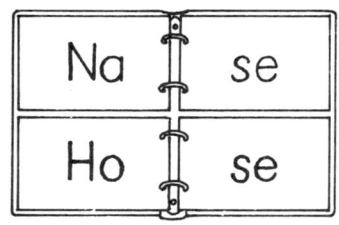

Variation 1:
Die Schüler stellen sich untereinander Syntheseaufgaben.
Variation 2:
Die Schüler sollen lustige Wörter (Unsinnwörter) finden.

135 *Silbenstreifen* (z. B. nach Art des Lesefix; vgl. Materialübersicht im Anhang)
Material: Pappstreifen, auf denen Silben stehen; für zwei Streifen ein „Lesefenster" (doppelter Karton mit zwei Fensteröffnungen), durch das die Streifen gesteckt werden können.
Verlauf: Die Streifen sind so nebeneinander zu schieben, daß die Silben sinnvolle Wörter ergeben. Die Schüler erlesen die Silben und die ganzen Wörter.
Beispiel:

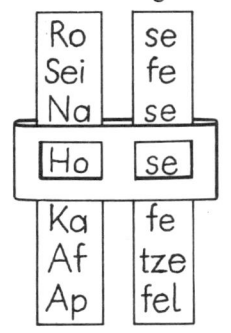

136 *Wortstücke zusammensetzen*
Material: Silbentäfelchen, die an der Wandtafel, Flanelltafel oder Magnettafel haften
Herstellung: Pappkartons (ca. 20 × 12 cm) beschriften und auf der Rückseite mit Haftmaterial versehen (Magnetscheiben, Kletten)
Verlauf: Die Silben sind an der Wandtafel verteilt. Sie werden zunächst für sich erlesen, danach werden sie zu sinnvollen Wörtern zusammengesetzt.
Beispiel:

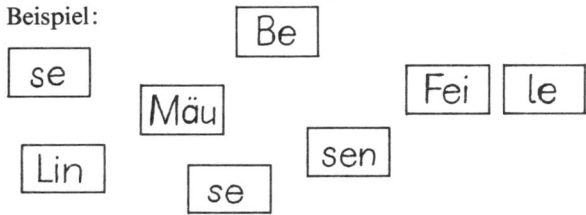

Variation:
Die Silben können auch auf einem Arbeitsblatt durch Striche verbunden werden. Etwas umständlicher ist es, sie auszuschneiden und zusammenzukleben.

137 *Lustige Namen*
Material: Spielpuppen, andere Spielgegenstände (Tiere, Teddy usw.)
Verlauf: Die Schüler haben ihre Puppen mitgebracht. Sie sagen ihre Namen: Susi, Heidi, Evi usw.
Der Lehrer schlägt vor: Wir erfinden lustige Namen. Er fängt an zu schreiben: Li-li. Die Schüler synthetisieren. Dann sagen die Kinder ähnliche lustige Namen, die der Lehrer anschreibt.

Variation 1:
Die Vokale werden ausgetauscht.
Beispiel:

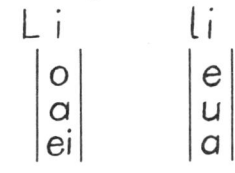

Variation 2:
Arbeitsblatt mit verschiedenen Tieren (z. B. Kätzchen). Dabei stehen verschiedene lustige Namen.
Die Kinder suchen sich ihr Lieblingskätzchen aus und erlesen den Namen.
Beispiel:

138 *Silbenquartett* (vgl. auch Kossow 1975, S. 52 f.; zur Herstellung siehe Übung Nr. 64, S. 42–43)
Material: Mehrere Quartette (jeweils vier Karten) ergeben zusammen ein Spiel. Die einzelnen Quartette enthalten Silben, die sich zu einem Wort zuammensetzen lassen, und gleiche numerierte Symbole.
Beispiel:

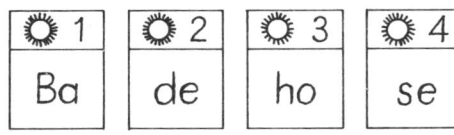

Verlauf: Die Quartettkarten werden verteilt. Die Schüler verlangen vom Mitschüler die Symbole (z. B. Sonne 1). Wenn ein Quartett vollständig ist, wird es abgelegt und muß erlesen werden. Ansonsten werden die üblichen Quartettspielregeln beachtet.

56 *Übungen zur Erfassung der Wortstruktur*

B1.4. Wortauf- und -abbau

139 *„Eisenbahnwaggons abkoppeln" (Wortabbau)*
Material: „Waggons" aus Pappe für jeden Buchstaben (z. B. bei einem Buchstabenkasten, vgl. Materialübersicht im Anhang). Herstellung: vgl. Übung 118, S. 51.
Verlauf: Der „Zug" aus Buchstaben steht auf einer Leseleiste. Er wird nun getrennt. Waggon für Waggon wird abgehängt:
1. Schritt: Die Schüler lesen das ganze Wort (z. B. Papa)
2. Schritt: Der letzte Waggon wird abgekoppelt:
Lehrer: Welcher Buchstabe fehlt jetzt: a
Wie heißt das Wort noch: Pap (man darf das a nicht mehr hören)
3. Schritt: Nun wird das p in der Mitte abgehängt.
Lehrer: Das p ist nun weg, man darf es nicht mehr hören. Lest ganz langsam von vorne: P--a---
(kein p!!!)
Hier muß unbedingt auf Genauigkeit beim Lesen geachtet werden.
4. Schritt: Nun wird auch das a abgehängt. Es bleibt nur ein Buchstabe übrig: P

Variation: Abbau von vorne nach hinten:
Dieses Verfahren ist schwieriger.
Es werden die Buchstaben von vorne nach hinten weggenommen und die übriggebliebenen Wortreste erlesen.

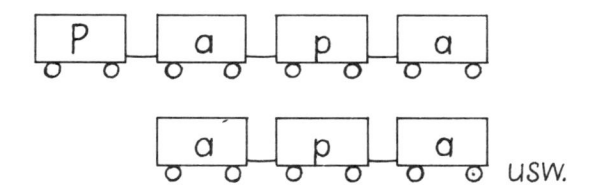

140 *„Eisenbahnwaggons ankoppeln" (Wortaufbau)*
Material: „Waggons" aus Pappe; Herstellung: vgl. Übung Nr. 118, S. 51
Verlauf: Der Zug wird wieder zusammengestellt.
1. Schritt: An die vordere Lokomotive wird der erste Waggon wieder angehängt: P-a
Wie heißt das jetzt: Pa
2. Schritt: Nun kommt der p-Wagen dazu. Wir lesen: Pap
3. Schritt: Nun ist das Wort wieder ganz: Papa.

Variation 1:
Ankoppeln an den hinteren Waggon (schwierig)

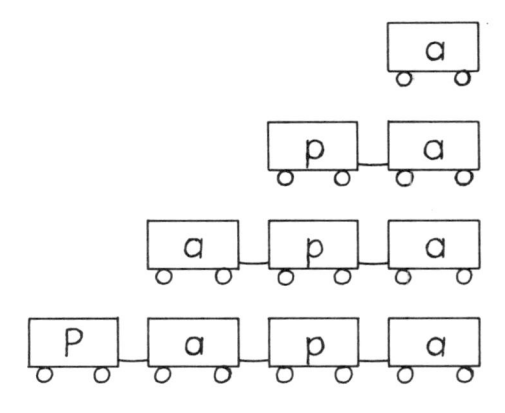

Variation 2:
Krokodil frißt Wörter auf:
Beispiel:

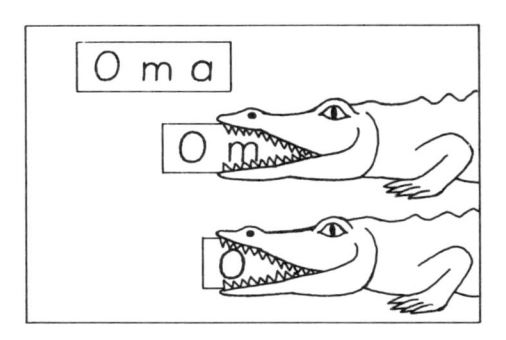

141 *Verzaubern von Wörtern*
Verlauf: Ein Zauberer verzaubert die Wörter so, daß immer ein Buchstabe am Ende wegbleibt. So ergibt sich der Wortabbau:

Wald
Wal
Wa
W
Wa
Wal
Wald

Variation:
Mit der Zaubermappe läßt sich der Ab- und Aufbau gut demonstrieren: Der Lehrer schiebt das Wort langsam Buchstabe für Buchstabe in die Mappe hinein (Abbau) und holt es dann wieder heraus (Aufbau). Herstellung der Zaubermappe: vgl. Übung „Zaubermappe" Nr. 127, S. 53

142 *Laute diktieren – Buchstaben stecken*
Material: Lesekasten (Buchstabenkasten; vgl. Materialübersicht im Anhang)
Verlauf: Der Lehrer diktiert langsam die Laute eines Wortes. Die Schüler stecken das Wort im Lesekasten. Sie

Laute und Buchstaben als Elemente der Wortstruktur **57**

lesen es. Danach erfolgt die Umkehrung: Buchstaben zeigen und Laute nennen. Die Schüler können beim Lautdiktat dazu flüstern, um die Lautsynthese zu erleichtern.

143 Lesekasten (Buchstabenkasten)
Material: Lesekasten mit Buchstabenkärtchen für Schüler (vgl. Materialübersicht im Anhang)
Verlauf: Die Schüler sprechen bekannte Wörter mit einfacher Struktur und weitgehend lauttreuer Schreibweise gedehnt aus. Danach stecken sie die Wörter auf die Leiste des Lesekastens oder legen sie auf die Bank.
Kontrolle: Vergleich mit der Tafelaufschrift oder mit dem Demonstrationslesekasten.
Bei Fehlern kann über Sprechen und Hören verbessert werden, z.B. bei Buchstabenverwechslungen (statt Oma: Omo): Hier wird über Gehör erkannt, daß am Schluß kein o, sondern ein a zu hören ist.
Die Schlußkontrolle muß aber optisch über den Vergleich der Wortbilder erfolgen.

144 Buchstabenkarte zuschneiden
Material: Buchstabenkarte (verschiedene Buchstabenkarten können auf einem Arbeitsblatt vorgegeben werden)
Verlauf: Beim Wortabbau von hinten schneidet der Lehrer Buchstabe für Buchstabe ab. Die Schüler lesen die Wortreste.

Variation: Aufbau
Die Buchstaben werden nun von vorne wieder zusammengeklebt oder zusammengelegt

B1.5. Buchstaben- und Lautvariationen

145 Reimen („Wer kann reimen" von E. Schomburg: vgl. Materialübersicht in Anhang)
Verlauf: Die Kinder suchen zu Grundwörtern möglichst viele Reimwörter. Sie schreiben sie dann auf, erkennen, daß immer ein Buchstabe/Laut sich verändert und der Wortrest gleich ist, sprechen bzw. lesen die Wörter.
Beispiele: Haus Gast Nest Band Kind Hahn
Maus Mast Pest Sand Wind Kahn
Laus Rast Rest Rand Rind Zahn
raus Hast Fest Wand   Bahn
               fand
               Stand

146 Wörter verändern
Verlauf: Die Schüler versuchen, ob sie durch Weglassen eines Buchstabens aus einem Wort ein anderes sinnvolles Wort entstehen lassen können.

Beispiele: K̸opf → Kopf
Ei̸s → Ei
Ba̸nd → Bad
Sch̸laf → Schaf
Ra̸nd → Rad
Sch̸loß → Schoß

Unterrichtsschritte:
1. Ausgangswort lesen, gedehnt lesen, auswendig lautieren,
2. neues Wort nennen, gedehnt sprechen, lautieren,
3. Laut/Buchstabe nennen, der weggefallen ist
Besonders bei schwächeren Schülern müssen diese Schritte ganz gründlich durchgeführt werden.

147 Zauberkasten
Material: Kreuzworträtselraster (Vorgabe auf der Wandtafel oder auf einem Arbeitsblatt)
Verlauf: Der Lehrer sagt: Ich kenne Wörter, bei denen man nur einen Buchstaben auszutauschen braucht, und schon entsteht ein neues Wort.
Beispiele:

H	a	n	d
	u		
M			
	o		

W	o	l	k	e
		l		
	R			
	i			

148 Bilderrätsel
Material: Bild und geänderte, eingefügte oder gestrichene Buchstaben
Verlauf: Die Schüler sollen herausbringen, wie das Wort heißt und es aufschreiben.

S̸ T ☀ Sonne ⟶ Tonne

149 Buchstaben weglassen
Verlauf: Der Lehrer stellt ein Rätsel: Was ist das?

ein Hau ·
eine Mau ·
ein Fi ·

Er schreibt die Wortruinen (ohne Endbuchstaben) an die Tafel und läßt erkennen, daß jeweils ein Buchstabe zu einem sinnvollen Wort fehlt. Nun finden die Schüler das richtige Wort, nennen den fehlenden Buchstaben und ergänzen auch das Tafelbild.

Variation 1:
Die Schüler erfinden selbst lustige Wörter, indem sie die Endbuchstaben weglassen. Andere Schüler müssen die „Rätsel" lösen.

Variation 2:
Der Anfangsbuchstabe wird weggelassen (schwieriger):
Zwerg → werg
Mohr → ohr
Kamm → amm
Land → and
Die Übungen werden genau so wie bei den Übungen zum fehlenden Endbuchstaben durchgeführt.

150 Wörter von hinten lesen
Verlauf: Diese bei Kindern beliebte Übung beginnt damit, daß man probiert, seinen eigenen Vornamen von hinten zu sprechen bzw. zu lesen:
z. B. Uli→Ilu, Eva→Ave, Otto→Otto, Tom→Mot, Gabi →Ibag

Variation:
Wörter finden, die auch von hinten gelesen einen Sinn ergeben: Anna (Anna), Esel (lese), Neger (Regen), rot (Tor), Gras (Sarg), Regal (Lager), Lage (egal)

151 Viele Möglichkeiten
Verlauf: Buchstaben werden an die Tafel geschrieben. An die Schüler ergeht die Aufforderung, möglichst viele Wörter aus diesen Buchstaben zu bilden. Als Material eignen sich sehr gut Buchstabenkärtchen (vgl. Materialübersicht im Anhang)
Beispiel:

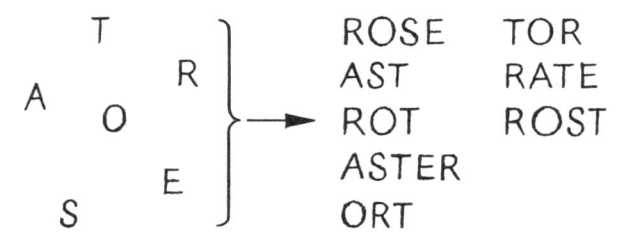

```
      T                 ROSE   TOR
  A     R               AST    RATE
      O     →           ROT    ROST
          E             ASTER
      S                 ORT
```

Variation:
Ein Schüler schreibt einen Anfangsbuchstaben an. Die anderen Schüler raten, welches Wort (aus der vorgegebenen Buchstabenauswahl) der Schüler wohl meint, und diktieren die Buchstabenfolge.

152 Kosenamen
Verlauf: Die Kinder erfinden (oder nennen) Kosenamen (Veränderungen des Namens durch Abkürzung oder Buchstabenveränderung)
Die Klangstrukturen und Wortbildstrukturen werden verglichen, ähnlich wie bei Übung 146, S. 57; d. h. die beiden Wörter werden gesprochen, auf ihre Lautunterschiede hin abgehört. Das Wortbild wird dann auf Unterschiede in der Schreibweise untersucht.
Beispiele: Vater   Vati
            Ulrich   Uli
            Mutter   Mutti
            Barbara   Barbi
            Christine Chris
            Michael   Micha

153 Wortbildlotto mit Einzelbuchstaben
Material: Arbeitsblatt mit Abbildungen und Wortraster, Einzelbuchstaben aus dem Schülerlesekasten (vgl. Materialübersicht im Anhang) bzw. Buchstaben auf Arbeitsblatt
Verlauf: Die Schüler sollen die Einzelbuchstaben in die Raster einordnen.
Beispiel:

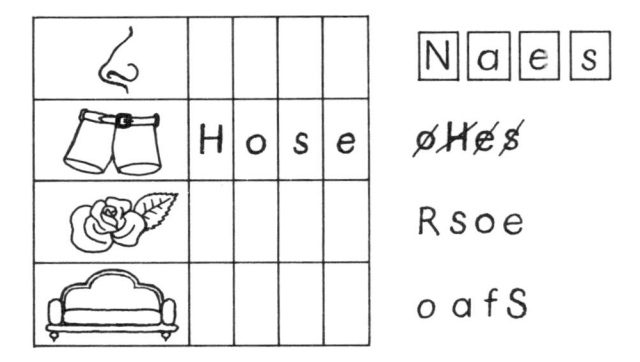

154 „Buchstabensalat"
Material: Arbeitsblatt mit Abbildungen, auf die „Buchstabensalat" geschrieben ist.
Beispiel: Geburtstagstisch mit beschrifteten Gegenständen

Verlauf: Die Schüler sprechen die Wörter deutlich aus. Sie lautieren sie, suchen die Reihenfolge der Buchstaben und schreiben dann das Wort auf den Strich unter dem Gegenstand.

Variation
Erschwerung: Verbindung von Buchstaben ohne Sinnrahmen zu ganzen Wörtern

Beispiel:

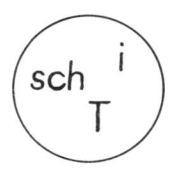

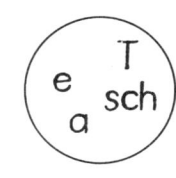

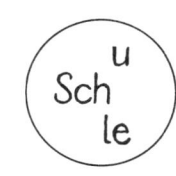

(sch i T) (e T a sch) (Sch u le)

155 Spaßwörter
Verlauf: Analog dem Lied von den „Drei Chinesen mit dem Kontrabaß" (vgl. Materialsammlung zu Sprechübungen, Übung 353, S. 91) werden in Wörtern Vokale ausgetauscht und die Wörter dann als Spaßwörter gelesen. Dabei können die Schüler miteinander wetteifern: Wer erfindet die lustigsten Wörter?
Beispiele: Faden Fuden
Pfeife Pfufe
Wort   Wurt

Variation 1
Die Veränderung der Wörter kann auch auf Schreibfolie (für Tageslichtprojektor) vorgenommen werden. Das geht leicht, wenn man die veränderlichen Buchstaben in wasserlöslicher, die unveränderlichen in wasserunlöslicher Farbe auf die Folie schreibt.

Variation 2:
„Buchstabenspiel":
Die Schüler tauschen an Namen jeweils einen Buchstaben aus (Vokal oder Konsonant). Sie finden immer neue Variationen. Wichtig ist, daß die lautlichen Erfindungen ins Schriftbild umgesetzt und mit den Schriftbildvariationen in Beziehung gesetzt werden.
Beispiele:

Vokalveränderungen:		Konsonantenveränderungen:	
Barbara	Afrika	Ulrike	Klaus
Barbira	Afroka	Ulmike	Flaus
Barbora	Afreika	Urtike	Plaus
Barbura	Afröka	Ulsike	

Variation 3:
Kasperwörter:
Beispiel: Wie Kasper das Krokodil nennt:
Kro-mo-bil, Kri-do-bil, Kra-ko-dil, Krau-cho-dil, Kraumo-dil, Krü-mo-bil usw.
Die Schüler können solche „Kasperwörter" auch selbst erfinden: z. B. zu Elefant: Alifant, Ulifant, Elifant

Variation 4:
Silben mehrerer Wörter werden kombiniert.
Beispiel „Phantasietiere":
Krokodil, Kamel → Krokomel oder Krakodil
Esel, Hase → Hasel oder Ese

Zebra, Antilope → Zebrilope oder Antibra
Diese Wörter sind zu erlesen (für Schüler geeignet, die in ihrer Lesefähigkeit weiter forgeschritten sind).

156 Schüttelwörter
Material: Einzelbuchstaben, die umgestellt werden können (vgl. Materialübersicht im Anhang)
Verlauf: Die Schüler versuchen, aus alten Wörtern durch Buchstabenumstellung neue Wörter zu bilden.
Beispiele: Kanten – tanken
Mehl   – Lehm
Ufer   – rufe

157 Unsinntexte
Material: Texte, bei denen Buchstaben vertauscht sind
Verlauf: Die Texte werden gelesen oder vorgelesen. Die Schüler suchen die Fehler, korrigieren die vertauschten Buchstaben und lesen den verbesserten Text.
Beispiel:

Ein Haus bauen.	Ein Baus hauen.
Ein Buch lesen.	Ein Luch besen.
Frau sagen.	Sau fragen.

Variation:
Die Schüler erfinden selbst Unsinntexte durch Austausch von Buchstaben.

B1.6. Spielen mit Buchstaben und Lauten

158 Wortbau-Wettkampf
Material: Buchstabenkarten (vgl. Materialübersicht im Anhang)
Verlauf: Der Lehrer nennt mehrere Wörter. Die Schüler müssen aus den Buchstabenkarten möglichst schnell (und richtig) die (bekannten) Wörter zusammensetzen. Wer fertig ist, ruft „halt". Dieses Spiel eignet sich für gleich schnelle Schüler.

159 „Schnarchwörter"
Verlauf: Die Schüler sprechen darüber, wie es klingt, wenn man schnarcht, und versuchen, alle möglichen Klangvariationen zu erfinden und aufzuschreiben.
Beispiele: kr-kr-kr, ch-ch-ch, htsch-htsch, pf-pf-pf, f-f-f-usw.

160 Bild-Wort-Karten
Material: Quadratische Karten:
Vorderseite: Bild; Rückseite: Wort zum Bild.
Herstellung: Karten aus Karton ausschneiden (Größe für Alleinarbeit ca. 9 × 6 cm), bemalen und beschriften.
Verlauf: 1. Schritt: Die Abbildung stellt die Schreibaufgabe: Das dem Bild entsprechende Wort soll auf die Karte geschrieben (mit Buchstaben des Lesekastens gelegt) werden.

60 Übungen zur Erfassung der Wortstruktur

2. Schritt: Selbstkontrolle: durch das Wortbild auf der Kartenrückseite
3. Schritt: Der Lehrer kontrolliert
Beispiel:

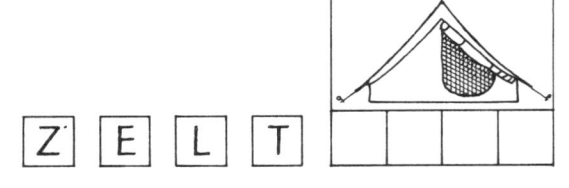

Z E L T

161 Buchstabenquartett
(vgl. auch Kossow 1975, S. 52 f.; zur Herstellung siehe Übung Nr. 64, S. 42)
Material: Vier Karten, die zusammen ein Quartett ergeben
Beispiel:

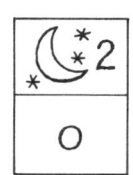

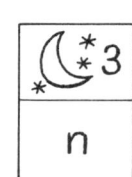

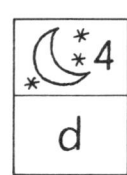

M o n d (1, 2, 3, 4)

Verlauf: Die Schreibweise des Wortes ist bekannt. Die Kinder verlangen voneinander die fehlenden Buchstaben, z. B. von Hase das a. Wenn ein Quartett vollständig ist, wird es nebeneinander abgelegt und das Wort vorgelesen. Im übrigen gelten die üblichen Quartettspielregeln.

162 Kreuzworträtselform
Verlauf: Die Schüler nennen die in die jeweiligen Raster passenden Wörter und buchstabieren sie. Sie tragen sie dann ein. Die richtige Lösung kann auf einer Folie über den Tageslichtprojektor oder über ein Tafelbild gegeben werden.
Beispiel:

Variation 1:
Die Buchstaben sind bei jedem Wort ungeordnet vorgegeben.

Variation 2:
Die Buchstaben sind für alle Wörter durcheinander vorgegeben. Die Schüler streichen die verwendeten Buchstaben durch.

Variation 3:
Das Rätsel enthält Wörter mit gleichen Endbuchstaben.
Beispiel:

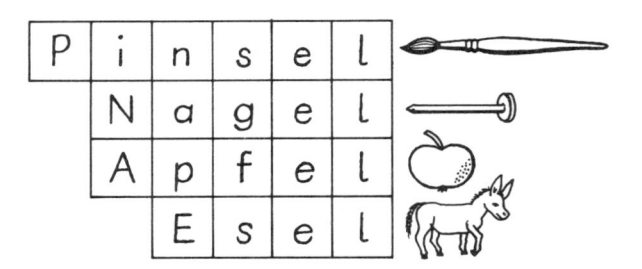

P	i	n	s	e	l
N	a	g	e	l
A	p	f	e	l
E	s	e	l

163 Scrabble (vgl. die Materialübersicht im Anhang)
Verlauf: Den Ausgangspunkt bildet ein senkrecht auf die Tafel geschriebenes Wort (kann auch auf Arbeitsblatt vorgegeben werden). Dazu wird eine Buchstabenmenge vorgegeben (am besten beweglich in Form von haftenden Buchstabenkarten).
Die Schüler sollen nun aus den Buchstaben möglichst viele Wörter an das senkrechte Wort anfügen. Ein Wort auf dem Arbeitsblatt können die Schüler mittels kleiner Buchstabenkärtchen oder mit Buchstabenholzplättchen eines richtigen Scrabblespieles (vgl. die Materialübersicht im Anhang) ergänzen.
Beispiel:

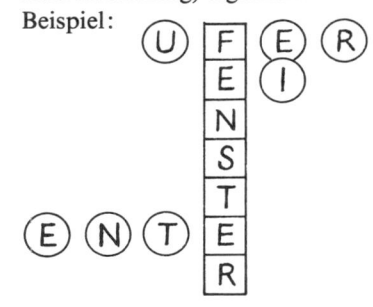

U F E R
 E I
 N
 S
E N T E R
 R

Variation:
Dieses Verfahren kann ausgebaut werden:
Auch an die waagrechten Wörter können neue Wörter angelegt werden, so lange der Buchstabenvorrat reicht. Wichtig ist stets, daß die Schüler die Wörter auch erlesen und daß möglichst viele Schüler beteiligt sind.
Beispiel:

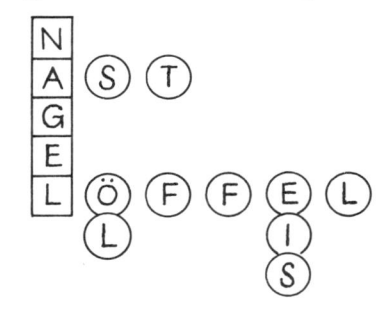

N
A S T
G
E
L Ö F F E L
 L E
 I
 S

164 Rätselschlange

Material: Auf einem Arbeitsblatt ist ein Rätsel in „Schlangenform" vorgegeben: Der Endbuchstabe eines Wortes stimmt jeweils mit dem Anfangsbuchstaben des nächsten Wortes überein.
Voraussetzung: Die Schüler müssen unbekannte Wörter erlesen können.
Beispiel:

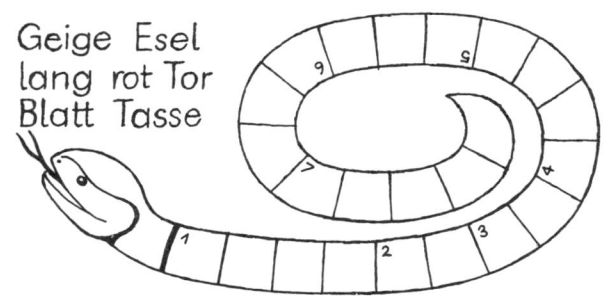

Geige Esel lang rot Tor Blatt Tasse

1. Teil einer Blume
2. Wird beim Fußball geschossen
3. Farbe
4. Geschirr
5. Tier
6. nicht kurz
7. Musikinstrument

Verlauf: Die Schüler schreiben die Wörter hinein. Die Wörter sollten bekannt sein. Falls sie unbekannt sind, können sie in ungeordneter Reihenfolge auf dem Blatt vorgegeben sein.

165 Galgenspiel

Material: Auf einem Blatt sind die Kästchenanzahl in Rasterform für ein Wort und der Anfangsbuchstabe des Wortes vorgegeben.
Verlauf: Partnerspiel (oder Spiel: einer gegen eine kleine Gruppe): Das Wort, das sich ein Schüler (oder der Lehrer ausgedacht) hat, soll durch Nennen von Buchstaben ermittelt werden. Jeder richtige Buchstabe wird in das entsprechende Kästchen eingetragen, so daß langsam das Wort entsteht. Bei jedem falschen Buchstaben wird der Galgen ein Stück weitergemalt.
Beispiel: Z (Zirkus)

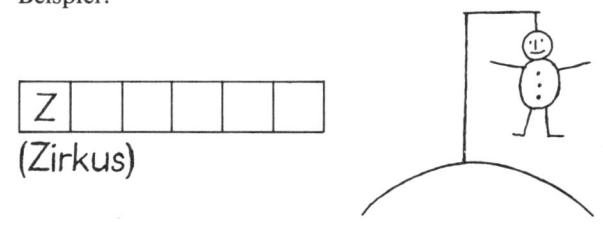

Sieger ist entweder der Schüler, der das Rätsel gestellt hat (wenn der Galgen fertig gemalt ist) oder der ratende Schüler (die Gruppe), wenn das Wort ermittelt wurde.

166 Buchstabenrätsel

Material: Auf einem Blatt sind Buchstaben in Reihe vorgegeben. Die Schüler sollen die darin senkrecht und waagrecht (schwierig: auch diagonal) enthaltenen Wörter heraussuchen und einrahmen.
Beispiel: 6 Wörter sind zu finden

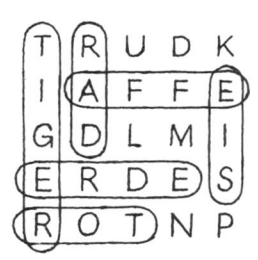

```
T R U D K
I A F F E
G D L M I
E R D E S
R O T N P
```

B2. Wortbildung

B2.1. Wortbildungsübungen mit Silben

167 Silbensprechen

Verlauf: Der Lehrer macht vor, wie das Wort in Silben zerteilt gesprochen wird: „Wir sprechen wie der Holzhacker". Bei jedem Schlag fällt ein Stück. Die Schüler sprechen die Wörter in Silben nach und klatschen dazu (auch Schlagen, Klopfen auf die Bank oder auf die Oberschenkel ist möglich).

168 Silbensingen

Material: Die Namen und die zu singende Melodie (Rufterz) werden an die Tafel geschrieben.
Beispiel:

Sa-bi-ne | Su-san-ne | To-ni | Hei-di

Verlauf: Die Namen werden in Silben gegliedert gesungen und geklatscht.

169 Silbenraten

Verlauf: Der Lehrer singt eine Rufterz.
Beispiel:

Was für ein Name könnte es sein? z.B. E-ri-ka

170 Silben schreiben

Verlauf: Wörter werden gesprochen, Silbenbögen an die Wandtafel geschrieben.
Beispiel: Tho-mas

Die Schüler sprechen während des Anmalens der Bögen das Wort dazu.

171 Silben schreiten
Verlauf: Die Schüler machen auf jede Silbe einen Schritt, z. B. Su-san-na

172 Silben zählen
Verlauf: Die Wörter werden im Silbenrhythmus gesprochen, geklatscht, Silbenbögen werden angeschrieben. Die Silbenbögen werden ausgezählt.
Beispiel:

Lo -ko -mo- ti - ve
 1   2   3   4   5

173 Wer weiß möglichst lange Wörter?
Verlauf: Es gilt, ein Wort mit möglichst vielen Silben zu finden. Diese Wörter werden gesprochen, nach Silben geklatscht, die Silben werden ausgezählt; das Wort wird in Silbengliederung angeschrieben.

Variation:
Der Lehrer spricht ein mehrsilbiges Wort vor. Ein Schüler (oder alle) muß feststellen, wieviele Silben es sind (wie oft man klatschen muß).

174 Silben ergänzen
Verlauf: Silben eines Wortes werden vorgesprochen (oder angeschrieben und gesprochen). Dann versuchen die Schüler, die fehlende Silbe zu ergänzen und das ganze Wort zu finden.
Beispiele:
Schlußsilbe (leicht):
E-le-(fant)
Au-to- (bahn)
Re-gen-man- (tel)
Mittelsilbe (schwieriger):
Lam-(pen)-schirm
Ther-(mo)-me-ter
Anfangssilbe (schwieriger):
(Kro)-ko-dil

175 Wortkarten zerschneiden
Material: Wortkarten, die aus einem Arbeitsblatt hergestellt wurden.
Verlauf: Die Wortkarten werden zunächst erlesen. Dann stellen die Schüler durch rhythmisches Sprechen die Silbengliederung fest und zerschneiden die Wörter in Silben. Diese Silben können getrennt gelesen und schließlich wieder zu ganzen Wörtern zusammengestellt werden.

Variation: An der Tafel (Flanelltafel) sind Bilder angeordnet. Die Schüler besitzen einige der dazugehörigen Silbenkarten. Die Schüler finden nun die zu den Bildern passenden Silbenkarten heraus und ordnen sie richtig an.
Beispiel:

Lo | ko | mo | ti | ve

Herstellung der Silbenkarten: Ein Karton wird in Felder eingeteilt (ca. 5 × 3 cm), mit Silben beschriftet und zerschnitten.

176 Silben wiedererkennen
Verlauf: Eine Silbe ist an die Tafel geschrieben. Nun werden Wörter (z. B. auf Wortkarten; vgl. Materialübersicht im Anhang) betrachtet und gelesen. Sie werden schließlich daraufhin untersucht, ob sie die Silbe enthalten.
Beispiel:

gen

Wa**gen**   Dagegen: Fenster, offen usw.
bie**gen**
Re**gen**

Variation:
Es werden Wörter nach Silben (z. B. Endsilben) geordnet:
Material: Wortkarten (vgl. Materialübersicht im Anhang)
gen: Wagen
       Kragen
       sagen
ver: verkaufen
       verlaufen
       versagen

177 Wortkarten zusammensetzen
Material: Zwei und mehrsilbige Wörter auf einem Arbeitsblatt zum Zerschneiden
Verlauf: Die Wörter werden gelesen und nach Silben rhythmisch gesprochen. Die Schüler zerschneiden die Wörter dann in Silben. Die Silben können vom Banknachbarn wieder zu Wörtern zusammengesetzt werden.

178 Silben verbinden
Material: Silben sind auf einem Arbeitsblatt einander paarweise gegenübergestellt.
Verlauf: Die Schüler sprechen die Silben und verbinden sie zu sinnvollen Wörtern. Diese Wörter werden dann rhythmisch gesprochen. Zum Schluß werden die ganzen Wörter geschrieben.

Beispiel:

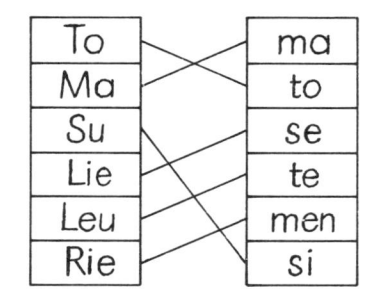

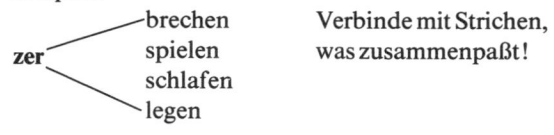

To	ma
Ma	to
Su	se
Lie	te
Leu	men
Rie	si

179 **Silbenrätsel**
Material: Das Rätsel ist in Bildform gegeben.
Beispiel:

(Ofen)   (Löffel)

(Daumen)   (Mantel)

Dau Man O fel Löf tel men fen

Verlauf: Die Schüler versuchen, die Lösungwörter durch Zusammensetzen der Silben, durch Lesen und Sprechen zu finden.

Variation:
Das Rätsel ist schriftlich gestellt.
Beispiel:

Mädchenname . . . . (Anna)

Jungenname . . . . (Uwe)

Womit man anruft . . . . (Telefon)

Musikinstrument . . . . (Orgel)

An – U – le – we – na – Te – fon – gel – Or

Die Anfangsbuchstaben ergeben von oben nach unten ein Fahrzeug (AUTO).

B2.2. Wortbildungsübungen mit Morphemen

180 *Sammeln von Wörtern*
Verlauf: Die Schüler stellen Wörter zusammen, die gleiche Wortteile haben, z. B. das Präfix „zer":
zerfallen
zerspringen
zerbrechen
usw.

Die Wörter werden erlesen und geschrieben, dabei wird die gleiche Vorsilbe hervorgehoben. Dann schreiben die Schüler die Wörter nach Diktat.

181 *Nicht passende Wortteile entdecken*
Verlauf: Die Schüler versuchen, bestimmte Wortteile mit Wortstämmen zu kombinieren und überprüfen das entstandene Wort auf seinen Sinn.
Beispiel:

zer — brechen   Verbinde mit Strichen,
    spielen   was zusammenpaßt!
    schlafen
    legen

182 *Wie heißt das Wort?*
Verlauf: Teile von Wörtern sind vorgegeben und sollen mit einem anderen Teil (z. B. Suffix) verbunden werden.
Beispiel:
sing-
tanz-
pflanz-   **en**
ring-
Hierbei ist darauf zu achten, daß die Schüler das stumme e in „en" erkennen. Es muß gesprochen, abgehört und geschrieben werden.

183 *Was paßt?*
Verlauf: Verschiedene Wortteile werden auf Kombinierbarkeit mit anderen überprüft.
Beispiel: **ung** oder **er?**
Zeit –
Tänz –
Weck –
Zimm –   ung oder er?
Zuck –
Erhol –

184 *Hier stimmt etwas nicht!*
Material: Nicht zusammenpassende Morpheme sind zu Unsinnwörtern kombiniert worden. Die Schüler sollen sie erlesen und wieder richtig zusammenstellen.
Beispiel:
Zeit-er
Weck-ung
Zimm-ung
Erhol-er

185 *Gemeinsame Teile erkennen*
Verlauf: Aus einer Wörtersammlung sollen die Schüler den gemeinsamen Wortteil herausfinden.
Beispiel:
verraten
versprechen
verbieten

186 So kann man leichter lesen
Material: Ein nach Morphemen gegliederter Text ist den Schülern vorgegeben. Durch die Wortstrukturierung sind die zu erlesenden Untereinheiten überschaubarer.
Verlauf: Die Schüler erkennen die Textgliederung und erlesen.
Beispiel:
Der Jung e ist all ein zu Haus e.
Vat er und Mutt er sind fort ge gan gen.
Er sitz t am Tisch und lies t ein Buch.

B2.3. Wortbildungsübungen mit häufigen Wortteilen

187 Reimen (vgl. E. Schomburg: Wer kann reimen? Materialübersicht im Anhang)
Verlauf: Wer findet Reimwörter zu **und**?
Beispiele:
rund, Hund, Mund, wund...
Der Lehrer spricht das Anfangswort. Die Schüler suchen Reimwörter. Diese Wörter werden aufgeschrieben und auf ihre gleichen Teile hin überprüft.

Variation:
Andere Darbietungsform:

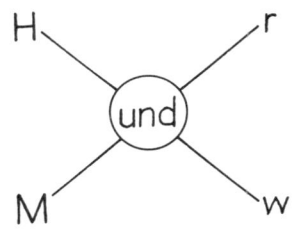

Wer macht Reimwörter daraus?

188 Teile verbinden
Verlauf: Die Teile werden akustisch-sprachlich vorgegeben.
Beispiel: r – und
            H – und
            f – ein
            kl – ein usw.
Was für Wörter gibt es?
Die akustisch synthetisierten Wörter werden deutlich gesprochen und genau abgehört. Dann werden sie geschrieben.

189 Reimen am Wortanfang
Verlauf: Hier werden Wörter mit Konsonantenhäufungen am Wortanfang zusammengestellt. Die Wörter werden deutlich gesprochen, auf die Anfangslaute hin abgehört und geschrieben.

Beispiele:
Pfeife
Pferd
Pfosten
Pfahl
Pfanne

190 Rätsel
Verlauf: Der Lehrer oder ein Schüler stellt ein Rätsel. Es fängt so an: Pf... Was könnte es sein?

191 Hörst du den Unterschied?
Verlauf: Wörter mit einfachen Anfangskonsonanten und mit Konsonantenhäufungen werden verglichen.
Wo hörst du Pf?
Pfeife Pferd Foto Fell Post Fährte

192 Was fehlt?
Verlauf: In Wörtern wurde der Übergangskonsonant weggelassen. Die Schüler lesen die Wörter, finden den Fehler und ergänzen den fehlenden Buchstaben. Dann lesen sie erneut und überprüfen.
Beispiele: Plaume (Pflaume)
           Perd   (Pferd)
           Kaus   (Klaus)

Variation:
Verlauf: Lückenwörter müssen auf fehlende Teile (hier Übergangs- und Anfangskonsonanten) überprüft werden.
Beispiel: ...iel   Setzt richtig ein:
           ...itze
           ...ache   Sp
           ...ung   Sp
                                Spr
                    Spr   sp

193 Mache den Satz fertig!
Verlauf: Angefangene Wörter in Sätzen sollen durch Konsonantenhäufungen ergänzt werden. Zur Erleichterung stehen die Ergänzungsteile zur Auswahl.
Beispiel:
Heute waren wir im Ga..haus.   Kl   st
.. aus bestellte sich ein ..as ...udel. Gl   sp
Plötzlich kam eine We..e geflogen.   Spr
....

B2.4. Wortbildungsübungen mit Substantivkomposita

194 Wörter zusammensetzen
Material: Vorgabe von Einzelwörtern, die sich zu zusammengesetzten Wörtern kombinieren lassen (z. B. auf einem Arbeitsblatt)
Verlauf: Die Schüler versuchen, jeweils zwei Wörter zusammenzusetzen.

Beispiel:
Auto   Tür   Besen   Stiel
         Tisch   Tuch
Auf einem Arbeitsblatt können die Wörter mit Strichen verbunden werden.

195 *Schlangen bilden*
Verlauf: Das erste Wort wird gespochen. Die Schüler versuchen, jeweils ein weiteres Wort mit dem vorhergehenden zu verbinden. Die entstehenden Wörter können dann auch geschrieben werden.
Beispiel:
Auto Tür   Tür Schloß   Schloß Hof   Hof Hund   Hunde Kette usw.

196 *Wortungetüme*
Verlauf: Die Schüler versuchen, möglichst lange Wörter entstehen zu lassen.
Beispiele:
Zipfel   Haus
Zipfelmütze   Haustür
Zipfelmützenmännchen   Haustürschlüssel
                           Haustürschlüsselbund

197 *Lustige Sachen*
Verlauf: Wörter werden bewußt falsch zusammengesetzt.
Beispiele: Haustürschlüssel   Hosentürschlüssel
              Hosensack   Haustürsack

C. Übungen zum selbständigen Erlesen

C1. Übungen im Rahmen des Erstlese- und -schreibunterrichts

C1.1. Erleseübungen an Wörtern im Lehrgang

198 Rate, was es geben könnte
Verlauf: Der Lehrer schreibt einen Anfangsbuchstaben oder eine Buchstabengruppe (z. B. Konsonantengruppe Pf, Pfl, Zw usw.) an die Tafel. Er gibt einen mehr oder weniger weiten Sinnrahmen:
Beispiel: Schr......
Es steht im Zimmer und ist aus Holz.
Die Schüler erlesen die Anfangslautgruppe und äußern Vermutungen, welches Wort gemeint sein könnte. Wer das Wort errät, darf dem Lehrer „helfen", es fertigzuschreiben, z. B. indem er die weiteren Buchstaben diktiert oder das Wort selbst fertigschreibt.
Andere Möglichkeit: Der Lehrer schreibt das Wort selbst langsam fertig, die Schüler lesen leise mit und überprüfen, ob die Vermutung richtig war.

199 Namenskärtchen lesen
Material: Namenskarten aller Schüler (hierzu lassen sich die zum Kennenlernen der Schüler hergestellten Kärtchen verwenden).
Verlauf: Die Namenskärtchen werden eingesammelt und gezeigt.
Jeder Schüler darf ein Namenskärtchen ziehen. Er muß dann den entsprechenden Mitschüler rufen.

Variation:
Die Namenskärtchen werden vom Lehrer auf die Stühle (z. B. im Sitzkreis) verteilt. Jeder Schüler muß seinen eigenen Stuhl finden.
Man kann auch eine andere Ordnung vorher festlegen. Jeder setzt sich auf den Stuhl seines Tischnachbarn.

200 Einrichtungsgegenstände des Schulsaals mit Schildern versehen
Material: Schilder für die wichtigsten und leicht zu erlesenden Schuleinrichtungsgegenstände (Tafel, Tisch, Stuhl, Fenster, Tür, Bild usw.).
Herstellung: Beschriftung von Kartonstreifen (ca. 30–40 × 12 cm) mit schwarzer Tusche.

Verlauf: Die Schilder werden erlesen und dann von den Schülern richtig aufgehängt (Befestigung mit Tesafilm oder mit Haftplättchen).

Variation 1:
Vor dem Unterricht werden die Schilder vertauscht. Die Schüler müssen nun lesen und die Schilder wieder richtig hinhängen.

Variation 2:
Der Lehrer hat neue, unbekannte Schilder an die Stelle der alten gehängt. Nun müssen die Schüler die neuen Schilder erlesen und die richtigen wieder an die Stelle hängen, ebenso die neuen.
Beispiel:
An die Tür wurde das neue Schild „Blumen" gehängt. Die Schüler erlesen das neue Schild, hängen (stellen) es an die richtige Stelle und hängen an die Tür wieder das alte Schild „Tür".

201 Koffer packen
Material: Köfferchen; Schilder, die mit passenden und nicht passenden Gegenstandsnamen beschriftet sind (Seife, Hose, Hemd, Kamm usw.; Kohlen, Kreide, Auto usw.; Herstellung aus weißem, mit schwarzer Tusche beschriftetem Karton, Größe ca. 35 × 12 cm).
Verlauf: Die Schüler erlesen die Schilder, sortieren die passenden in den Koffer und legen die nicht passenden daneben.

202 Wörter angeln
Material: Wortkarten, die an der Tafel (Flanelltafel, Magnettafel) haften (vgl. Wortmaterial im Anhang).

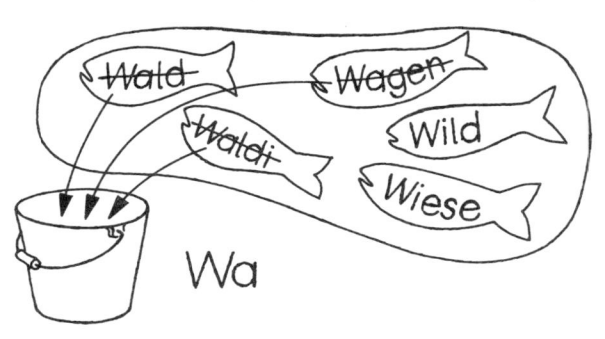

Verlauf: Die Schüler sollen Wörter mit Gemeinsamkeiten heraussuchen und ordnen (z. B. Wörter, die zwei Buchstaben gemeinsam haben).
Sie erlesen die Wörter, überprüfen sie auf Gemeinsamkeiten und ordnen sie ein (z. B. in einen Mengenkreis).
Beispiel:
Alle Wörter mit Wa heraussuchen (Fische aus dem Teich in einen Eimer werfen).

Variation:
Es werden alle Wörter herausgeholt, die inhaltlich zusammengehören.
Beispiel:
Alle Wörter, die etwas mit einem Tier zu tun haben:

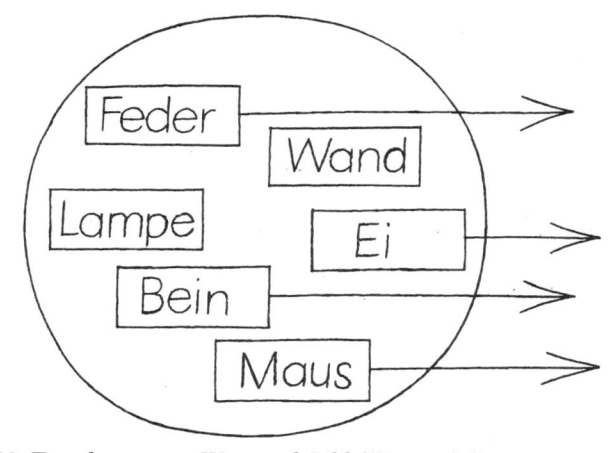

203 Zuordnung von Wort und Bild (Was paßt?)
Material: Matrix auf einem Arbeitsblatt, auf der die Zuordnung durch Ankreuzen durchgeführt werden kann.
Verlauf: Die Schüler lesen die Wörter und kreuzen das Wort an, das den abgebildeten Gegenstand bezeichnet. Sie lesen dann laut vor.
Beispiel:

Variation:
Mehrere Begriffe können angekreuzt werden.

204 Wörtersalat
Material: Wörter sind durcheinander an der Tafel vorgegeben.
Verlauf: Die Schüler sollen die Wörter erlesen. Differenzierungsmöglichkeit bei unterschiedlichem Schwierigkeitsgrad der Wörter: Wer kann ein, zwei, drei, alle Wörter lesen?

205 Wörter zeigen und durchstreichen
Material: Wörter stehen ungeordnet an der Tafel; Farbkreide.
Verlauf: Kleingruppe (z. B. Fördergruppe)
Die Schülergruppe steht mit dem Lehrer vor der Tafel. Der Lehrer nennt ein Wort. Wer es sieht und zeigt, darf es mit seiner Farbe durchstreichen. Sieger: Wer die meisten Wörter durchgestrichen hat.

206 Wörterlotto
Material: Jeder Spieler hat eine große Karte mit mehreren Bildern. Wortkarten passen zu den Bildern.
Beispiel:

Herstellung:
Je Spieler wird eine große Bildkarte mit 6 bis 12 Bild- und darunterliegenden Wortfeldern benötigt. Die Bildkarte hat die Größe DIN A 4. Sie wird ebenso wie die Wortkarten aus Karton hergestellt.
Verlauf: Jeder Spieler hat eine Bildkarte vor sich liegen. Die Wortkärtchen liegen verdeckt und gestapelt in der Mitte. Reihum deckt nun jeder Spieler eine Wortkarte auf und liest das Wort vor. Jeder Spieler prüft, ob er das entsprechende Bild besitzt, zu dem die Wortkarte paßt. Wer zuerst die Bildkarte fertig hat, ist Sieger.

207 Wort-Bild-Puzzle
Material: Puzzle mit zueinanderpassenden Wort- und Bildteilen (jeweils ein Wort und ein Bild passen untereinander; vgl. Materialübersicht im Anhang).
Verlauf: Das Spiel eignet sich für Alleinarbeit oder Partnerarbeit, bei der zwei Schüler sich gegenseitig unterstützen.
Die passenden Teile müssen richtig eingeordnet werden. Dabei sollte darauf hingearbeitet werden, daß die Schüler die Wortteile durch Erlesen richtig zuordnen und nicht nur durch Probieren.

Übungen im Rahmen des Erstlese- und -schreibunterrichts

208 *Wörtermemory* (vgl. Materialübersicht im Anhang)
Material: Jeweils eine Bildkarte und eine Wortkarte in gleicher Größe passen zusammen.
Beispiel:

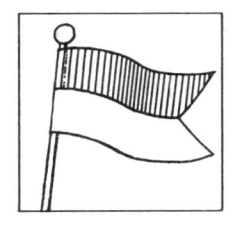

Verlauf: Es können zwei bis vier Spieler teilnehmen. Die Karten liegen in Reihen geordnet auf dem Tisch. Jeder Spieler versucht, die zusammengehörigen Karten (Bild- und Wortkarte) nacheinander aufzudecken. Diese beiden Karten dürfen dann behalten werden.

209 *Wörter-Domino*
Material: Domino-Karten mit Bild- und Wortteil (vgl. Materialübersicht im Anhang).
Verlauf: Für kleinere Gruppe (3–5 Schüler) geeignet. Die Schüler versuchen, ihre Karten reihum möglichst vollzählig an die „Schlange" anzulegen. Sieger ist, wer zuerst keine Karten mehr besitzt oder am Schluß, wenn niemand mehr anlegen kann, die wenigsten Karten übrig hat.
Beispiel:

210 *Karten ziehen*
Material: Wortkarten (vgl. Materialübersicht im Anhang).
Verlauf: Die Karten liegen verdeckt auf zwei Stapeln. Die Schüler ziehen jeweils eine Karte von einem Stapel und lesen die beiden Wörter. Daraus bilden sie einen Satz.
Beispiel: Wald, Maus: Im Wald sehe ich eine Maus.

211 *Schwarzer Peter*
Material: Wortkarten, darunter eine Karte (schwarz) mit dem Namen „Peter" oder einem anderen Namen.
Herstellung: Karten werden aus weißem Karton ausgeschnitten (Größe ca. 9 × 6 cm) und beschriftet.
Verlauf: Die Karten liegen gestapelt und verdeckt auf dem Tisch. Von den drei bis fünf Mitspielern zieht einer eine Karte und liest vor, was darauf steht. Die anderen Mitspieler folgen. Wer eine Karte lesen kann, darf sie behalten. Wer den „Schwarzen Peter" aufdeckt, geht an die Tafel, schreibt seinen Namen an und legt den „Schwarzen Peter" dazu. Sieger ist der Schüler, der die meisten Punkte bekommen hat (für jede richtig erlesene Karte 1 Punkt; für jeden gelesenen „Schwarzen Peter" 2 Punkte).

Variation:
Mit Satzstreifen (Herstellung vgl. Übung „Sätze angeln" Nr. 214, S. 69–70): Satzstreifen werden aufgedeckt und gelesen. Wer einen Satz erwischt, in dem Peter vorkommt, ist der „Schwarze Peter".
Punktvergabe: Für jedes richtig gelesene Wort 1 Punkt; für den „Schwarzen Peter" 1 Sonderpunkt.

212 *Leseschnapp*
Material: Wortkarten (Paare; besser: mehrere gleiche Karten; vgl. Materialübersicht im Anhang).
Herstellung: Die Wortkarten lassen sich leicht aus Karton ausschneiden (Größe ca. 9 × 6 cm) und beschriften.
Verlauf: Die Mitspieler (2–4 Schüler) erhalten gleich viele Karten, die sie verdeckt auf einen Stapel legen. Die Spieler decken gleichzeitig je eine Karte auf. Werden zwei gleiche Karten aufgedeckt, ruft man „schnapp". Wer als erster ruft, erhält die Karte des Mitspielers. Er muß dann das Wort vorlesen. Wer keine Karten mehr besitzt, scheidet aus.
Es ist zweckmäßig, eine Spieldauer zu vereinbaren (z. B. 10 Min.). Wer danach die meisten Karten hat, ist Sieger.

Variation:
Das Spiel kann auch mit Bild- und Wortkarten (jeweils ein Paar oder mehrere gleiche Karten) gespielt werden.

C1.2 Erleseübungen an Sätzen im Lehrgang

213 *Sätze ergänzen*
Material: Tafelanschrift, z. B.

Affen   Bleistifte   Löwen
Bilder
Im Zoo gibt es ☐

Verlauf: Die Schüler lesen die angefangenen Sätze und die zur Verfügung stehenden Auswahlwörter. Sie suchen sich Wörter zur Ergänzung und schreiben sie in den Text.

214 *Sätze angeln*
Material: Satzstreifen (Herstellung aus weißem Karton; Größe ca. 70 × 12 cm). Auch eine Tafelanschrift ist möglich.

Verlauf: Genaues Hinsehen, Heraussuchen eines Satzes unter ähnlichen Sätzen.
Die Schüler müssen die Sätze ganz genau lesen und voneinander unterscheiden.
Beispiel: Der Satz „Ulla wohnt in der Eisenbahnstraße" soll herausgefunden werden.

> Ulrich wohnt in der Eisenstraße
>
> Ulla wohnt in der Eisenbahnstraße
>
> Uli wohnt in der Einbaumstraße
>
> Ulrike wohnt in der Einmachstraße

215 Bildstörung (Verwischte Schrift)
Material: Wörter oder Text an der Tafel wird zum Teil ausgewischt oder verwischt.
Verlauf: Die Schüler versuchen, den Sinn zu entziffern und den genauen Wortlaut herauszubringen. Sie ergänzen die ausgewischten Stellen.

216 Lehrer macht Fehler
Material: Tafeltext oder auf andere Art vorgegebener Text.
Verlauf: Der Lehrer sagt: Ich möchte euch den Text einmal vorlesen. Paßt genau auf. Der Lehrer liest dann den Text langsam und macht bewußt Fehler. Die Schüler lesen mit und müssen ihn korrigieren.
Beispiel:
Gestern machten wir einen Ausflug (Auslauf).
Wir gingen um halb acht (halb neun) von (vor) der Schule weg (ab).
Nach einer Stunde kamen wir am Eisbach (Einbach) vorbei...

217 Sätze bilden
Verlauf: Wörter sind an der Wandtafel (oder auf einem Arbeitsblatt) vorgegeben. Wer kann aus diesen Wörtern Sätze machen (z. B. etwas von Peter erzählen)? Wörter können nacheinander gelesen, mit Pfeilen verbunden oder zu einem Satz umgestellt werden.
Beispiel:

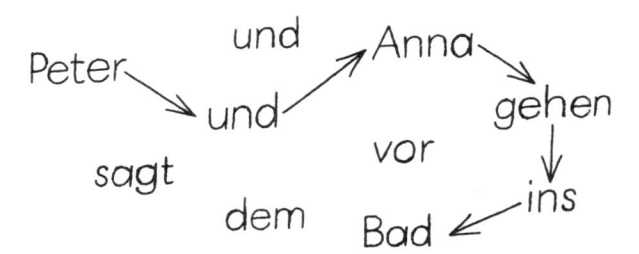

Peter und Anna und sagt vor gehen dem Bad ins

Variation 1:
Wer kann aus den Wörtern lustige Sätze machen.

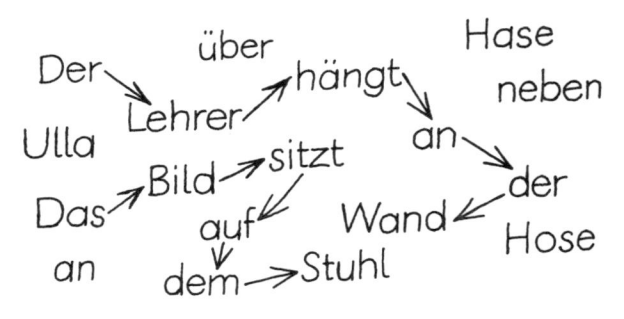

Der Lehrer über hängt Hase Ulla Bild sitzt an neben Das auf Wand der an dem Stuhl Hose

Variation 2:
Der Lehrer sagt einen Satz und läßt ihn sich von einem Schüler zeigen.

C2. Lehrgangsübergreifende Übungen

C2.1. Lehrgangsübergreifende Erleseübungen an Wörtern

218 Informationen aus der Umwelt lesen
Material: Schrift in der Umwelt wird aufgesucht, ins Klassenzimmer mitgebracht oder angeschrieben.
Verlauf: Die Schüler erzählen über Schrift, die sie täglich vorfinden und erlesen die Schrifttafeln oder die angeschriebenen Begriffe.
Beispiele:
Kalender: Straßenschilder: Beschriftungen im Zoo:

Mai 4 Sonntag   Einbahnstraße   Zoo / Kamele ▶ / ◀ Affenhaus

Fernsehen (Namen von Sendungen):

SESAMSTRASSE   pfiff

Produktnamen/Firmennamen:

Esso   IMI ATA   ARAL

Werbung (Namen von Artikeln):

ARIEL Fakt Eis

219 Beschriften von Sachzeichnungen
Verlauf: Im biologischen Bereich des Sachunterrichts können Sachzeichnungen mit Begriffen versehen werden.
Beispiel:

(Zeichnung eines Baumes mit Beschriftungen: Ast, Stamm, Wurzel)

Die Schrift entsteht vor den Augen der Schüler, die Schüler lesen mit.

Variation:
Schrift-Schilder werden zur Sachzeichnung gehängt. Es können auch bewußt Fehler gemacht werden; z. B. wird ein falsches Schild dazugehängt. Die Schüler müssen die Fehler finden.

220 Versuch beschriften
Verlauf: Bei Wachstumsbeobachtungen an verschiedenen Stecklingen (z. B. der Grünlilie) werden Informationen auf Schildchen geschrieben und zu den einzelnen Pflanzen gestellt:
Name der Pflanze, Datum des Einpflanzens.

221 Sammeln, Ordnen und Beschriften
Verlauf: Bilder von Tieren werden gesammelt, ausgestellt und beschriftet (z. B. Exotische Tiere: Zebra, Elefant, Tiger usw.). Anschließend können daran Leseversuche angestellt werden:
z. B. Schilder umstellen, lesen und korrigieren;
Schilder durchschneiden und falsch zusammenstellen (lustige Namen: Zebr efant, A bra, Ti fe, Kroko fant, Lö dil, Kängu dil.

C2.2. Lehrgangsübergreifende Erleseübungen an Sätzen

222 Anschreiben eines Sachtextes
Verlauf: Der Lehrer schreibt langsam vor den Augen der Schüler einen Satz an die Tafel, der sich aus dem Sachunterricht ergeben hat:
z. B. Wir haben Eis auf die Heizung gelegt.
Die Schüler lesen leise oder halblaut mit; d. h. sie erschließen sich die vor ihren Augen entstehenden Wörter und Sätze.
Differenzierungen:
Bei leichten Wörtern werden schwächere Schüler zu Erleseversuchen ermutigt. Falls es ihnen gelingt, werden sie gelobt, bei Mißlingen aufgemuntert.

223 Aufträge ausführen
Material: Zettel mit Arbeitsaufträgen.
Verlauf: Der Lehrer verteilt im Rahmen des Sachunterrichts Arbeitsaufträge, entweder auf Zetteln an einzelne Schüler oder auf der Wandtafel durch Anschrift.
Die Schüler müssen ihren Arbeitsauftrag selbst erlesen:
Beispiel:
Fülle das Aquarium mit Wasser!
Wenn ein Schüler nicht dazu in der Lage ist, darf er sich bei einzelnen Wörtern von anderen Schülern helfen lassen.
So können auch Dauerbetreuungsaufgaben vergeben werden.
Beispiel:
Ulla und Dagmar gießen die Pflanzen.

224 Zeitungsanzeigen lesen
Material: Anzeigen aus Zeitungen, die leicht zu lesen sind (kurze Sätze, verständlicher Inhalt, leichte Wörter)
Verlauf: Die Schüler erlesen die Anzeigen und sprechen über den Inhalt. Sie stellen Vermutungen über den Schreiber der Anzeige und über mögliche Adressaten an.
Zeitungsanzeigen:

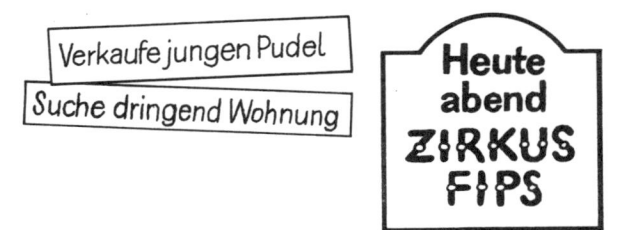

Verkaufe jungen Pudel
Suche dringend Wohnung

Heute abend ZIRKUS FIPS

Variation:
Informationen auf einem Arbeitsblatt darbieten:
– Schilder lesen; darüber sprechen, wo sie stehen könnten;
– Briefumschläge mit Name und Adresse lesen; heraussuchen, welche Adresse bekannt ist (z. B. Name und Adresse von Mitschülern);

- Werbeartikel (welche kenne ich?);
- Namensschilder (Haus malen, an dem Schilder angebracht werden);

225 Anweisungen lesen und durchführen (Nach Rezept kochen)
Material: Kochrezept (auf einem Arbeitsblatt)
Beispiel: Pudding kochen

<u>Zutaten:</u> 1 Päckchen Puddingpulver
3 Eßlöffel Zucker
1 halber Liter Milch

<u>Wie man den Pudding kocht:</u>
1. Vermische das Puddingpulver mit dem Zucker!
2. Rühre es mit 4 Eßlöffeln Milch an!
3. Laß den halben Liter Milch aufkochen!
4. Nimm die Milch vom Feuer und rühre alles ein!
5. Laß es eine Minute kochen!
6. Gieße den Pudding in eine Form und laß ihn kalt werden!

Verlauf: Die Schüler erlesen das Rezept in Alleinarbeit. Bei Schülern, die dazu noch nicht in der Lage sind, hilft der Lehrer oder ein Mitschüler. Dann wird über die notwendigen Zutaten gesprochen, das Gerät bereitgestellt und nach Anweisung der Schüler das Rezept zubereitet.

D. Übungen zur Verbesserung der Lesefertigkeit

D1. Schnelleres Erfassen häufigen Wortmaterials

226 *Durchstreichen* (Konzentrations- und Lesearbeit)
Material: Die Schüler erhalten ein Arbeitsblatt, auf dem Wörter listenartig dargeboten sind. Die Schüler sollen immer ein bestimmtes Wort durchstreichen.
Verlauf: Die Schüler bearbeiten das Arbeitsblatt, indem sie die Wörter erlesen und das genannte Wort durchstreichen.
Beispiel: Das Wort „hier" ist durchzustreichen.
Arbeitsblatt (einige Zeilen):

am da heute ~~hier~~ hü hott Haare hu ~~hier~~ Heer Heu zu in ~~hier~~ unter auf heute ~~hier~~ Hase Hose Hessen ~~hier~~ heulen Reifen ~~hier~~ Hast halt holen Heere Hase hasten ~~hier~~ ....

Variation 1:
Die Aufgabe wird dadurch erschwert, daß mehrere Wörter in einer Wörtersammlung durchgestrichen werden sollen, z. B. hier, heute, halb.

Variation 2:
Temposteigerung durch Wettkampf:
Wer hat als erster das Blatt fertig? Wer hat die wenigsten Fehler gemacht (Partner- und Lehrerkontrolle)?

Variation 3:
Die Wörter werden in verschiedener Größe und Schriftart vorgegeben.

Variation 4:
Vorgegeben werden kleine Sätze und Satzteile. Es wird der immer wieder vorkommende gleiche Satz (-teil) durchgestrichen, z. B. „Hasen husten nicht" (Unsinnsätze)

Hasen husten/ Hunde bellen/ Hunde husten laut/ Hosen heulen nicht/ Hasen heulen nicht/ Hasen hasten nicht/ Hirten husten laut/ Hasen hopsen/ Hunde hoffen ....

Variation 5:
Der Lehrer liest die Wörter einer Wortliste langsam (dann mit erhöhtem Tempo) vor. Die Schüler lesen mit und streichen die Fehler an, die der Lehrer bewußt macht. Sieger ist, wer möglichst viele Fehler richtig angestrichen hat.

227 *Wörterschlange*
Material: Auf einem Arbeitsblatt stehen hintereinandergeschriebene Wörter, die keine Wortgliederung mehr aufweisen.
Verlauf: Die Schüler sollen die ungegliederte „Wörterschlange" in die einzelnen Wörter zertrennen (zerschneiden).
Beispiel: Wörter mit H
HasenHosenHustensaftHirteHundeHauteheuteHilfe

Variation 1:
Sinnvolle ganze Sätze sind ohne Wortgliederung geschrieben. Sie müssen abgetrennt werden. Dabei kann auch die Interpunktion eingeführt werden (z. B. Punkt als Schlußzeichen am Ende eines Satzes).
Beispiel:
AmMorgenkommendieKinderindieSchuleSiehaben ihrenRanzenaufdemRücken

Variation 2:
Innerhalb einer Buchstabenfolge ist ein sinnvoller Satz herauszutrennen.
Beispiel:
agheiwsheeirausSchneewirdEispUiswetIos
Die sinnvollen Sätze sind einzurahmen.

228 *Wortkolonnen lesen* (für leseschwache Schüler)
Material: Wortkolonnen (z. B. mit gleicher Buchstabenanzahl) sind auf einem Arbeitsblatt vorgegeben.
Verlauf: Die Schüler erlesen die Wörter still. Sie müssen dann versuchen, sie möglichst schnell ohne Fehler zu lesen.

Beispiel (5 Buchstaben):
>   Biene
>   heute
>   Adler
>   Affen
>   Hosen
>   Klang
>   Karte
>   ..... usw.

229 Leicht verwechselbare Wörter
Material: Leicht verwechselbare Wörter als Liste
Beispiel: Nagel
>   Nadel
>   Nudel
>   Strudel
>   Pudel

Verlauf: Die Schüler sollen die Wörter mit hoher Konzentration möglichst fehlerfrei lesen: „Wer läßt sich nicht durcheinanderbringen?"

D2. Gezielte Erhöhung des Lesetempos

230 Leselinien
Verlauf: Ein leichter Text liegt vor. Die Schüler erlesen ihn still. Jeder Schüler spricht ihn dann mehrfach halblaut. Dann versucht der Lehrer, Lesezusammenhang und Lesetempo zu verbessern. Er verbindet die Wörter durch Linien.
Beispiel:

Heute waren wir im Zoo

Der Schüler versucht, diesen Linien zu folgen und das dabei angegebene Tempo einzuhalten.

231 Kurzzeitdarbietung von Wörtern
Verlauf: Der Lehrer schreibt ein Wort an die Tafel und wischt es dann sofort wieder weg. Die Schüler müssen versuchen, das Wort in der kurzen Zeit zu erlesen und dann zu nennen.

Variation:
Durch Benutzung des Tageslichtprojektors und von Folien mit Abdeckvorrichtung (Lesefenster):
Auf eine Folie sind Wörter geschrieben. Mittels Abdeckblatt wird immer ein Wort (dann zwei oder mehrere Wörter) kurzfristig dargeboten und von den Schülern so schnell wie möglich erlesen.
Abdeckblatt: DIN-A-4-Blatt mit Fenster, das 1 Wort (bzw. 2 oder 3 Wörter) sichtbar macht.

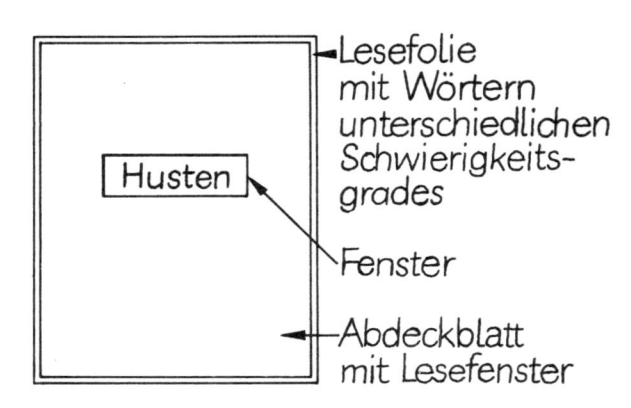

- Lesefolie mit Wörtern unterschiedlichen Schwierigkeitsgrades
- Fenster
- Abdeckblatt mit Lesefenster

D3. Verbreiterung des Lesefeldes

232 Wörterpyramiden
Material: Wörter immer größerer Länge mit identischem Wortteil stehen untereinander.
Beispiel: Wörter mit „ein":
>   ein
>   Wein
>   feiner
>   Steine
>   Scheine
>   scheinen
>   Schweine
>   Schornstein
>   Schornsteinfeger

Verlauf: Die Schüler erkennen in allen Wörtern den identischen Teil und erlesen die Wörter.

Variation 1:
Zusammengesetzte Wörter:
Hof
Hoftür
Hoftürschlüssel
Hoftürschlüsselbund
Hund
Hofhund
Hofhundkette
Hofhundkettenschlüssel
Hofhundkettenschlüsselbund

Variation 2:
Wörter, die inhaltlich nichts miteinander zu tun haben:
Garten
Gletscher
Großmutter
Gartenbänke
Glühwürmchen

233 *Seltsame Wörter*
Die Wörterliste enthält Scherzwörter, die zu erlesen sind.
Beispiel: Nudelsuppe   Apfelbrei
         Hudelpuppe   Schnapfelwein
         Schnudelwuppe   Sapfeldrei
         Trudelsuppe   Wapfelschwein
         Sudelschwuppe   Wapfelei
         Hudelschnuppe   Sapfelbein

234 *Satzpyramiden*
Material: Erweiterte Sätze untereinander
Verlauf: Die Schüler können ihr Lesefeld gegenüber erweiterten Sätzen durch den stückweisen Aufbau gut verbreitern.
Beispiel: Otto geht.
         Otto geht schnell.
         Otto geht schnell fort.
         Otto geht schnell fort in die Schule.

D4. Verschiedene Schriften lesen

235 *Unterschiedliche Schriftgrößen*
Material: Verschiedene Wörter mehrfach in unterschiedlicher Schriftgröße geschrieben.
Verlauf: Die Schüler sollen die Wörter erlesen, als gleich erkennen und gleiche Wörter mit derselben Farbe einrahmen bzw. nachschreiben.
Beispiel:

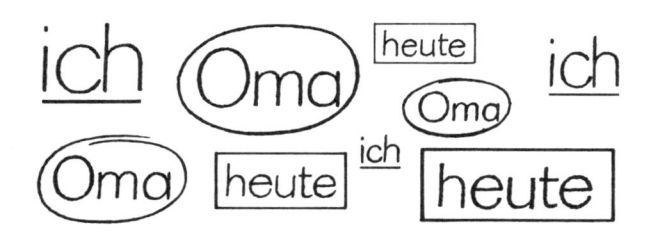

236 *Groß und klein schreiben*
Verlauf: Die Schüler versuchen selbst, unterschiedliche Schriftgrößen zu gleichen Wörtern oder Sätzen zu produzieren und den Mitschülern Leseaufgaben zu stellen.
Beispiel:

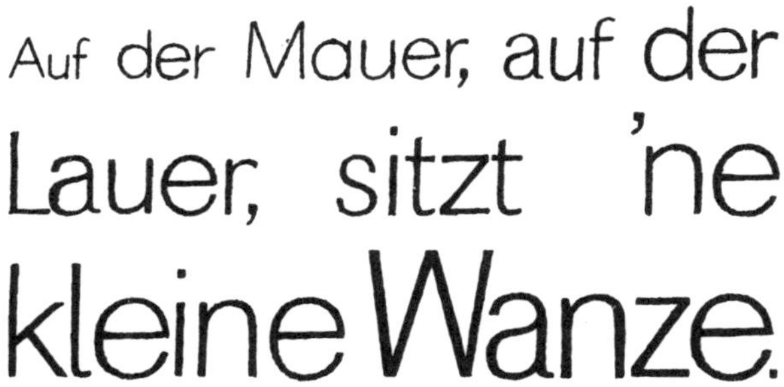

Auf der Mauer, auf der Lauer, sitzt 'ne kleine Wanze.

237 *Geringe Schriftgrößen*
Material: Tafeltexte mit bewußt geringer Schriftgröße; Lesehefte, Bücher mit kleinen Schriftgrößen.
Verlauf: Die Schüler versuchen, die ungewohnte Schrift zu erlesen; evtl. in Büchern, den Mitschülern daraus vorzulesen und sie zu eigenem Erlesen anzuregen.

238 *Buchstaben ausschneiden (unterschiedliche Schrifttypen)*
Material: Buchstaben aus Zeitungen und Zeitschriften.
Verlauf: Die Schüler schneiden Buchstaben aus Zeitungen und Zeitschriften aus und ordnen sie auf einem Arbeitsblatt den vorgegebenen gewohnten Buchstabentypen des Leselehrgangs zu.
Beispiel:

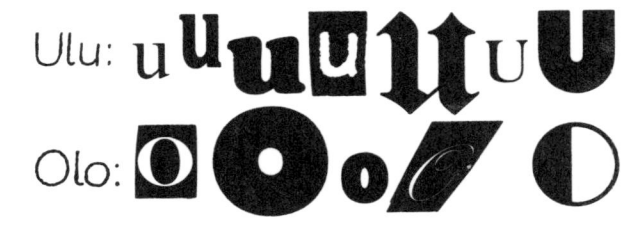

239 *Schrift von der Straße*
Verlauf: Die Schüler bekommen den Auftrag, ein Beispiel (oder mehrere) von Schrift in der Umwelt (Wirtshausschild, Reklameplakat, Straßenschild, Geschäftsname usw.) möglichst genau abzuschreiben. Die Schrift wird auch den anderen Schülern vorgestellt und erlesen.
Beispiel: Geschäfte

240 *Anzeigen*
Material: Anzeigen in Zeitungen und Zeitschriften werden auf ein Arbeitsblatt abkopiert.
Verlauf: Die Schüler erlesen, was alles in der Zeitung steht, und sprechen über die Unterschiedlichkeit der Schriften.
Beispiel:

241 Briefe
Material: Arbeitsblatt mit Briefen unterschiedlicher Schriftart oder Originalbriefe mit unterschiedlichen Schriftarten.
Verlauf: Die Schüler erlesen die Vorlagen und sprechen über den Inhalt.
Beispiele:

Schreibmaschine:

Lieber Marco,
gestern durfte ich zum erstenmal seit drei Wochen wieder aufstehen. Du glaubst nicht, wie ich mich gefreut habe. Aber nach einigen Schritten war ich schon wieder ganz schwach. Es dauert noch einige Zeit, bis ich wieder kräftiger bin.
Vielen Dank für Dein schönes Geschenk.
Bis bald!
   Dein Freund
   Heinz

Erwachsenenschrift:

Lieber Marco,
gestern durfte ich zum erstenmal
seit drei Wochen wieder aufstehen.
Aber nach einigen Schritten ....

Schülerschrift:

Lieber Marco,
gestern durfte ich zum erstenmal seit drei Wochen wieder aufstehen. Aber nach einigen Schritten ....

D5. Einführung der Buchstabennamen und des Alphabets, Gebrauch häufiger Abkürzungen

242 Autoschilder buchstabieren
Material: Alte Autoschilder bzw. Fotos oder Bilder von Autoschildern
Verlauf: Diese Übung interessiert viele Schüler, da sie oft wissen wollen, aus welcher Stadt oder aus welchem Land ein Auto kommt. Die Nummer eines Autos wird gezeigt oder an die Tafel geschrieben. Wer kann diese Nummer vorlesen?
Beispiel:

LD-AE 810   SÜW-S 439

Aus welcher Stadt kommt dieses Auto? Der Name der Stadt wird dazugeschrieben.

Variation:
Diese Übung kann zu „Autoraten" erweitert werden. Die Schüler schreiben sich Autonummern auf, die sie gesehen haben. Sie legen sie ihren Mitschülern vor bzw. schreiben sie an die Tafel. Die Nummern werden buchstabiert. Dann sollen die Mitschüler herausbringen, aus welcher Stadt das Auto kommt. Für gut lesende Schüler kann als Hilfe evtl. ein Autoatlas eingesetzt werden, in dem die Abkürzungen verzeichnet sind.

243 Abkürzungen
Verlauf: Der Lehrer schreibt Sätze an, in denen Abkürzungen vorkommen.
Beispiele:
Am Straßenrand parkt ein LKW.
Auf der Straße fährt ein PKW.
Der Text wird gelesen, die Abkürzungen werden buchstabiert, und ihre Bedeutung gesucht.
Beispiel:
Lastkraftwagen
el   ka   we
L   K   W

244 Erlernen und Üben des Alphabets durch rhythmisches Sprechen
Material: ABC in schriftlicher Form
Verlauf: Der Lehrer spricht das ABC in rhythmischer Form vor; evtl. singt er es auf die Melodie des bekannten ABC-Liedes:

Á b c d é f g
h i j k l m n o p
q u r s t u v w
x ypsilon z juchhé
das ist das ganze ÁBC.

245 Gedichte mit dem ABC
Material: ABC-Gedichte
Beispiele:
A ist der Affe

Einführung der Buchstabennamen und des Alphabets, Gebrauch häufiger Abkürzungen

A ist der Affe, er ißt mit der Pfote.
B ist Bäcker, er backt braune Brote.
C ist Charlotte, sie trinkt süßen Tee.
D ist der Dieb, er stiehlt Äpfel – o weh!
E ist der Esel, er schreit manchmal sehr.
F ist der Fischer, er fängt Fische im Meer.
G ist die Geiß, sie frißt auf dem Feld.
H ist der Helm, ein Hut für den Held.
I ist der Indianer, er hat großen Mut.
J ist Johanna, ihr Obst schmeckt so gut.
K ist der Kaufmann, er fährt um die Welt.
L ist der Landmann, der die Felder bestellt.
M ist die Mühle, sie dreht sich im Wind.
N ist das Nest für das Vogelkind.
O ist der Otter, der Fische gern mag.
P ist der Papagei, er sagt „Guten Tag".
Qu ist die Quelle, sie sprudelt bergab.
R ist die Reise, wir fahren im Trab.
S ist der Seemann, sein Name ist Pit.
T ist die Tante, sie bringt dir was mit.
U ist der Uhu, er schaut in die Ferne.
V ist der Vetter, er trommelt so gerne.
W ist das Wasser, es ist blau und tief.
X ist der Xaver, er schreibt einen Brief.
Y ist der Yak, ein seltenes Tier.
Z ist der Zirkus, er spielt heute hier.
(von Max Velthuijs, aus: A ist der Affe. Ravensburg: O. Maier 1966)

Naturgeschichtliches Alphabet
(von Wilhelm Busch)
(stellt allerdings höhere Anforderungen an Lesefähigkeit und Sinnverständnis)

A Im Ameisenhaufen wimmelt es,
Der Aff frißt nie Verschimmeltes.

B Die Biene ist ein fleißig Tier,
Dem Bären kommt dies spaßig für.

C Die Ceder ist ein hoher Baum,
Doch stört das die Chinesen kaum.

D Das wilde Dromedar man koppelt,
Der Dogge wächst die Nase doppelt.

E Der Esel ist ein dummes Tier,
Der Elefant kann nichts dafür.

F Im Süden fern die Feige reift,
Der Falk am Finken sich vergreift.

G Die Gams im Freien übernachtet,
Martini man die Gänse schlachtet.

H Der Hopfen wächst an langer Stange,
Der Hofhund macht dem Wandrer bange.

I Trau ja dem Igel nicht, er sticht,
Der Iltis ist auf Mord erpicht.

J Johanniswürmchen freut uns sehr,
Der Jaguar weit weniger.

K Den Kakadu man gern betrachtet,
Das Kalb man ohne weiteres schlachtet.

L Die Lerche in die Lüfte steigt,
Der Löwe brüllt, wenn er nicht schweigt.

M Die Maus tut niemand was zuleide,
Der Mops ist alter Damen Freude.

N Die Nachtigall singt wunderschön,
Das Nilpferd bleibt zuweilen stehn.

O Der Orang-Utang ist possierlich,
Der Ochs benimmt sich unmanierlich.

P Der Papagei hat keine Ohren,
Der Pudel ist meist halb geschoren.

Qu Das Quarz sitzt tief im Bergesschacht,
Die Quitte stiehlt man bei der Nacht.

R Der Rehbock scheut den Büchsenknall,
Die Ratt' gedeihet überall.

S Der Steinbock lange Hörner hat,
Auch gibt es Schweine in der Stadt.

T Die Turteltaube Eier legt,
Der Tapir nachts zu schlafen pflegt.

U Die Unke schreit am Sumpfe kläglich,
Der Uhu schläft zwölf Stunden täglich.

V Das Vieh sich auf der Weide tummelt,
Der Vampir nachts die Luft durchbummelt.

W Der Walfisch stört des Herings Frieden,
Des Wurmes Länge ist verschieden.

Z Die Zwiebel ist nicht jedes Speise,
Das Zebra trifft man stellenweise.

(aus: Krüss, J.: So viele Tage wie das Jahr hat, Gütersloh: Sigbert Mohn Verlag 1959, S. 62f.)

Verlauf: Gedichte sprechen, Wörter mit den Alphabet-Buchstaben unterstreichen, Buchstaben des Alphabets einrahmen, ABC sprechen.

246 Wörter buchstabieren
Verlauf: Der Lehrer buchstabiert Wörter, die Schüler bringen heraus, wie das Wort heißt.
Beispiele: Was steht in dieser Ecke da?
Ein Es-ce-ha-er-a-en-ka! (Schrank)
Was blüht denn im Garten da?
Ein Be-u-es-ce-ha! (Busch)
Das Kind ruft freudig „hei, juchhe"!
Heut gibt es Be-i-er-en-e! (Birne)
Was ist das?
A-em-es-e-el (Amsel)

Variation 1:
Die Schüler erfinden selbst Buchstabenrätsel.

Variation 2:
Die Buchstabierrätsel werden schriftlich vorgegeben.

Variation 3:
Wettkampf:
Wörter müssen möglichst schnell mit möglichst wenig Fehlern buchstabiert werden.

247 „Buchstaben-Wörter"
Verlauf: Für jeden Buchstaben des Alphabets wird ein typischer Vertreter gesucht, z. B.
A wie Ameise
B wie Ball
C wie Clown
D wie Dose
E wie Esel
F wie Feder
G wie Gans
H wie Haus
I wie Igel
J wie Jäger
K wie Kuh
L wie Löwe
M wie Maus
N wie Nest
O wie Ofen
P wie Post
Qu wie Quelle
R wie Reifen
S wie Saft
U wie Uhu
V wie Vogel
W wie Wagen
X wie Xaver
Y wie Yak
Z wie Zaun

248 Telefonspiel
Verlauf: Namen werden buchstabiert.
Beispiele:
MAX: M wie Michael, A wie Anton, X wie Xylophon
KURT: K wie Konrad, U wie Uhu, R wie Rolf, T wie Tor
Wer ist am Telefon?

249 Buchstabenzeichnungen
Material: Auf einem Blatt sind Buchstaben vorgegeben. Sie müssen in der richtigen Reihenfolge verbunden werden, dann ergibt sich ein Gegenstand.
Beispiel:

(Autobus)

Verlauf: Die Schüler sollen die Buchstaben in der richtigen Reihenfolge verbinden. Sie müssen also das Alphabet beherrschen.

E. Übungen zur Bedeutungserschließung

E1. Übungen zur Bedeutungserschließung an Sätzen

250 Ergänzen von Lückentexten
Material: Lückentexte, Ergänzungswörter
Verlauf: Die Schüler lesen die Lückensätze und vermuten, welches Wort hineinpassen könnte (Hypothesenbildung aufgrund des Sinnzusammenhangs).
Beispiel
Auf dem .... schwimmt eine Ente.
Weiher, Meer, Boden, Badeweiher

251 Wie etwas ist
Material: Arbeitsblatt, auf dem Aussagen angekreuzt werden können.
Verlauf: Die Schüler lesen die verschiedenen Aussagen durch und entscheiden sich für eine.
Beispiel:

Eine Banane — schmeckt gut. / schmeckt nach Salz. / riecht stark.

Eine Rose — riecht nach Benzin. / riecht stark. / riecht schlecht.

Variation:
Begriffe werden nach Paaren geordnet.
Beispiel:

Tag — Nacht
Mond — Sonne
groß — klein
hell — dunkel

252 Was gehört nicht in den Satz?
Material: Text, in dem überflüssige Wörter eingefügt sind.
Verlauf: Die Schüler sollen selbständig erlesen und die Wörter, die nicht in den Sinnzusammenhang passen (bzw. den Sinnzusammenhang stören), aus den Sätzen herausstreichen.

Beispiele:
Mutter trinkt ~~bunten~~ Kaffee.
Peter fährt ~~stehend~~ Rad.
Apfelsaft kann man ~~im Sieb~~ trinken.
Auf der Straße kann man ~~zu Fuß~~ fahren.

253 Unsinntexte korrigieren
Verlauf: Die Schüler korrigieren bewußt falsch geschriebene oder verfälschte Sätze aufgrund des Sinnzusammenhangs.
Beispiel: Auf dem Pult liegt der Lehrer.
Vor der Klasse steht die Kreide.

254 Verkehrte Welt
Verlauf: Tieren sind falsche Tätigkeiten zugeordnet.
Beispiel: Der Hund miaut.
Die Katze bellt.
Der Hahn winselt.
Die Schüler tauschen die Verben aus.

255 Sätze verändern (stimmt es noch?)
Verlauf: Der Lehrer tauscht in einer bekannten Geschichte (Sachtext) Wörter aus und läßt die Schüler überprüfen, ob die Information nun noch stimmt (oder der Sinnzusammenhang noch richtig ist).
Beispiel: Tafeltext (neue Wörter)
Gestern (vorgestern) regnete es.
Alle Kinder (Schüler) wurden tropfnaß (hatten Schirme dabei).
Heute (morgen) scheint wieder die Sonne.

256 Durcheinandergeratene Sätze ordnen
Verlauf: Satzteile sind verkehrt kombiniert. Sie werden erlesen, als Unsinn erkannt. Dann werden Möglichkeiten der Richtigstellung besprochen. Die zusammengehörigen Sätze können dann miteinander verbunden werden.
Beispiel:
O, meine Hose hat   ein rotes Auto.
Achim holt   ein Loch.
Der Reiter sattelt   seinen Drachen.
Mein Vater hat   Luft.
Ich esse   sein Pferd.
Im Autoreifen ist   ein weiches Ei.

Variation 1:
Die Schüler stellen aus einem Text durch Umstellung und Kombinieren von Satzteilen einen Unsinntext her.

Variation 2:
Sätze zweier Geschichten sind durcheinandergeraten. Sie werden erlesen und den Geschichten richtig zugeordnet.
Beispiel:
1. Geschichte: Gefahr auf der Straße
2. Geschichte: In der Bäckerei
Peter geht mit seiner Mutter einkaufen.
Auf den Regalen liegen eine Menge Brote.
Gerade wollen sie die Straße überqueren.
Mutter verlangt zwei Pfund Kornbrot.
Da saust ein Auto herbei.
Das kostet zwei Mark neunzig, sagt die Verkäuferin.
Schnell reißt Mutter Peter zurück.
Das ist gerade noch mal gut gegangen.
Mutter bezahlt. Dann verlassen sie den Laden wieder.

Variation 3:
Die Sätze einer Geschichte sind durcheinandergeraten. Sie werden erlesen, besprochen, neu geordnet und dann wieder gelesen.
Beispiel:
Am Morgen vor der Schule.
Um sieben Uhr steht Peter auf.
Er zieht seinen Anorak an und setzt den Ranzen auf.
Dann frühstückt er.
Gegen halb acht Uhr verläßt er das Haus.
Schnell wäscht er sich und putzt die Zähne.
Zehn Minuten vor acht Uhr ist er in der Schule.
Er hat einen weiten Schulweg.
Doch er kommt immer pünktlich.

Zur Erleichterung können die Sätze auf einem Arbeitsblatt einzeln vorgegeben und erlesen werden. Sie werden dann auseinandergeschnitten und neu geordnet. Dasselbe kann auch an der Tafel mit Satzstreifen durchgeführt werden. Durch Lesen wird überprüft, ob der Sinnzusammenhang nun stimmt.

257 Frage-Antwort-Spiel
Material: Wortkarten zu einem Themengebiet oder Begriffe, die auf einem Arbeitsblatt aufgeschrieben sind (Herstellung der Wortkarten aus Karton in der Größe von etwa 15 × 6 cm).
Beispiel: Thema „Haus":

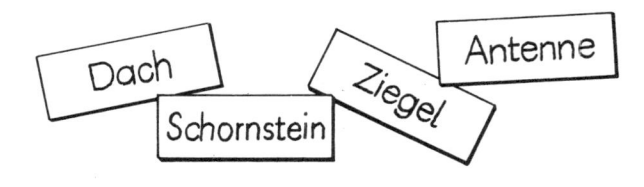

Dach   Antenne   Schornstein   Ziegel

Verlauf: Der Lehrer schreibt Fragen an die Tafel, die die Schüler erlesen müssen, z. B. „Was ist auf dem Haus?". Die Schüler suchen dann aus den Begriffen einen passenden als Antwort aus, z. B. Dach, Schornstein oder Ziegel.

Variation 1:
Zu einer Antwort wird eine Frage formuliert:
Der Lehrer zeigt eine Karte, z. B. „Katze". Die Schüler müssen nun eine Frage dazu finden, die mit „Katze" beantwortet werden kann, z. B. „Was kratzt und schnurrt?". Der Lehrer schreibt diese Frage an die Tafel, die Schüler lesen und hängen dann die Antwortkarte dazu.

Variation 2:
Alternativfragen (an der Tafel) müssen erlesen werden. Die Schüler beantworten sie mit ja/nein (mündlich oder mit Antwortkärtchen).
Beispiele:
Ist Petra heute in der Schule?   Ja
Haben wir heute Samstag?   Nein
Regnet es im Augenblick?   Nein

258 Handlungen durchführen („Taubstummenspiel")
Verlauf: Ein Name (eines Schülers) wird an die Tafel geschrieben und erlesen, z. B. „Petra". Der Lehrer ergänzt mündlich: „... soll den Tafellappen holen". Der genannte Schüler führt die Handlung aus.

Variation 1:
Der Name wird still erlesen, der Auftrag dann mündlich gegeben und durchgeführt.

Variation 2:
Der Name und der Auftrag werden an die Tafel geschrieben.

Variation 3:
Zettel werden verteilt. Sie enthalten jeweils einen Auftrag an einen Schüler, der von diesem zu erlesen und dann durchzuführen ist.
Beispiele:

Hole deinen Radiergummi
Hole ein Heft   Geh an die Tür

Die anderen Schüler sollen herausfinden, was auf dem Zettel stand.

Variation 4:
Gegenstandsnamen werden angeschrieben und erlesen.

Wer das Wort richtig vorgelesen hat, darf den Gegenstand herbeiholen, z. B. Mantel des Lehrers.

Variation 5: Was ist es?
Gegenstände werden schriftlich umschrieben und müssen dann geholt werden.
Beispiel: Hole ein Ding herbei, mit dem man an die Tafel schreiben kann.

Variation 6:
Auf die linke Tafelhälfte werden Namen, auf die rechte Handlungen geschrieben. Nun kann der Lehrer (ein Schüler) abwechselnd auf die linke und rechte Tafelseite deuten und damit Schüler auffordern, etwas Bestimmtes zu tun. Die Aufträge sind still zu erlesen und dann auszuführen.
Beispiel:

Petra Müller	holt die Tafelkreide.
Hans Jacob	gibt Petra die Hand.
Werner Meier	streckt die Zunge heraus.
usw.	bleibt auf dem Platz sitzen.

259 *Aufschreiben, was die Schüler tun*
Verlauf: Einzelne Schüler dürfen sich überlegen, was sie tun wollen, und dann eine Handlung durchführen (Beispiel: Petra geht zum Schrank). Ein anderer Schüler sagt in einem Satz, was der Schüler getan hat. Der Lehrer schreibt diesen Satz an die Tafel. Die Schüler erlesen ihn.

Variation:
Die Schüler dürfen etwas auf ein Blatt Papier malen. Sie sagen nach einiger Zeit (oder wenn sie fertig sind), was sie gemalt haben.
Beispiel: Ich habe einen Zirkus gemalt.
Der Lehrer schreibt diesen Satz an die Tafel und läßt ihn dann erlesen.

E2. Übungen zur Bedeutungserschließung an Texten

260 *Stückweise Sinnerfassung*
Material: Text auf Folie, Tageslichtprojektor, Abdeckblatt
Verlauf: Von einem Text wird Zeile für Zeile (mit Satz identisch) projiziert. Die Schüler lesen jeweils den Satz und geben den Sinn wieder. Abschließend geben sie den Sinn des ganzen Textes wieder.

Variation:
Zwei bis vier Sätze werden je nach Sinnzusammenhang projiziert, nacheinander erlesen und dann sinngemäß wiedergegeben.

261 *Sinnrahmen zur Erleichterung der Bedeutungsfindung*
Verlauf: Sinnvorgabe durch angefangenen Satz
Beispiel: Der Lehrer fängt einen Satz an:
Es war einmal ein kleines .... (Lehrer: Was könnte jetzt kommen: Maus, Buch, Mädchen, Frau?).
Die Schüler erlesen den angefangenen Satz und stellen Hypothesen darüber auf, welches Wort den Satz ergänzen könnte und aufgrund der grammatikalischen Struktur hineinpaßt.

Variation 1:
Sinnvorgabe durch eine Überschrift:
Der Lehrer schreibt eine Überschrift an die Tafel, z. B. Pech am frühen Morgen.
Die Schüler sprechen nun darüber, was in dieser Geschichte passieren könnte. Sie erfinden selbst eine kleine Geschichte (mündliche Sprachschulung). Der Lehrer schreibt dann Satz für Satz diese Geschichte an, die von den Schülern erlesen wird.

Variation 2:
Der Sinnrahmen eines Sachtextes wird durch den Sachunterricht vorgegeben. Dadurch ist die Bedeutung des Geschriebenen im voraus bekannt.

262 *Leitfragen*
Material: Ein Text ist vorgegeben.
Beispiel: Die Schüler malen.
        Susi malt ein Auto.
        Was malt Frank?
        Frank malt einen Esel.
        Malt Ingo einen Schornsteinfeger?
        Nein.
        Ingo malt die Lehrerin.
        Und Christian?
        Er spielt unter der Bank mit seinem Spielauto.
Verlauf: Der Lehrer gibt folgende Leitfragen vor, anhand derer die Geschichte überprüft wird:
In der Geschichte steht, daß Kinder malen.
Welche Kinder malen?
Was malt Susi?
Was malt Frank?
Wer malt einen Schornsteinfeger?
Malt Christian auch?
Was tut Christian?
Die Schüler formulieren mündlich Antworten und überprüfen bzw. belegen sie exakt am Text.

263 *Fragen beantworten*
Material: Textvorgaben und Fragen dazu.
Verlauf: Die Schüler lesen die Textvorgabe und beantworten die Fragen.

Beispiel: Stundenplan.
Heiko geht in die zweite Klasse.
Das ist sein Stundenplan:

Std.	Mo	Di	Mi	Do	Fr
1.	Sachkunde	Deutsch	Kunst	Deutsch	Mathe
2.	Mathe	Sachkunde	Kunst	Reli	Sachkunde
3.	Deutsch	Mathe	Deutsch	Sachkunde	Reli
4.	Musik	Musik	Mathe	Sport	
5.	Sport	Reli	Sport		

Welche Fächer hat er montags?

_____

Wie oft hat er in der Woche Sport?

_____

An welchem Tag hat er nur drei Stunden?

_____

264 *Handpuppengeschichte spielen*
Material: Handpuppen (Kasperlepuppen)
Verlauf: Der Lehrer stellt die beim Spiel „mitwirkenden" Puppen vor. Er schreibt dann die Spielhandlung Satz für Satz an die Tafel. Die Schüler erlesen die Sätze still während des Anschreibens. Dann wird der Satz durch einen Schüler laut vorgelesen. Die Schüler spielen die durch den Satz angegebene Handlung mit den Handpuppen. Zum Schluß wird die Handlung ganz gelesen und gespielt.
Beispiel:
Kasperle geht im Wald spazieren.
Er hat eine Mundharmonika dabei.
Plötzlich kommt ein wilder Räuber daher.
Er will Kasperles Mundharmonika rauben.
Aber Kasperle schlägt den Räuber mit der Mundharmonika und läuft davon.

Variation:
Einzelne Wörter im Satz werden durch andere ersetzt. Dann wird die Geschichte erneut erlesen und in der veränderten Form gespielt.
Beispiel:
Eine Kasperlegeschichte

Kasperle geht im Wald spazieren.
Er hat eine Taschenlampe dabei.
Plötzlich kommt ein wildes Krokodil daher.
Es will Kasperles Taschenlampe rauben.
Aber Kasperle schlägt das Krokodil mit der Taschenlampe und läuft davon.

265 *Spielen nach Spielanleitung*
Material: Schriftlich vorgegebene Spielanleitung
Verlauf: Eine Spielanleitung wird still erlesen. Die Schüler, die sofort, ohne Hilfe des Lehrers, wissen, wie das Spiel geht, dürfen sich zur Gruppe 1 zusammensetzen und zu spielen anfangen. Mit den anderen Schülern erliest der Lehrer den Text und verteilt dann die Schüler auf die restlichen Gruppen.
Beispiel für Spiel:
„Sonntagsmaler":
Mitspielen: 2 bis 8 Schüler
Text der Spielanleitung:
Ihr müßt schnell erraten, was gezeichnet wird.
Ihr braucht ein Blatt Papier und Bleistifte.
So geht das Spiel:
1. Setzt euch an einen Tisch. Einer fängt an.
2. Er malt einen Gegenstand. Ihr müßt erraten, was er zeichnen will.
3. Wer am schnellsten rausbekommen hat, was der Maler zeichnen will, darf als nächster malen.

266 *Umsetzen einer Geschichte in ein Bild (Inhaltserschließung)*
Verlauf: Ein situationsbeschreibender Text wird vorgegeben (Arbeitsblatt)
Beispiel: Im Schulsaal
Einige Schüler passen nicht auf.
Peter schaut zum Fenster hinaus.
Susi malt heimlich unter der Bank ein Bild.
Evi spielt mit ihrer Puppe.
Und Klaus? ..... Klaus erzählt eifrig mit seinem Nachbarn, dem Peter.
Die Schüler erhalten den Auftrag, ein Bild zu malen, auf dem einer der Schüler der Geschichte abgebildet ist. Nach dem Malen wird überprüft, ob die Aussagen über den Schüler richtig ins Bild umgesetzt sind.

267 *Aufschreiben einer gemeinsamen Handlung oder eines Erlebnisses*
Verlauf: Die Klasse hat ein gemeinsames Erlebnis gehabt. Über dieses Erlebnis wird gesprochen. Der Lehrer schreibt dann einzelne Sätze auf, die von den Schülern erlesen werden.
Beispiel:
Wir waren in Landau im Zoo.
Klaus hat ein Kamel gesehen.
Horst gefielen die Affen besonders gut.
Monika fand die Pinguine niedlich.

III Sprachmaterial und methodische Hilfen zu den Übungen

1. Materialsammlung zur Lautbildung: Sprechübungen, Sprechverse, Zungenbrecher, Kurzgedichte, Kinderlieder

1.1 B – P

268 Eine Buge, Bage, Bogen Packpapier,
zwei Buge, Bage, Bogen Packpapier,
drei Buge, Bage, Bogen Packpapier
(usw. bis der Sprecher sich verspricht)

269 Bürsten mit schwarzen Borsten bürsten besser
als Bürsten mit weißen Borsten.

270 Schwarze Borsten bürsten besser
als weiße Borsten bürsten.

271 Auf den hohen Felsenklippen wohnen sieben Robbensippen,
die sich in die Rippen stippen, bis sie von den Klippen kippen.

272 *Es tanzt ein Bi-Ba-Butzemann...*

Es tanzt ein Bi-Ba-Butze-mann in unserm Kreis her-um, bi-de-bum, um. Er rüt-telt sich, er schüt-telt sich, er wirft sein Säck-lein hin-ter sich. Es tanzt ein Bi-Ba-But-ze-mann in un-serm Kreis her-um.

(aus: Unser Liederbuch, Stuttgart: Klett, S. 56)

273 Ebberte, bebberte, bibberte, ba,
ibberte, bibberte, bon,
knabberte, babberte, zabberte, za,
knubberte, bubberte, knom.

274 *Mein Pferdchen*

1. Hopp, hopp, hopp! Pferd-chen, lauf Ga-lopp ü-ber Stock und ü-ber Stei-ne, rüh-re nur recht flink die Bei-ne! Im-mer im Ga-lopp, hopp, hopp, hopp, hopp, hopp!

2. Tripp, tripp, trapp, wirf mich nur nicht ab!
Zähme deine wilden Triebe,
Pferdchen, tu es mir zuliebe.
Tripp, tripp, trapp, wirf mich nur nicht ab!

3. Brr, brr, he, steh, mein Pferdchen, steh!
Sollst schon heut noch weiter springen,
muß dir nur erst Futter bringen.
Brr, brr, he, steh, mein Pferdchen, steh!

(aus: Es tönen die Lieder, Berlin: Verlag Merseburger, S. 70)

275 *Pampelmusensalat*
Bei der Picknickpause in Pappelhusen
aß Papa mit Paul zwei Pampelmusen.
Doch bei dem Pampelmusengebabbel
purzelt plötzlich der Paul von der Pappel
mit dem Popo in Papas Picknickplatte,
wo Papa die Pampelmusen hatte.
„O Paul", schrie Papa, „du bist ein Trampel!
Plumpst mitten in meine Musepampel –
ich wollte sagen: in die Mampelpuse –
nein: Pumpelmase – nein: Pamelmuse!!"
Das gab vielleicht ein Hallo!
Die Pappeln, der Papa, der Paul und sein Po,

das Picknick, die Platte (um die war es schad') –
das war ein Pampelmusensalat!
(von H. A. Halbey, aus: Pampelmusensalat, Weinheim: Beltz)

1.2. D – T

276 Der dicke Dieter trägt den dünnen Dieter durch das dunkle Dorf.

277 Töpfer Trine trägt tausend Töpfe.
Tausend Töpfe trägt Töpfer Trine.

278 Die Katze tritt die Treppe krumm.

279 Drei Drachen drohen drei Dreckspatzen.
Drei Dreckspatzen drohen drei Drachen.

280 Rums didel dums didel Dudelsack...

1. Rums didel dums didel Dudelsack,
heute treiben wir Schabernack;
heute wird Musik gemacht,
einmal nur ist Fasenacht.

2. Rums didel dums didel Fiedelbogen,
heute wird durchs Dorf gezogen;
keiner soll uns Narren kennen
und bei unsrem Namen nennen.

3. Rums didel dums didel Paukenschlag,
ab morgen zähln wir jeden Tag,
bis das alte Jahr verklingt
und die neue Fasnacht bringt.

(aus: Unser Liederbuch, Stuttgart: Klett, S. 89)

281 Große Uhren gehen tick, tack, tick, tack...

Große Uhren gehen tick, tack, tick, tack,
kleine Uhren gehen tick, tack, tick, tack,
tick, tack, tick, tack, Taschenuhren gehen
tikke takke, tikke takke, tikke takke, tick.

(aus: Es tönen die Lieder, Berlin: Verlag Merseburger, S. 20)

1.3. G – K

282 In Klagenfurt klappern die Klapperstörche klipp, klapp, klapp.
Klipp, klapp, klapp klappern die Klapperstörche in Klagenfurt.

283 Kleine Kinder können keine kleinen Kirschkerne knacken.

284 Die Katze tritt die Treppe krumm.

285 Glühwürmchen gleiten über glattes Glas.
Über glattes Glas gleiten Glühwürmchen.

286 Es klapperten die Klapperschlangen,
bis ihre Klappern schlapper klangen.

287 Kuckuck, kuckuck, ruft aus dem Wald.

1. Kuk-kuck, Kuk-kuck ruft aus dem Wald,
lasset uns singen, tanzen und springen,
Frühling, Frühling wird es nun bald.

2. Kuckuck, Kuckuck läßt nicht sein Schrein:
   Kommt in die Felder, Wiesen und Wälder!
   Frühling, Frühling, stelle dich ein!

3. Kuckuck, Kuckuck, trefflicher Held!
   Was du gesungen, ist dir gelungen,
   Winter, Winter räumet das Feld.

(aus: Es tönen die Lieder, Berlin: Verlag Merseburger, S. 15)

1.4 S – Z – Sch – X

288 *Sieben kecke Schnirkelschnecken*
Sieben kecke Schnirkelschnecken
saßen einst auf einem Stecken,
machten dort auf ihrem Sitze
kecke Schnirkelschneckenwitze.
Lachten alle so:
„Ho, ho, ho, ho, ho!"
Doch vor lauter Ho-ho-Lachen,
Schnirkelschneckenwitze-Machen
fielen sie von ihrem Stecken:
alle sieben Schnirkelschnecken.
Liegen alle da.
Ha, ha, ha, ha, ha!
(Josef Guggenmos, aus: Was denkt die Maus am Donnerstag, Recklinghausen: Georg Bitter Verlag)

289 Schippen sieben Schneeschipper sieben Schippen Schnee?
Sieben Schneeschipper schippen sieben Schippen Schnee.
Sieben Schippen Schnee schippen sieben Schneeschipper.

290 Schlaf schön im Schlafanzug, wenn der Mond schön scheint.

291 Schneller Schüler, schlitt're schnell,
schlitt're schnell, schneller Schüler!

292 Des Schneiders Schere schneidet schnell,
schnell schneidet des Schneiders Schere.

293 Zwischen zwei Zwetschgenzweigen zwitschern zwei Schwalben.

294 Zwischen zwei Zweiglein zwitschern zwei Zeislein.

295 Zehn Ziegen zogen zwei Zentner Zucker zum Zoo.

296 Schneiders Scheren schneiden scharf.

297 Susi, sag mal saure Sahne!

298 Susi, sag mal saure Soße!

299 Auf den hohen Felsenklippen wohnen sieben Robbensippen,
die sich in den Rippen stippen, bis sie von den Klippen kippen.

300 Zwischen zweiundzwanzig Wurzeln purzeln zweiundzwanzig Zwerge.

301 Kratzen Katzen mit den Tatzen?
Mit den Tatzen kratzen Katzen.
Katzen kratzen mit den Tatzen.
Schneiden Katzen manchmal Fratzen?

302 Schlimme Schlingel schleppen schlappe Schlangen in den Schlamm.

303 Schwere Schweine schwanken auf schwachen Beinen.
Auf schwachen Beinen schwanken schwere Schweine.

304 Sechs Hexen hexen sechs Kekse.

305 Morgens früh um sechs kommt die kleine Hex'.

306 Suse, liebe Suse, was raschelt im Stroh.

307 *Summ, summ, summ, Bienchen, summ herum!*

Summ, summ, summ! Bienchen, summ herum! Ei, wir tun dir nichts zu Leide, flieg nur aus in Wald und Heide! Summ, summ, summ! Bienchen, summ herum!

(aus: Es tönen die Lieder, Berlin: Verlag Merseburger, S. 14)

308 Schusche, schusche, schusche!
Uns're Katz' heißt Pusche,
unser Hund heißt Kunterbunt,
schlaf mein Kind, schlaf dich gesund!

309 Bäckers Fritz sagt 'nen Witz.

310 Der Fritz von Schmitz sagt 'nen Witz.

311 Izzen dizzen Silberschnitzen
izzen dizzen daus
und du bist -raus.

312 Ene mene minzen
wer backt Plinzen?

313 Ebberte bebbert zibberte za,
ibberte bibberte bon,
knabberte babberte zabberte za,
knubberte bubberte knon.

314 Der Metzger wetzt das Metzgermesser.

315 *Ging ein Weiblein Nüsse schütteln...*

Ging ein Weib-lein Nüs-se schüt-teln
Nüs-se schüt-teln Nüs-se schüt-teln Al-le Bur-schen
hal-fen rüt-teln, hal-fen rüt-teln, rums!

316 *Ringel, Ringel, Reihe...*

Rin-gel, Rin-gel, Rei - he, sind der Kin-der
drei - e, sit-zen un-term Hol-der-busch,
ru-fen al - le: Husch, husch, husch!

(aus: es tönen die Lieder, Berlin: Verlag Merseburger, S. 4)

317 *Wolln wir mal, wolln wir mal...*

Wolln wir mal, wolln wir mal, hop-sa-sa - sa,
lu - stig sein, fröh-lich sein hei - ra - sa - sa!

(aus: Unsere Singfibel, Stuttgart: Klett, S. 26)

318 Wie knackt Markus eine Nuß?
Er legt die Nuß mit Hochgenuß
unter einen Autobus.

1.5. H

319 Hinter Hermanns Hannes Haus
hängen hundert Hasen raus.
Hundert Hasen hängen raus
hinter Hermanns Hannes Haus.

320 *Jetzt steigt Hampelmann...*

1. Jetzt steigt Ham-pel-mann, jetzt steigt Ham-pel-
mann, jetzt steigt Ham-pel-mann aus sei-nem Bett heraus. 1.–7. O du mein Ham-pel-mann, mein
o du mein Ham-pel-mann, mein
Ham-pel-mann, mein Ham-pel-mann,
Ham-pel-mann bist du.

2. Jetzt zieht Hampelmann sich seine Strümpfe
(Hose, Jacke) an.
3. Jetzt setzt Hampelmann sich seine Mütze auf.
4. Jetzt geht Hampelmann mit seiner Frau spaziern.
5. Jetzt tanzt Hampelmann mit seiner lieben Frau.
6. Er hat ein schief Gesicht, und sie hat krumme Füß.
7. Er lacht „hahaha", sie lacht „hihihi", er lacht
„hahaha", der Hampelmann ist da.

(aus: Unser Liederbuch, Stuttgart: Klett, S. 72)

1.6. W – F(V)

321 Violett steht recht nett,
recht nett steht violett.

322 Fischers Fritze fischt frische Fische.
Frische Fische fischt Fischers Fritze.

323 Flotte flinke Fellflicker
flicken flink feine Felle.

324 Wir Waschweiber würden weiße Wäsche waschen,
wenn wir wüßten, wo weiches, warmes Wasser wär.

325 Flotte Flamingos fliegen flinken Fliegen fort.
Flinke Fliegen fliegen flotten Flamingos fort.

326 *Widewidewenne heißt meine Gluckhenne.*

1.–4. Wi-de-wi-de-wen-ne heißt meine Gluck-hen-ne. 1. Kann-nicht-ruhn heißt mein Huhn, Wak-kel-schwanz heißt meine Gans. 1.–4. Wi-de-wi-de-wen-ne heißt mei-ne Gluck-hen-ne.

2. Schwarz-und-weiß heißt meine Geiß,
   Treib-ein so heißt mein Schwein.
   Kann-nicht-ruhn..., Wackelschwanz...

3. Ehrenwert heißt mein Pferd,
   Gute-Muh heißt meine Kuh.
   Schwarz-und-weiß..., Treib-ein...

4. Wettermann heißt mein Hahn,
   Kunterbunt heißt mein Hund.
   Ehrenwert..., Gute-Muh...

(aus: Unser Liederbuch, Stuttgart: Klett, S. 78)

1.7. M – N – ng

327 Meister Müller, mahl mir eine Mütze Mehl,
morgen muß mir meine Mutter Milchmus machen.

328 Neun Nähnadeln nähen neun Nachthemden.

329 Ding, dong, digidigidong, digidigidong, die Katze ist krank;
ding, dong, digidigidong, digidigi-ding-dang-dong.

330 Auf einem Baum ein Kuckuck, simsaladim, bamba, saladu, saladim,
auf einem Baum ein Kuckuck saß.
Da kam ein junger Jägers-, simsaladim, bamba, saladu, saladim,
da kam ein junger Jägersmann.
Der schoß den armen Kuckuck.........tot.
Und als ein Jahr vergangen.........war,
da war der Kuckuck wieder..........da.

331 *Bim-bam, bim-bam...*

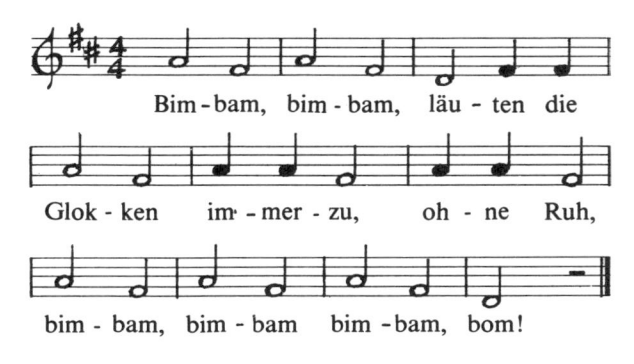

Bim-bam, bim-bam, läu-ten die Glok-ken im-mer-zu, oh-ne Ruh, bim-bam, bim-bam bim-bam, bom!

(aus: Es tönen die Lieder, Berlin: Verlag Merseburger, S. 38)

332 Ene, mene, Tintenfaß, geh in die Schul' und lerne was!
Ene, mene, Dickmamsell, geh in die Schul' und rechne schnell!
Ene, mene, Sandbüchs, bleib daheim, dann kannst nix!

1.8. R – Ch₂

333 Rinke – ranke – Rosenschein, lieber Morgen, komm herein!

334 Regen, Regentröpfchen, fall nicht auf mein Köpfchen,
fall nicht auf mein Butterfaß, es wird ja sonst ganz klitschenaß.

335 Es regnet ohne Unterlaß, es regnet immerzu

Es regnet ohne Unterlaß, es regnet immer zu, die Schmetterlinge werden naß, die Blümchen gehen zu. Roter, roter Falter, komm, komm auch du zu mir, aber deinem Brüderlein schließ ich zu die Tür.

(aus: Unser Liederbuch, Stuttgart: Klett, S. 39)

336 Ringel, rangel, Rosen, schöne Aprikosen,
Veilchen und Vergißmeinnicht,
alle Kinder setzen sich.
Guten Tag, Mama, guten Tag, Papa,
alle Kinder hoppsassa.

337 Himpelchen und Pimpelchen klettern auf einen Berg.
Himpelchen ist ein Heinzelmännchen und Pimpelchen ein Zwerg.
Doch nach 27 Wochen sind sie in den Berg gekrochen.
Schlafen dort in süßer Ruh.
Sei mal still und hört gut zu!
ch, ch, ch, ch, ch, ch . . .

338 Rot, rot, rot sind alle meine Kleider,
rot, rot, rot ist alles, was ich hab'.
Darum lieb ich, alles, was so rot ist,
weil mein Schatz ein Feuerwehrmann ist.
(nach der Melodie „Grün, grün, grün . . .",)

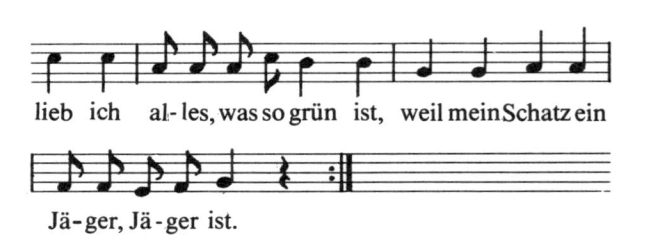

1. Grün, grün, grün sind alle meine Kleider, grün, grün, grün ist alles, was ich hab'. Darum lieb ich alles, was so grün ist, weil mein Schatz ein Jäger, Jäger ist.

2. Weiß . . . weil mein Schatz ein Bäcker, Bäcker ist.
3. Schwarz . . . weil mein Schatz ein Schornsteinfeger ist.
4. Bunt . . . weil mein Schatz ein Maler, Maler ist.

(aus: Unser Liederbuch, Stuttgart: Klett, S. 74)

339 Rira-rutsch, wir fahren mit der Kutsch,
wir fahren mit der Schneckenpost,
die uns keinen Pfennig kost,
rira, rutsch, wir fahren mit der Kutsch.

1.9. Vokale

340 In Ulm, um Ulm und um Ulm herum

341 A, a, a, der Winter, der ist da.
E, e, e, nun gibt es Eis und Schnee.
I, i, i, gleich hol ich meine Schi.
O, o, o, dann saus ich frisch und froh
u, u, u, den Berg hinab im Nu.

342 Auf den hohen Felsenklippen wohnen sieben Robben-Sippen,
die sich in die Rippen stippen, bis sie von den Klippen kippen.

343 Ein Hammel und ein Lamm brauchen keinen Kamm.

344 Weiß wie Schnee,
grün wie Klee,
blau wie der See,
braun wie Kaffee.

345 Der Esel, der Esel, wo kommt der Esel her,
von Wesel, von Wesel, er will ans Schwarze Meer.

346 Gülle, Gülle, Gülle, bin röter als du.
Hast ein Paar alte verrissene Schuh.
Hast ein Gäbele, hast ein Zäbele,
hast mirs wollen zeigen?
Laß dich heime geigen!
Gülle, Gülle, bin röter als du.

347 Fünfundzwanzig rote Männlein
tanzen fünfundzwanzigmal im Kreis herum.

348 Säcke flicken, Säcke flicken, haben keine Nadel.
Schneider, Schneider, hopp, hopp, hopp, näh mir einen guten Rock!
Wenn ich zähle: eins, zwei, drei, muß das Röcklein fertig sei'!
Eins – zwei – drei – das Röcklein ist entzwei.

349 Rira-rutsch, wir fahren mit der Kutsch,
wir fahren mit der Schneckenpost,
die uns keinen Pfennig kost,
rira, rutsch, wir fahren mit der Kutsch.

350 Annchen, dannchen, dittchen, dattchen,
teberte, beberte, bittchen, battchen,
teberte, beberte, bu, ab bist du.

351 Ich will dir was erzählen
von der alten Mählen:
Wenn sie keine Kartoffeln hat,
kann sie keine schälen.

352 Es war einmal ein Männchen,
das kroch in ein Kännchen,
dann kroch es wieder raus,
da war die Geschichte aus.

353 *Drei Chinesen mit dem Kontrabaß*

Drei Chi - ne-sen mit dem Kon - tra - baß
sa-ßen auf der Stra-ße und er - zähl-ten sich was. Da
kam die Po - li - zei –, ja was ist denn das?
Drei Chi -ne-sen mit dem Kon - tra - baß!

Austausch der Vokale:
i: Dri Chinisin mit dim Kintribiß...
o: Dro Chonoson mot dom Kontroboß...
ebenso auf u, ü, eu usw.

354 Neunundneunzig Eulen flogen mit Gebrumm
neunundzwanzigmal um den Baum herum.

355 Eins zwei drei,
alt ist nicht neu,
arm ist nicht reich,
hart ist nicht weich,
frisch ist nicht faul,
Ochs ist nicht Gaul.

356 Es war einmal ein Mann, der hatte einen Schwamm,
der Schwamm war ihm zu naß, da ging er auf die Gaß,
die Gaß war ihm zu kalt, da ging er in den Wald,
im Wald wars ihm zu grün, da ging er nach Berlin,
Berlin war ihm zu voll, da ging er nach Tirol,
Tirol war ihm zu klein, drum ging er wieder heim,
daheim wars ihm zu nett, da legt er sich ins Bett,
im Bett war eine Maus, und die Geschicht ist aus.

357 Hoppe, hoppe, Reiter,
wenn er fällt, dann schreit er,
fällt er in den Graben,
fressen ihn die Raben,
fällt er in den Sumpf,
dann macht der Reiter plumps.

358 Hopp, hopp, hopp, Pferdchen lauf Galopp,
über Stock und über Steine,
aber brich dir nicht die Beine,
immer im Galopp, hopp, hopp, hopp, hopp, hopp!

359 Hörst du wie der Wind braust? hui!
Hörst du wie der Wind saust? hui!
Hui, das braust, hui, das saust,
hui, hui, hui!

360 Ettchen, dettchen, dittchen dattchen,
zedra, wedra, wittchen, wattchen,
zedra, wedra, wuh,
und das bist du.

361 Ene, mene, minke, pinke,
fade, rode, falke, tolke,
wiggerl, waggerl, weg!

362 Meister Koch, Koch, Koch, fiel ins Loch, Loch, Loch,
und er rief, rief, rief... (Name nennen!)

363 Meine Mi, meine Ma, meine Mutter schickt mich her,
ob der Ki, ob der Ka, ob der Kuchen fertig wär.
Wenn er ni, wenn er na, wenn er noch nicht fertig wär,
käm ich mi, käm ich ma, käm ich morgen wieder her.

364 Rumpel, pumpel, Butterfaß...

Rum - pel, pum - pel But - ter - faß,
rühr schnell um und gib mir was.

(aus: Es tönen die Lieder, Berlin: Verlag Merseburger, S. 3)

1.10. Konsonantenhäufungen

365 Es klappert die Mühle am rauschenden Bach...

1. Es klap-pert die Müh-le am rau-schen-den Bach: klipp, klapp.
Bei Tag und bei Nacht ist der Mül-ler stets wach: klipp, klapp.
Er mah-let uns Korn zu dem kräf-ti-gen Brot und ha-ben wir die-ses, dann hat's kei-ne Not. Klipp, klapp, klipp, klapp, klipp, klapp.

2. Flink laufen die Räder und drehen den Stein,
    klipp, klapp.
   Und mahlen den Weizen zu Mehl uns so fein!
    Klipp, klapp.
   Der Müller, der füllt uns den schweren Sack,
   der Bäcker das Brot und den Kuchen uns backt.
    Klipp, klapp;..

3. Wenn goldene Körner das Ackerfeld trägt,
    klipp, klapp,
   die Mühle dann flink ihre Räder bewegt, klipp, klapp.
   Und schenkt uns der Himmel nur immer das Brot,
   so sind wir geborgen und leiden nicht not.
    Klipp, klapp;..

(aus: Unser Liederbuch, Stuttgart: Klett, S. 67)

366 Knusper, knusper, knäuschen, wer knuspert an meinem Häuschen?

367 Trarira, der Sommer der ist da.

1. Tra - ri - ra, der Som-mer, der ist da! Wir wol-len in den Gar-ten und wolln des Som-mers war - ten. Ja, ja, ja, der Som-mer, der ist da!

2. Trarira, der Sommer, der ist da!
   Wir wollen hinter die Hecken
   und wolln den Sommer wecken.
   Ja, ja, ja, der Sommer, der ist da!

3. Trarira, der Sommer, der ist da!
   Der Sommer hat gewonnen,
   der Winter hat verloren.
   Ja, ja, ja, der Sommer, der ist da!

4. Trarira, der Sommer, der ist da!
   Gesprochen:
   Was wünschen wir dem Herrn?
   Einen goldnen Tisch auf jeder Eck
       ein gebacknen Fisch
   und mitten hinein drei Kannen voll Wein,
   daß er dabei kann fröhlich sein.
   Gesungen:
   Ja, ja, ja, der Sommer, der ist da!

(aus: Es tönen die Lieder, Berlin: Verlag Merseburger, S. 49)

368 Kling, Glöckchen, klingelingeling, kling, Glöckchen, kling!

Konsonantenhäufungen **93**

369 Schneidri-schneidra-schneidrum...

1. Schnei-dri, schnei-dra, schnei-drum, schnei-dri, schnei-dra, schnei-drum! Ich bin der Mei-ster Schnei-der und mach den Leu-ten Klei-der im Lan-de weit her-um, schnei-dri, schnei-dra, schnei-drum.

2. |: Ich sitz und schau mich um, :|
als wenn ich Kaiser wäre,
mein Szepter ist die Schere,
mein Tisch das Kaisertum...

3. |: Spott keins der Schneider mehr! :|
Man halte sie in Ehren,
wenn keine Schneider wären,
wir liefen nackt herum...

(aus: Unser Liederbuch, Stuttgart: Klett, S. 83)

370 Schneck im Haus...

{ Schneck im Haus } { Kom-men zwei mit
  komm her-aus!   }   wol-len dich er-
Spie-ßen, } { Kom-men zwei mit Stek-ken,
schie-ßen! } { wol-len dich er-schrek-ken. }

(aus: Unsere Singfibel, Stuttgart: Klett, S. 16)

371 Hört ihr die Drescher...

Hört ihr die Dre-scher, sie dre-schen im Takt: klipp, klapp, klapp, klapp!

(aus: Unsere Singfibel, Stuttgart: Klett, S. 26)

372 Die Katze tritt die Treppe krumm

373 Töpfer Trine trägt tausend Töpfe, tausend Töpfe trägt Töpfer Trine.

374 Drei Drachen drohen drei Dreckspatzen, drei Dreckspatzen drohen drei Drachen.

375 Es gibt kein schön'res Tierchen...

1. Es gibt kein schön-res Tier-chen
   er trägt sein eig-nes Häus-chen
als ein sol-cher Schneck, Schneck, Schneck, weg.
auf dem Rük-ken
Schneck im Haus, komm her-aus, strek-ke dei-ne
Wenn du sie nicht
Hör-ner raus! werf ich dich in Gra-ben,
strek-ken willst, fres-sen dich die Ra-ben.
Schneck im Haus, komm her-aus, strek-ke dei-ne
Hör-ner raus!

(aus: Unser Liederbuch, Stuttgart: Klett, S. 83)

376 Säcke flicken...

Säk-ke flik-ken, Säk-ke flik-ken,
ha-ben kei-ne Na-del; Schnei-der,
Schnei-der, hopp, hopp, hopp, näh mir
ei-nen gu-ten Rock!

(aus: Es tönen die Lieder, Berlin: Verlag Merseburger, S. 7)

2. Material zur Einprägung der Laute und Buchstaben

2.1. Interjektions- und Bedeutungslautverfahren

Diese Verfahren sind – wie auch die meisten anderen Assoziationshilfen – nur bei einigen Lauten sinnvoll.

Vokale

377 **A:** Mund aufmachen, Zahnarzt schaut in den Mund. Ausdruck des Wohlbehagens: Wenn einem Limonade gut schmeckt bei großem Durst.
A..., ist das schön (entspannt auf dem Boden liegen)

378 **O:** Ausruf des Verwunderns, der Überraschung.

379 **U:** Ausruf, wenn man mit kaltem Wasser abgespritzt wird.

380 **E:** Brummen von Mutters Rührgerät (analog kann das Brummen auch am eigenen Kehlkopf, am Hals ertastet werden).

381 **I:** Ausruf der Abscheu (z.B., wenn die Kinder von einem vorbeifahrenden Auto vollgespritzt werden; Kind hat statt Zucker Salz in die Sahne getan).

382 **Ei:** Ausruf der Verwunderung („ei, wie lieb").

383 **Au:** Ausruf des Schmerzes (z.B. ein Kind wird gezwickt).

384 **Ä:** Ausruf des Abscheus: „Wie eklig"!

Konsonanten

385 **M:** Ausdruck des Wohlbehagens (z.B. Kind ißt guten Brei).

386 **S:** Spielzeug surrt auf der Rennbahn; Brummen von Bienen, Fliegen.

387 **R:** Motorgeräusch

388 **F:** Kerze ausblasen

389 **M/N/ng:** Klänge eines Gonges.

390 **T/D:** Stottern eines Motors (t-t-t..) oder des Auspuffs.

391 **W:** Klingt, wie wenn man auf einem Kamm mit Seidenpapier bläst.

392 **Sch:** Eisenbahn fährt ab (sch-sch-sch...).

393 **H:** Hauchen (Fensterscheiben anhauchen, in kalte Hände hauchen).

394 **Ch$_2$:** Schnarchen.

395 **Z:** Zischen einer Schlange;
Zischen eines Wasserstrahls.

2.2. Anlaut- und Auslautverfahren
(Einprägen typischer Wörter für einen Laut/Buchstaben)

Ausrufe/Geräusche, die einen bestimmten Laut enthalten:

396 **T:** tut, täterää

397 **P:** piep, puh

398 **E:** he

399 **A:** ha

400 **I:** kikeriki

401 **O:** oh je

402 **U:** muh, tut

403 **Ei:** ei, ei

404 **Au:** wau, wau

405 **Eu:** zicke-zacke, zicke-zacke, heu, heu, heu

406 **Ä**: ätsch; hä-hö; wäää (Baby)

407 **Ö**: töff-töff-töff

408 **Ü**: hü, Schimmel, hü

409 **B**: bim-bam, Bibi (Hühnchen), bäh (Zunge herausstrekken)

410 **P**: piep, hopp-hopp-hopp

411 **T**: tüt-tüt, tut-tut, tick-tack

412 **D**: da-da, dideldum

413 **G**: gack-gack

414 **K**: tuk-tuk (Traktor), kuckuck, tick-tack

415 **L**: gille-gille (kitzeln)

416 **M**: mäh, meck-meck, summ-summ-summ, bim-bam

417 **N**: na-na

418 **ng**: ding-dong, peng

419 **W**: wau-wau

420 **F**: uff (stöhnen)

421 **J**: ja-ja, jo-jo, juhu, o jeh

422 **X**: knacks, klicks, kracks

423 **H**: hu-hu, juchhe, hoppla

424 **ch₂**: ach, huch, juchhe

425 **S**: Summ-summ-summ

426 **Sch**: husch-husch, zisch

427 **Z**: hatzi, zisch, zirp

428 **L**: o lala, o lala

429 **R**: br, rab-rab, ritsche-ratsche

2.3. Handzeichen als Assoziationshilfen zur Einprägung der Buchstabenform

Beispiel für die Einprägung von großen Druckbuchstaben;
übernommen aus:
Boehncke/Humburg: Schreiben kann jeder. Reinbek 1980. S. 72

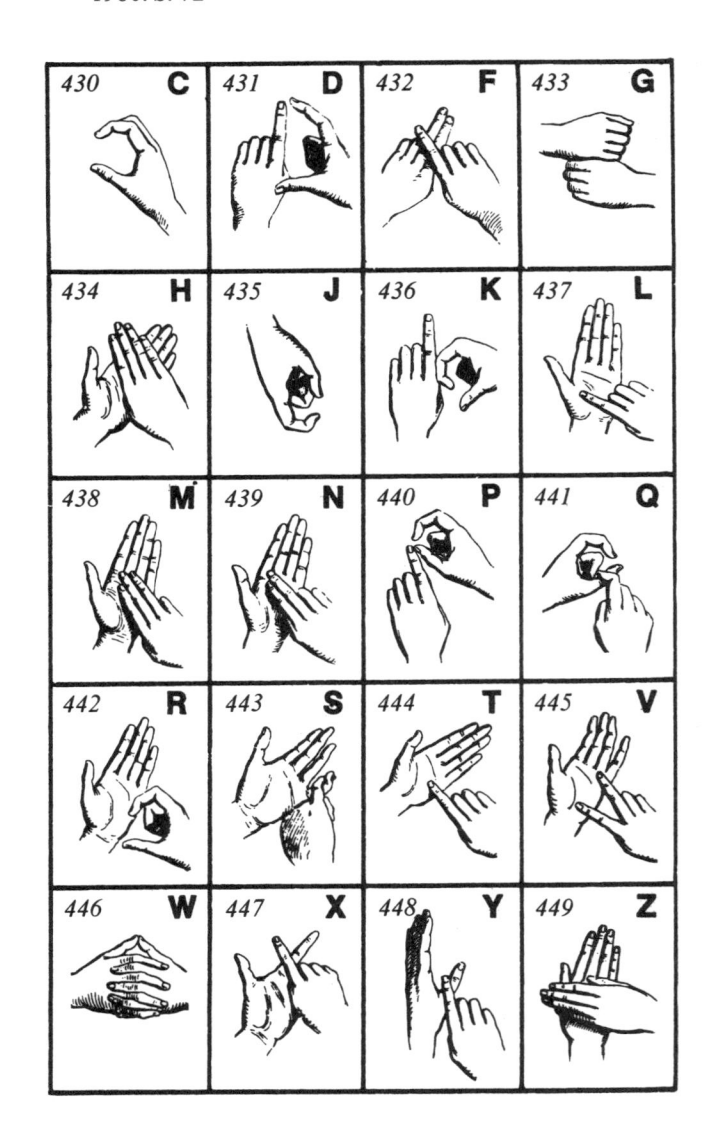

2.4. Lautgebärden

2.4.1. Kleinmotorische Systeme

1. **Beispiel: Handzeichen von Kossow**
   (Die Abbildungen sind entnommen: Schneider-Rumor 1974, S. 23 ff.)

Vokale:

450 **A:**

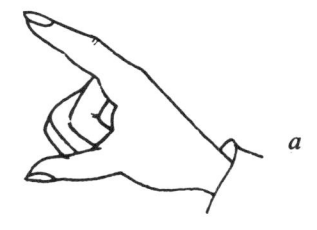

Daumen und Zeigefinger sollen die charakteristische Mundstellung bei der Bildung des Vokals „a" demonstrieren: Die Lippen sind weit geöffnet.

Oma
Anschreiben und Sprechen des Wortes; dehnt den Laut a am Schluß ganz lang, schaut den Banknachbarn an!
Wie sieht sein Mund aus? (so weit und groß und rund)
Lehrer zeigt mit Daumen und Zeigefinger, wie weit der Mund ist. Wenn ich die Hand so forme, so bedeutet das a.

451 **E:**

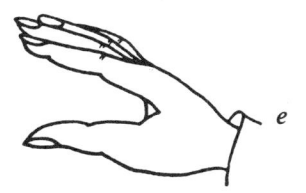

Die Mundöffnung ist gering. Die Lippen sind gespannt.

Esel
Anschreiben und Sprechen des Wortes. Ähnliches Vorgehen wie bei a:
Sprecht den Laut am Schluß des Wortes ganz lang! (e→-) Der Mund wird nicht so weit aufgemacht wie beim a.
Sprecht a→-, dann e→
Beim a ist der Mund ganz weit offen, beim e ist er breit, aber nicht so offen.
Lehrer zeigt mit der Hand den Öffnungsspalt des Mundes (Handzeichen für e)

452 **O:**

Daumen und Zeigefinger deuten die Lippenrundung an.

Otto
Sprecht das Wort Otto (anschreiben).
Haltet das o ganz lang, schaut Mund des Nachbarn an!
Wie sieht euer Mund aus (rund)?
Lehrer zeigt die Rundung des Mundes an.
Sprecht: a→-, dann o→- (der Mund wird kleiner. Lehrer schreibt o an die Tafel: so rund wie der Mund beim Sprechen.

453 **U:**

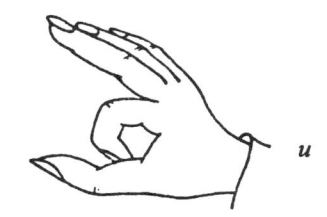

Die vorgestülpten Lippen bildem beim „u" eine kleine, runde Öffnung.

Uhu
Wort sprechen und anschreiben.
Der Mund ist nur noch ganz klein und rund.
Vergleich: Sprecht a – o – u!
Der Mund wird immer kleiner.
Rundung mit Daumen und Zeigefinger anzeigen: Eine ganz kleine runde Öffnung.

454 **I:**

Der Mund ist noch weniger weit geöffnet als beim „e". Die Lippen sind breiter gespannt.

Igel
Beim i ist der Mund noch weniger offen als beim e. Er ist ganz schmal und breit, wie ich es mit der Hand anzeige.

Konsonanten

455 **M:**

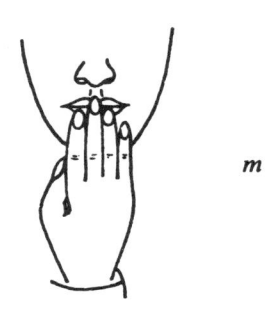

m

Das Handzeichen stellt den vollständigen Lippenverschluß dar. Die Finger spüren die Resonanz des Nasen-Rachen-Raumes.

Tom
Wort anschreiben und sprechen.
Sprecht das Wort Tom und laßt den letzten Laut (m) brummen.
Spürt ihr es im Mund und in der Nase? Legt die Hand so vor den Mund, wie ich es euch vormache, dann spürt ihr das Brummen noch besser.

456 **N:**

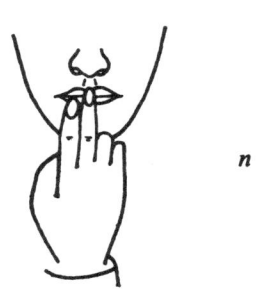

n

Die Lippen sind leicht geöffnet, der Kieferwinkel bleibt gering. Die Fingerspitzen spüren den nasalen Luftstrom.

Nase
Anschreiben und Sprechen des Wortes.
Spürt ihr das n? Laßt es summen! Wenn ihr die Fingerspitzen unter die Nase haltet, spürt ihr die Luft, die aus eurer Nase strömt.
Sprecht nochmals n→-!

457 **B:**

b

Bei der Bildung des „b" sind die Lippen geschlossen. Die Luft, die bei der Sprengung des Lippenverschlusses aus dem Mundraum strömt, wird auf dem Handrücken leicht empfunden.

Ball
Wort wird angeschrieben und gelesen.
Schüler sprechen das Wort deutlich aus und sprechen den Anfangslaut mehrfach: b-b-b.
Lehrer: Wenn ihr auf den Handrücken sprecht, spürt ihr den leichten Luftstrom.

458 **P:**

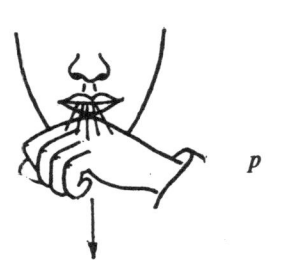

p

Die Bildung des „p" unterscheidet sich von der des „b" nur durch den stärkeren Luftstrom, der ganz deutlich auf dem Handrücken zu spüren ist.

Papa
Anschreiben und Sprechen des Wortes.
Sprecht p-p-p-p!
Sprecht auf den Handrücken, dann spürt ihr den festen Luftstrom bei p, viel fester als bei b.

459 **D:**

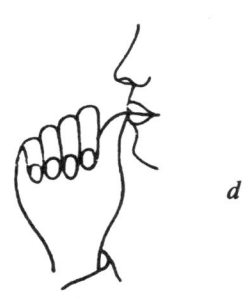

d

Die an die Unterlippe angelegte Daumenspitze spürt den Luftstrom, der bei leicht geöffneten Lippen aus dem Mundraum kommt.

dick
Anschreiben und Sprechen des Wortes.
Sprecht d-d-d-d!
Wenn die Zunge an die Zähne stößt, kommt ein leichter Luftstoß hervor. Wenn ihr Daumen und Zeigefinger vor den Mund haltet, spürt ihr den Luftstrom.

460 **T:**

t

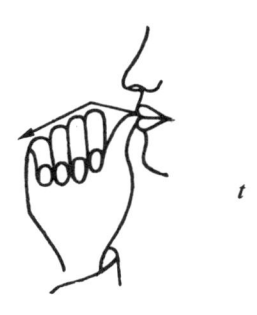

Bei der Bildung des „t" wird der Luftstrom über alle Finger der an den Mund gelegten Hand kräftig empfunden.

Tür
Anschreiben und Sprechen des Wortes.
Sprecht t-t-t!
Spürt am Daumen und auf den Fingern den festen Luftstrom!

461 **G:**

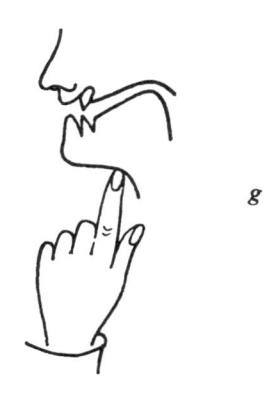

g

Ganz deutlich wird als kinästhetischer Impuls bei der Bildung des „g" die Hebung des hinteren „Kinnteils" empfunden, die durch die starke Hebung der Zunge im Mundraum verursacht wird.

Gans
Anschreiben und Sprechen des Wortes.
Sprecht g-g-g!
Mit der Fingerspitze könnt ihr am Hals fühlen, wo das g gesprochen wird (ganz hinten im Hals, da wird die Zunge ganz dick).

462 **K:**

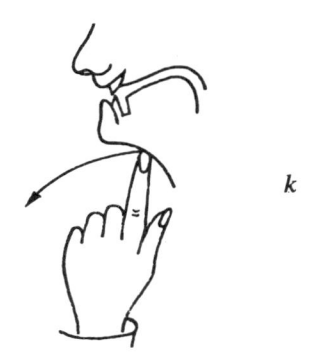

k

Beim „k" soll die Sprengung des Verschlusses durch das Handzeichen deutlich gemacht werden.

Katze
Anschreiben und Sprechen des Wortes.
Sprecht k-k-k!
Wo spürt ihr den Laut?
Es „knallt" ganz hinten im Hals. Das spüren wir, wenn wir den Finger an den Hals legen.

463 **F:**

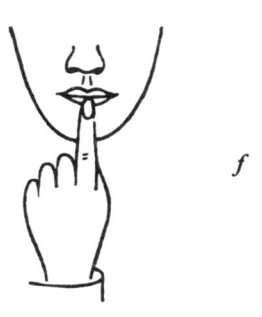

f

Der Zeigefinger empfindet deutlich den Luftstrom, der dadurch entsteht, daß die Luft durch den durch die Unterlippen und die obere Zahnreihe gebildeten Verschluß dringt.
Wie bei der Darstellung des „m", „n" und „w" wird hier durch die Fingeranzahl auch die Buchstabengestalt signalisiert.

Fuß
Anschreiben und Sprechen des Wortes.
Sprecht das f ganz lang: f→
Beim f „bläst" es; das können wir spüren, wenn wir die Fingerspitze vor den Mund halten.

464 **W:**

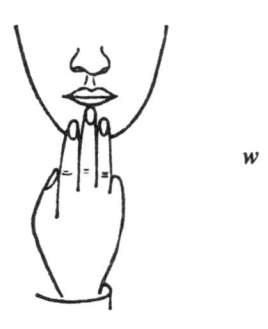

w

Der stimmhafte Engelaut „w" wird wie das „f" gebildet, der Luftstrom wird aber nur leicht empfunden.

Wagen
Anschreiben und Sprechen des Wortes.
Sprecht w→-
Spürt ihr etwas (Bitzeln, Kitzeln an den Lippen)?
Ihr spürt die Lippen zittern, wenn ihr mit den Fingerspitzen leicht die Lippen berührt.

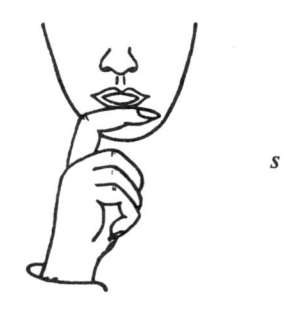

100 *Material zur Einprägung der Laute und Buchstaben*

465 **S:**

Leichte Öffnung und Breitspannung der Lippen. Zischgeräusch.

See
Anschreiben und Sprechen des Wortes.
Haltet das S ganz lange: Es „zischt". Das ist die Luft, die zwischen den Zähnen durchgeht. Ihr spürt sie auf dem Fingerrücken.

466 **Sch:**

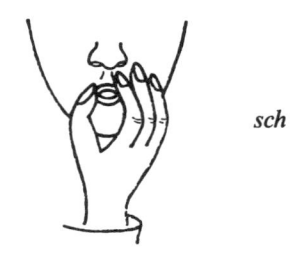

Die vorgestülpten Lippen sind geöffnet und bilden eine Rundung. Zischgeräusch.

Schule
Anschreiben und Sprechen des Wortes.
Sprecht sch→
Euer Mund ist ganz rund, wenn die Luft herauszischt, fast wie ein Schornstein. Er ist so rund (Lehrer umfaßt mit Daumen und Zeigefinger seinen Mund).

467 **Ch₂:**

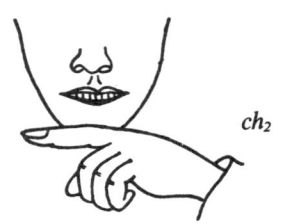

Leichte Lippenöffnung. Das Reibegeräusch wird durch die besondere Stellung der Zunge erzeugt. Der Luftstrom wird auf der Oberfläche des Zeigefingers deutlich empfunden.

Dach
Anschreiben und Sprechen des Wortes.
Sprecht ch→
Es „schnarcht" (sägt) in eurem Hals. Ihr spürt nur wenig Luft auf dem Finger.

468 **Ch₁:**

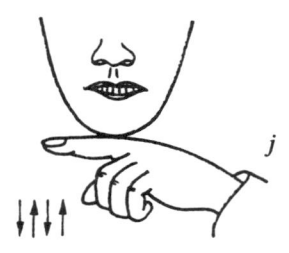

Das „j" ist das stimmhaft gebildete „ch¹". Die Stimmhaftigkeit wird in der Darstellung durch die Pfeile angedeutet.

ich
Anschreiben und Sprechen des Wortes.
Sprecht lange ch→
Haltet den Finger so, wie ich es euch vormache! Dann spürt ihr, wie die Luft ausströmt.

469 **R:**

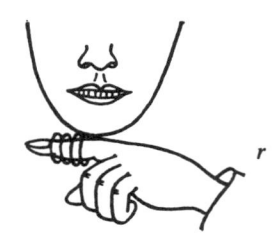

Mit diesem Handzeichen soll die Schwingung, die durch die intermittierende Unterbrechung des tönenden Luftstroms entsteht, demonstriert werden.

Roller
Anschreiben und Sprechen des Wortes.
Laßt das R ganz lang rollen!
Eure Zunge zittert hin und her (Lehrer macht das Zittern mit dem Zeigefinger vor).

470 **L:**

Das Handzeichen demonstriert die Buchstabengestalt.

Ball
Anschreiben und Sprechen des Wortes.
Sprecht lang L→
Eure Zungenspitze liegt ganz oben am Gaumen. Der Lehrer legt seinen Daumen unter die Nase und zeigt mit dem Zeigefinger nach oben (rechter Winkel zwischen Daumen und Zeigefinger). Er schreibt L an die Tafel.

471 **ng:**

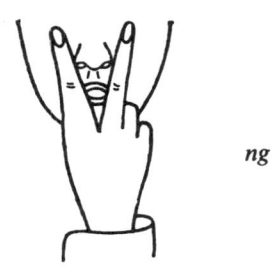

ng

Der „ng"-Laut ist ein Nasallaut. Die gespreizten Finger spüren den aus der Nase austretenden Luftstrom und die gleichzeitige Bewegung der Nasenflügel.

peng
Wort wird gesprochen.
Sprecht ng ganz lang.
Wenn ihr die Nase zwischen die Finger nehmt, könnt ihr spüren, wie sie zittert.

2. Beispiel: Gebärden von Koch
(vgl. Bleidick 1966, S. 126)

472 A = Der Leib wird gestreichelt als Ausdruck eines angenehmen Geschmacks (Kuchen essen usw.).
473 B = Geräusch beim Pfeifenrauchen des Vaters. Die linke Hand wird zur Faust geballt und der Daumen ausgestreckt als Pfeife an die Lippen gebracht.
474 D = Schwaches Ticken der Taschenuhr. Die rechte hohle Hand wird ein Stück von der rechten Ohrmuschel entfernt gehalten.
475 E = Kinder necken einander. Der rechte Zeigefinger wird über den linken gerieben (Rübenschaben).
476 F = Ausfegen der Stube mit dem großen Besen. Der rechte Zeigefinger reibt über die innere linke Handfläche.
477 G = Geräusch der bösen Gänse, die geärgert werden. Daumen und Zeigefinger streichen über die innere Handfläche der linken Hand.
478 H = Hände warm hauchen. Die beiden geöffneten Hände werden an den Mund gehalten.
479 CH = Schnarchen. Die rechte Hand wird an den Kopf gehalten, um das Schlafen darzustellen.
480 I = Krähen eines jungen Hähnchens. Der linke Zeigefinger wird gehoben, um das Hähnchenbein darzustellen.
481 J = Ausruf des Fuhrmanns, wenn das Pferd anziehen soll. Beide Hände, zur Faust geballt, ahmen das Anziehen der Zügel nach.
482 K = Knacken einer Nuß mit dem Nußknacker. Die hohlen Hände werden gegeneinander gedrückt.
483 L = Geräusch des Wassers, wenn es aus der Leitung läuft. Der Zeigefinger der linken Hand wird nach unten gekrümmt, um den Kran darzustellen; die rechte hohle Hand stellt das Auffangbecken dar.
484 M = Brummen eines bösen Ochsen mit einem Maulkorb. Drei Finger der linken Hand werden auf den Mund gelegt.
485 N = Nero, der Hund, knurrt und zeigt seine beiden Reißzähne. Daumen und Zeigefinger der rechten Hand werden an den Nasenflügel gelegt.
486 O = Ausruf des Verwunderns. Beide Hände werden hochgehoben.
487 P = Ausblasen eines Lichtes. Die rechte Hand wird zur Faust geballt; der ausgestreckte Daumen stellt das Licht dar.
488 R = Rasseln der Weckuhr. Der Zeigefinger der rechten Hand beschreibt einen Kreis.
489 SCH = Fortscheuchen eines lästigen Tiers. Beide Handflächen werden zusammengeklatscht.
490 T = Starkes Ticken der Taschenuhr. Die linke hohle Hand wird dicht an die linke Ohrmuschel gehalten.
491 U = Angstruf der Kinder im Dunkeln. Die rechte Hand wird als Schirm über die Augen gehalten.
492 V = Ausfegen der Stube mit dem kleinen Besen (Handfeger). Der linke Daumen reibt über die innere Handfläche der rechten Hand.
493 W = Wehen des Windes beim Wäschetrocknen. Die beiden hohlen Hände werden seitwärts an den Mund gelegt.
494 Z = Geräusch des Wassers beim Sprengen des Gartens. Die beiden Hände werden zur Faust geballt voreinander gelegt (Halten des Schlauches).
495 AU = Das Kind hat sich die Hand gequetscht und schreit vor Schmerzen. Die rechte Hand wird auf und nieder geschlagen.
496 Ei = Die Mutter droht dem unartigen Kinde. Drohbewegung mit dem rechten Zeigefinger.

102 *Material zur Einprägung der Laute und Buchstaben*

2.4.2. Großmotorische Systeme

1. Beispiel: Phonomimische Zeichen von Radigk
„Die hier dargestellten Handzeichen sind nach dem Gesichtspunkt der *Funktionsfähigkeit* ausgewählt. Es wurde darauf verzichtet, ein System zu schaffen, das ausschließlich nach einer bestimmten Richtung orientiert ist. So finden sich in der Aufstellung Gebärden, die in der Sprachtherapie Anwendung finden, solche, die von der Buchstabenform ausgehen und andere, die im Sinnlautverfahren erarbeitet werden können. Maßgebend für die Auswahl waren die pädagogisch-methodischen Möglichkeiten des Zeichens. Dabei wurde Wert darauf gelegt, daß es gut optisch-kinästhetisch zu differenzieren ist. Es sollte eine leichte und dauerhafte Aneignung gewährleisten, großmotorische Bewegungen ermöglichen und zu einem flüssigen Bewegungsablauf beitragen.'
(Radigk 1979, S. 82)

Die folgenden Handzeichen sind Radigk 1979, S. 82 ff. entnommen:

497

A Mund weit öffnen. Vor dem Mund wird mit den Händen das A aufgebaut. Die gegenüberliegenden Daumen bilden den Querstrich.

498

O Das Zeichen ist aus der Sprachtherapie übernommen. Beim O formen die Lippen einen Kreis. Der Kreis wird mit Daumen und Zeigefinger nachgebildet.

499

I Interjektionslaut – Die Kinder strecken die Arme zur Abwehrbewegung aus. Die Hände sind geöffnet und nach oben abgewinkelt.

500

E Beim E wird der Mund breitgezogen (Breitmund). Das Handzeichen deutet dies durch die Finger an.

501

U Nachbildung des Buchstabens mit Daumen und Zeigefinger in Augenhöhe. Den so gebildeten Buchstaben nach oben schieben bis über Kopfhöhe.

502

Ei Die Kinder tun so, als säße ein Tier auf dem Arm. Sie streicheln es.

503

Au Interjektionslaut – Das Kind hat sich mit einem Hammer auf den Daumen geschlagen. Es hält den Daumen und ruft Au.

504

Eu Sinnverbindung mit der Eule. Mit den Händen wird die Eule nachgeahmt.

Phonomimische Zeichen von Radigk **103**

505

M Ein Zeichen, daß es gut schmeckt. Die flache Hand streicht über die Magengegend.

506

N Zeichen aus der Sprachtherapie. Die Kinder sollen zwischen den Fingern die aus der Nase ausströmende Luft spüren.

507

L Erarbeitung des Zeichens nach der Buchstabenform. Die Kinder winkeln den rechten Arm an (sie stehen vor dem Buchstaben) und bilden damit das L.

508

R Die Kinder ahmen den Wecker nach. Unterarm und Faust stehen senkrecht und schwingen hin und her.

509

S Die Buchstabenform wird durch Bewegung nachgeahmt.

510

T Rechter und linker Unterarm bilden das T in der Form nach.

511

D Erarbeitung durch akustische Analyse (Daumen, drücken).

512

B Backen aufblasen und leicht mit den Händen daran schlagen.

513

F Die Kinder haben sich die Finger verbrannt. Sie pusten und bilden das F.

514

H Die Hände werden weit vor dem Körper zusammengeführt und dann bis vor den Mund bewegt. Die Kinder hauchen in die hohlen Hände.

104 *Material zur Einprägung der Laute und Buchstaben*

G Wir fühlen das G beim Sprechen mit der rechten Hand am Hals ab.

516

K Nachbildung mit beiden Armen entsprechend der Buchstabenform. Sinnverbindung zum krähenden Hahn, der den Schnabel weit öffnet.
ck Mit der rechten Hand wird ein Kreis nach vorn geschlagen, ehe das K gebildet wird.

517

P Die flache Hand liegt vor dem Mund. Durch den plötzlichen Luftausstoß wird sie nach vorn geschleudert.

518

V Beide Arme zeigen schräg nach oben. Bildung nach der Buchstabenform. Sinnverbindung zum Vogel.

519

W Die Kinder machen Wind mit den schaufelförmig gestellten Händen.

520

J Durch die Bewegung des rechten Armes wird das J nachgebildet.

521
522
523

XYZ Nachbildung entsprechend der Buchstabenform.

524

Sch Die Bewegung der Lokomotive wird nachgeahmt.

525

ch₁ Die Mutter schnarcht – Hände nach links (ich-Laut).
ch₂ Der Vater schnarcht – Hände nach rechts (ach-Laut).

526
527
528

ÄÖÜ Zwei Finger deuten die Punkte an.

529

ie Beim langen i wird nicht nur die Abwehrbewegung ausgeführt. Die Bewegung beschreibt einen Halbkreis – das i wird länger.

2. Beispiel: Lautgebärden von Bleidick/Kraft
(Die folgenden Abbildungen und Erklärungen stammen aus Bleidick 1966, S. 129 ff.)

Vokale:

530 **Vokal U**
U-Lautgebärde:
Die eng an dem Körper anliegenden Arme werden etwas schräg nach unten ausgestreckt.
Diese Gebärde soll einerseits die charakteristische Stimmung des Unheimlichen und Gruseligen andeuten, wie sie sinntragend in den Wörtern *unten, dunkel, Urwald, Grube, Grund, Urne, Gruft* u.ä. zum Ausdruck kommt, andererseits ahmt sie die o.a. Stellung der Sprechorgane (Enge und Länge) und die Richtung des Ausatmungsstromes (schräg nach unten) beim U-Laut nach.

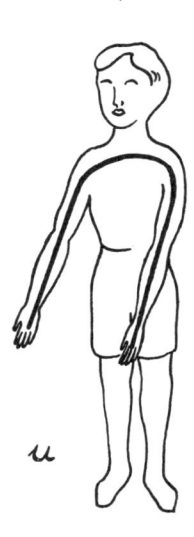

531 **Vokal O**
O-Lautgebärde:
Ein Oh! entringt sich dem vor Freude überraschten Kind, wenn es beispielsweise eine Puppe liebevoll in seine Arme schließt.
Darstellung der O-Lautgebärde:
Die weit umgreifenden Arme schließen sich, formen ein O nach und zeigen etwas schräg nach unten, Stellung etwas höher als beim U.

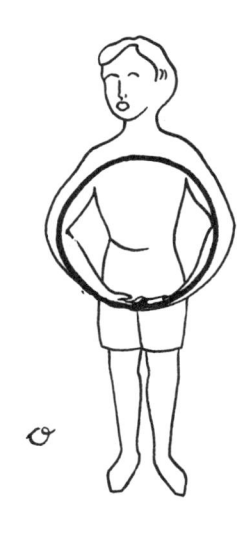

532 **Vokal A**
A-Lautgebärde:
Ein freudiges Ah! lassen wir ertönen, wenn wir mit einladender Gebärde und offenen Armen einen lieben Freund empfangen.
Darstellung der A-Lautgebärde:
Die Arme sind weit geöffnet, nach vorn gestreckt, Handteller zeigen nach oben, etwas tiefer als die Waagerechte, höher als die Stellung des O, Grätschstellung der Beine.

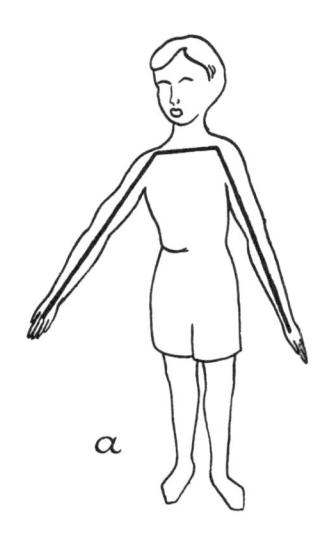

533 **Vokal E**
E-Lautgebärde:
Verschränken der Füße und Kreuzen der beiden Arme als Ausdruck des plötzlichen Stehenbleibens und Erschreckens.

106 *Material zur Einprägung der Laute und Buchstaben*

In diesen Zusammenhang paßt eine merkwürdige Beobachtung: Ein Redner, der „steckenbleibt", sucht die entstehenden Pausen mit Vorliebe durch ein eingestreutes E auszufüllen.

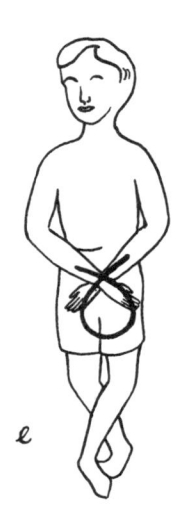

534 Vokal I

I-Lautgebärde:
Heben des rechten Armes mit ausgestrecktem Zeigefinger bei aufrechter, selbstbewußter Haltung.

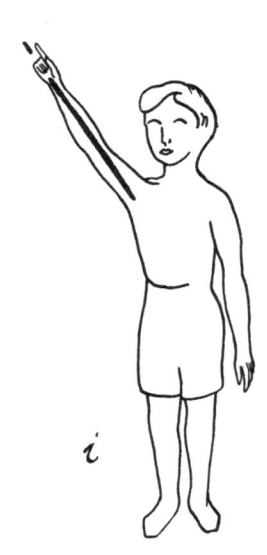

535 ie

Darstellung des Lautes ie:
Der rechte Arm stellt die i-Lautgebärde dar. Der linke Zeigefinger kreuzt den rechten ausgestreckten Zeigefinger. Die Kreuzung ist das Symbol für das E.

Aus Gründen der besseren Veranschaulichung und insbesondere der besseren Gestaltgliederung der Wörter und Silben wurde jedem Vokal nach seiner Klangfarbe – vom u zum i aufhellend – eine Farbe zugeordnet:
u = schwarz, o = dunkelblau, a = rot, e = hellbraun, i = hellgelb, ei = orange, au = hellgrün, eu = dunkelgrün
Die Silben erhalten die Farbe ihres Vokales.
Während die Lautgestalten der Vokale *innere* Gefühlsregungen des Ich verkörpern, wirkt bei den Konsonanten, den Mitklingenden, die *äußere* Welt auf das Ich ein.

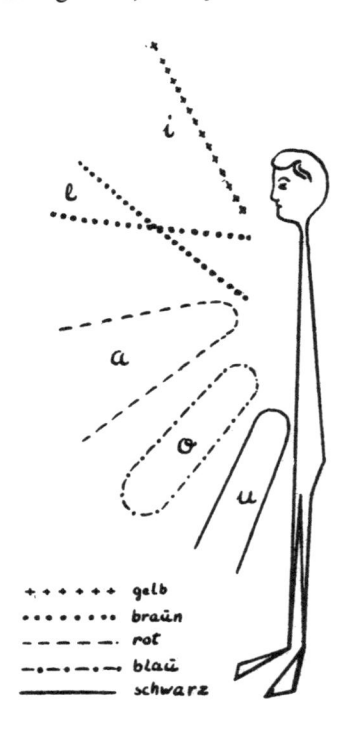

Was da draußen geschieht, das Wehen des Windes, das Flackern des Feuers, das Zucken der Blitze usw., strömt durch die Konsonanten in das Ich hinein. Die Eigenart der Mitlaute ist die *Bewegung*, die *Form*. Die Eigenart der Vokale ist die *Ruhe* und die *Farbe*. Diese Merkmale haben wir bei der Gestaltung der Lautgebärden beachtet.

Die Vokale sind *ruhende, statische* Zeichen mit *räumlicher* und *farbiger* Differenzierung, die Konsonanten dagegen sind *bewegliche, dynamische* Zeichen.

Aus dieser unterschiedlichen Darstellung der Vokale und Konsonanten ergeben sich einige wesentliche Vorteile für die Verwendung von Lautgebärden im Erstleseunterricht:

1. Die statischen Vokalgebärden ermöglichen, geschlossene Vokale langandauernd darzustellen und offene Vokale kurzfristig.
2. Die zwischen Bewegung (Konsonanten) und Ruhe (Vokale), also zwischen Spannung und Entspannung abwechselnden Lautgebärden begünstigen den Zusammenfluß der Bewegungen zu einer Bewegungsgestalt. Dadurch wird ein besserer Vollzug der Lautsynthese erreicht als mit den *Kochschen* Finger- und Handzeichen, bei denen gewisse Mängel in der kontinuierlichen Koordination zwischen Vokalen und Konsonanten bestehen.

Umlaute

536 *Die Umlaute ü, ö, ä*

Der Umlaut wird phonetisch aus dem i entwickelt. Bei der motorischen Darstellung des Ü wird jedoch vom geschriebenen U ausgegangen, da Rechtschreibfehler erfahrungsgemäß häufiger vorkommen und in diesem Falle schwerwiegender sind als Aussprachefehler.

Darstellung der Ü-Lautgebärde:
Das Ü wird zunächst dargestellt wie das U. Zusätzlich werden die Daumen abgespreizt. Dadurch soll eine Assoziation zu den Ü-Strichen hergestellt werden und außerdem sollen die aufwärtszeigenden Daumen eine phonetische Verwandtschaft zum i erkennen lassen.

Ebenfalls durch Abspreizen der Daumen wird aus dem O das Ö und aus dem A das Ä gebildet.

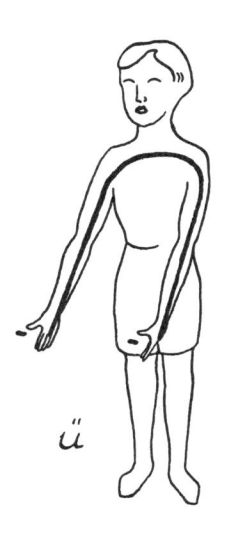

Doppellaute

537 *Die Doppellaute ei und ai*

Als Ausruf ist das Ei auf seinem freudigen Pol der Laut der angenehmen Verwunderung, ein Laut, der Schönes, Strahlendes, Gutes verheißt (wie in Feier, „Eia Weihnacht!"). Kindern und Tieren gegenüber drückt der Ausruf ei Zärtlichkeit aus; er ist also besonders an Wiegen und Nestern zu hören.

Darstellung der Ei-Lautgebärde:
Dieser Lautwesencharakter wird in einer Gebärde des Streichelns zum Ausdruck gebracht. Die rechte Hand vollführt mit der Handfläche nach unten aus der gekreuzten Stellung des E heraus eine sanft streichende, etwas aufwärtsführende, zum i hindeutende Bewegung.

Beim Laut Ai wird erst kurz das A (geöffnete Arme) angedeutet und dann sofort in die Ei-Bewegung übergegangen.

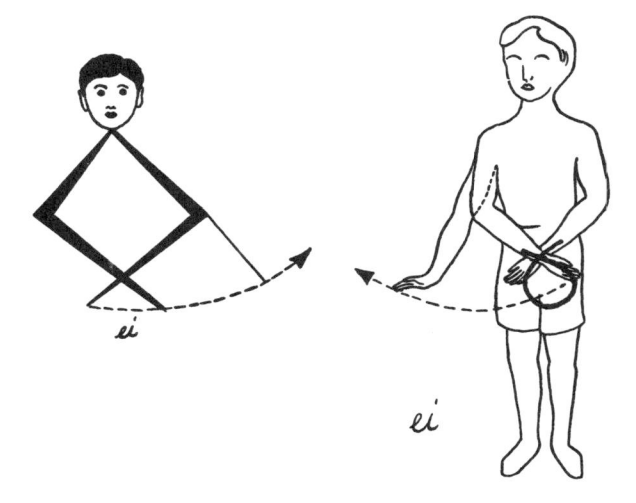

Ei-Lautgebärde aus dem E entwickelt.

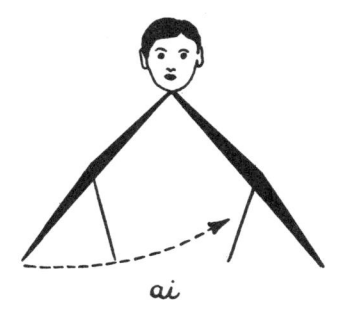

Ai-Lautgebärde aus dem A entwickelt.

538 Der Doppellaut au

Das Au drückt Schmerz aus, der dem Körper durch äußere Einwirkung zugefügt wird.
Darstellung der au-Lautgebärde:
Beide Hände werden von der A-Stellung aus (Andeuten des A durch ausgebreitete Arme) vor das Gesicht geführt, wobei die eine Hand eine abwehrende Haltung (Handteller zeigt nach vorn) und die andere Hand eine das Gesicht schützende Haltung einnimmt (Handteller zeigt auf den Körper zu).
Beispiel: Abwehrende und schützende Haltung, wenn ein Kind mit Schneebällen beworfen wird.

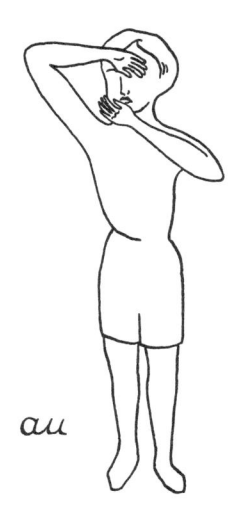

539 Die Doppellaute eu und äu

Das Eu drückt in dem Ausruf des Verkündigungsengels „Ich verkündige *euch heute* eine große *Freude!*" Erstaunen und Verwunderung aus.
Darstellung der Eu-Lautgebärde:

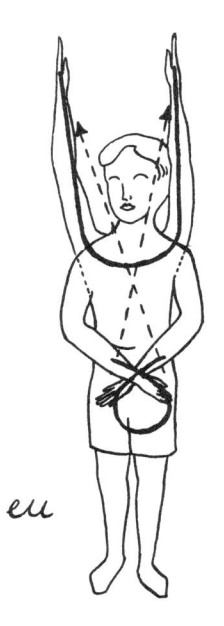

Beim Eu deuten wir die E-Stellung an und heben sofort beide Arme in die Höhe zur hochgestellten U-Geste.
Darstellung der Äu-Lautgebärde:
Das Äu wird ähnlich verkörpert wie das Eu, nur mit der Ausgangsstellung des Ä.

Konsonanten

540 Der Hauchlaut h

Darstellung der H-Lautgebärde:
Anhauchen der linken inneren Handfläche, die langsam in die Nähe des Mundes geführt wird oder auch vom Munde weg (besonders beim Anlaut-H zum folgenden Selbstlaut, z. B.: Hof). Leichte Gegenstände (Papierschnitzel, Watte, Federn usw.) lassen sich forthauchen.

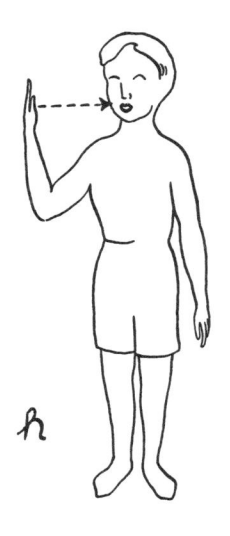

541 Der stimmhafte Reibelaut w

Darstellung der W-Lautgebärde:
Diese Wellenbewegung, die der wehende Wind hervorbringt, dieses Auf und Ab, Hin- und Herwogen, wird von der rechten Hand nachgefahren.

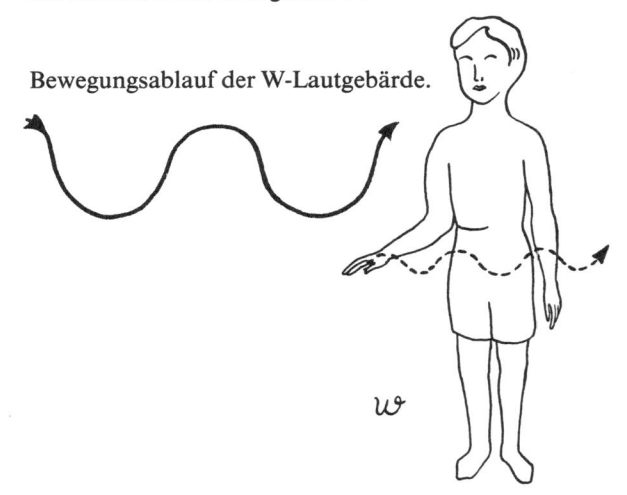

Bewegungsablauf der W-Lautgebärde.

Diese anschauliche Lautgebärde regt die Schüler sowohl in sprechmotorischer als auch in schreibmotorischer Hinsicht an.

Leider lassen sich die Bewegungen auf der Photographie nicht erkennen, so daß wir auf die Skizze verweisen, die den Bewegungsablauf andeutet.

542 Der stimmlose Reibelaut f

Darstellung der F-Lautgebärde:
Bei der Darstellung des Märchens „Vom dicken, fetten Pfannekuchen" wurde das Anfachen des Feuers sprachlich durch die Worte „Flicker, flacker, Feuerlein" ausgedrückt und der fauchende Luftstrom mit beiden vom Mund wegführenden Händen dargestellt, wodurch die nach oben zeigenden, stark bewegten Finger das Züngelein der Flammen nachahmen.

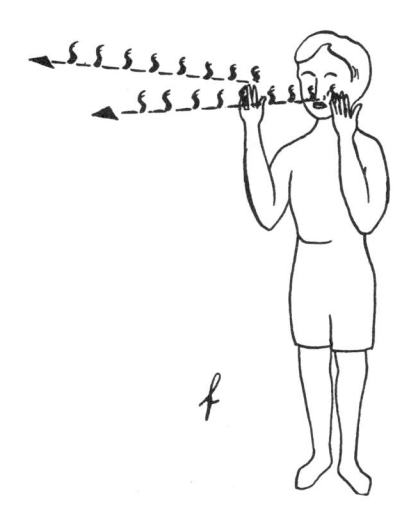

543 Der stimmlose Reibelaut v

Der stimmlose Reibelaut f wird in der Schrift mit f oder v bezeichnet. In deutschen Wörtern besteht kein Unterschied in der Aussprache zwischen f und v: *Feind – Vater, fliegen – Vogel, vier – fünf.*

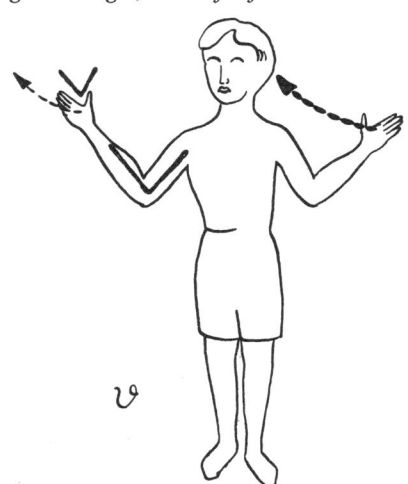

Darstellung der V-Lautgebärde:
Beim Laut v – wir bezeichnen ihn als Vogel-V – ahmen wir die V-förmigen Schwingen eines Vogels nach, indem wir die Daumen der nach oben gestreckten Hände abspreizen und sie im Vogelflug bewegen.

544 Der Reibelaut s und ß

Darstellung der S-Lautgebärde:
Die Kinder ahmen die Schlangenbewegung mit der rechten Hand und dem ausgestreckten Zeigefinger nach, indem sie plastisch mit dem Körper die S-Windung nachlaufen, „mit dem Körper in den Laut hineinschwingen" *(Steiner).* Aus zweierlei Gründen wurde von der schreibmotorischen Richtung, die beim S-Laut von oben nach unten verläuft, abgegangen:
1. um eine Verwechslung mit der Z-Gebärde zu vermeiden,
2. um vor allem die Darstellung des ß-Lautes aus dem S-Laut heraus entwickeln zu können.

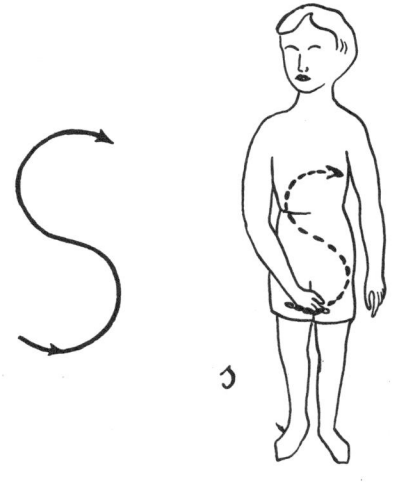

Bewegungsrichtung der S-Lautgebärde von *unten* nach *oben.*

Darstellung der ß-Lautgebärde:
Ausführung der S-Lautgebärde und weiterführen der rechten Hand nach oben und umbiegen nach unten als Nachahmung des „Rucksackes" des ß. Für den stimmhaften S-Laut wurde keine zusätzliche Gebärde eingeführt, da es ja für ihn auch kein besonderes Schriftzeichen gibt. Phonetischer Hinweis auf das Summen der Bienen.

Bewegungsrichtung der ß-Lautgebärde.

Material zur Einprägung der Laute und Buchstaben

545 Der Laut z

Darstellung der Z-Lautgebärde:
Die Lautgebärde ahmt die Zick-Zack-Bewegung des zuckenden Blitzes nach, der einen Baum zersplittert. Die rechte Hand führt ruckartig die Z-Bewegung mit ihrer scharf abgesetzten Richtungsänderung aus, wobei die Schüler an das Zeichen „Achtung! Lebensgefahr!" an Hochspannungsleitungen erinnert werden.

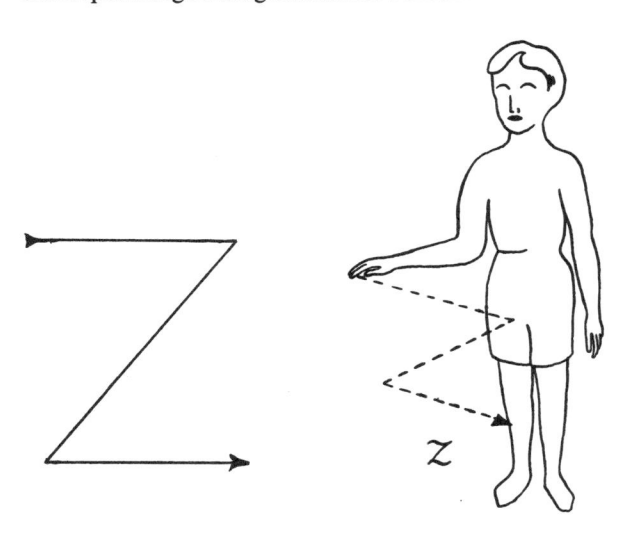

Bewegungsrichtung der Z-Lautgebärde.

546 Der stimmlose Reibelaut sch

Darstellung der Sch-Lautgebärde:
Die Schüler umfassen, in gebückter Haltung beginnend und sich dann nach und nach aufrichtend, mit beiden Armen bildlich einen Schornstein, aus dem die Luft nach oben entweicht.

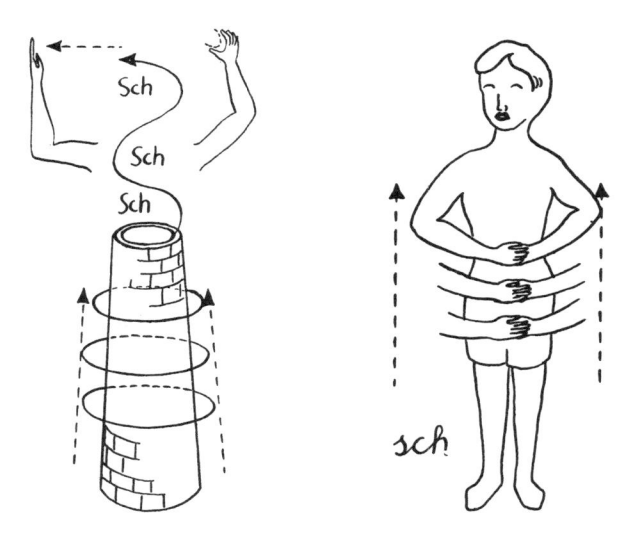

Schematische Darstellung der Sch-Lautgebärde.

547 Der Reibelaut j

Beim stimmhaften Reibelaut j liegt die Zungenspitze etwas höher als beim i. Die Lippen und Zähne sind leicht geöffnet.
Darstellung der J-Lautgebärde:
Die Lautgebärde ahmt das Juhu- oder Juhérufen nach durch Erheben des rechten Armes mit herabhängender Hand. Bei der Einzeldarstellung des J winken die Schüler mit der Hand, bei der Lautsynthese wird die winkende Bewegung stark verkürzt. Das Handzeichen für J stellt eine grob vereinfachte Form des optischen Buchstabenbildes J dar und bietet somit eine schreibmotorische Anregung für die graphische Fixierung des Lautes.

548 Der stimmlose Reibelaut ch

Darstellung der Ch-Lautgebärde:
Den *Rachenlaut ch* hören wir beim *Keuchen, Röcheln, Hecheln* und *Schnarchen* eines halskranken Kindes. Die linke Hand, leicht geöffnet wie die Form eines c, nähert sich dem Hals, während die rechte Hand nachfolgend vor den Mund geführt wird (H-Gebärde!).

549 Der stimmhafte Zitterlaut r
Darstellung der R-Lautgebärde:
Die R-Lautgebärde ist eine seinem Bewegungssinn entsprechend vom Körper fortrollende kreisförmige Bewegung, wobei *ein* Kreis *ein* R, *zwei* Kreise rr bedeuten. Die kreisende Bewegung wird mit dem rechten Arm vom Körper weg ausgeführt.

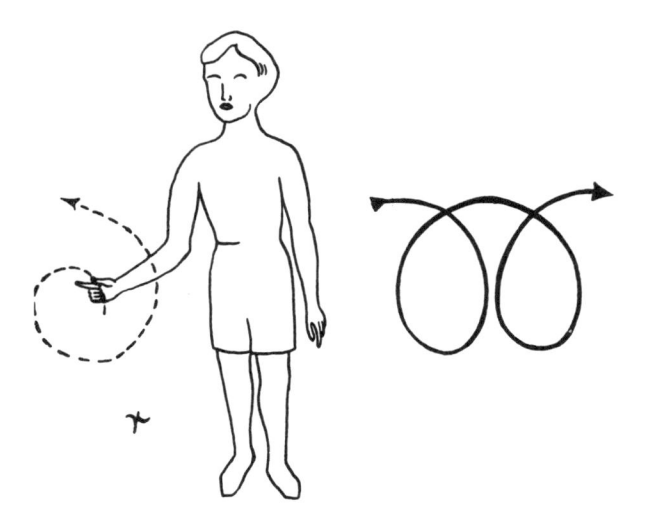

Schematische Darstellung der R-Lautgebärde: Drehende Kreisbewegung vom Körper weg.

550 Der L-Laut
Darstellung der L-Lautgebärde:
Die Anregung zur L-Gebärde ging von der Tätigkeit aus „Wir wollen Wolle aufwickeln". Die Kinder hielten die linke Hand still und bewegten die rechte Hand gleichmäßig um die linke, wobei sich eine L-Schreibbewegung herauskristallisierte.

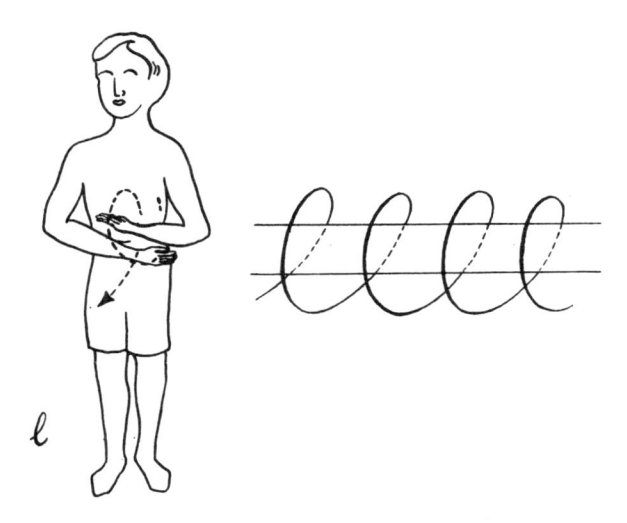

Schematische Darstellung der L-Lautgebärde: Um die linke Hand ausgeführte L-artige Wickelbewegungen.

551 Der Nasenlaut m
Darstellung der M-Lautgebärde:
Fehldiagnostische Untersuchungen ergeben häufige Verwechslungen des M und N. Aus diesem Grunde wird die Lautgebärde, abweichend vom oben beschriebenen Lautwesenscharakter, den didaktischen Forderungen angepaßt. Drei ausgestreckte Finger der rechten Hand (sie bedeuten die drei Grundstriche des M) werden mit leicht angewinkeltem Arm von links nach rechts vor dem geschlossenen Mund (ohne ihn zu berühren!) vorbeigeführt. Bei mm zweimal, also erst von links nach rechts, dann von rechts nach links. Veranschaulichung des M: Behagliches Brummen der Kuh beim Malmen des Futters (geschlossener Mund!) hinter dem Zaun (drei Finger!).

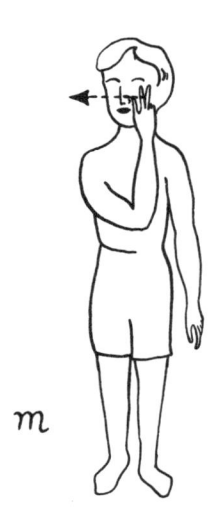

552 Der Nasenlaut n
Darstellung der N-Lautgebärde:
Die Gründe für die Gestaltung der N-Gebärde sind die gleichen wie bei der M-Gebärde. Zwei ausgestreckte

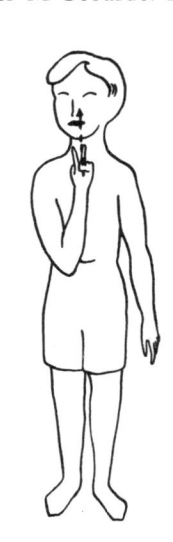

112 *Material zur Einprägung der Laute und Buchstaben*

Finger der rechten Hand bewegen sich von unten nach oben an den sichtbaren Zahnreihen vorbei in Richtung Nase.
Analog zum M werden auch bei der N-Gebärde den Schülern drei Hilfen angeboten:

1. Phonetische Hilfe:
m bedeutet *M*und schließen.
n bedeutet Zäh*n*e zeigen.

2. Schreibmotorische Hilfe:
3 Finger bedeuten 3 Grundstriche des M.
2 Finger bedeuten 2 Grundstriche des N.

3. Assoziative Gedächtnishilfe:
m zeigt zum *M*und.
n zeigt zur *N*ase.

553 Der Nasenlaut ng
Der velare Nasal *ng* ist ein *einheitlicher* Laut, keine Lautverbindung. Durch das Heben des hinteren Zungenrückens gegen den weichen Gaumen wird der Mundraum stärker verschlossen und verengt als beim Nasal n. Dieser Grundcharakter dieser verstärkten Verengung zeigt sich in den Wörtern: *eng, zwingen, ringen, Angst, bang, Ring, streng.*
Darstellung der ng-Lautgebärde:
Darstellung wie beim N, dabei Schließen der beiden abgespreizten Finger (die Enge andeutend) und Bewegen des angewinkelten Armes etwas nach unten (Grundstrich vom G).

554 Der stimmlose Verschlußlaut p
Darstellung der P-Lautgebärde:
Wir puffen mit der Faust der rechten Hand auf den schräg nach unten gehaltenen linken Arm, wobei die Schriftform des P vom gegenüberstehenden Schüler abzulesen ist.

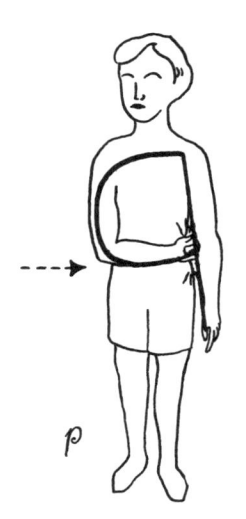

555 Der stimmhafte Verschlußlaut b
Darstellung der B-Lautgebärde:
Die Schüler tragen mit beiden Armen ein in seinem Bettkissen geborgenes Baby mit einhüllender Gebärde und den Atemrhythmus nachahmender Bewegung.
In einer reinen Jungenklasse wurde eine andere Einführung des B gewählt. Der Lehrer wirft einem Jungen ein Kissen zu. Die Hände umfassen, umhüllen es. Die doppelbauchige eingedrückte Form des B entsteht.

556 Der stimmlose Verschlußlaut t
Darstellung der T-Lautgebärde:
Bei der motorischen Darstellung des T wurde der deutlich hörbare Schlag, wie er in auffällig vielen Beispielen aus der Musik wiederkehrt, einbezogen. Die beiden nach vorn ausgestreckten Hände (entsprechend der langgestreckten Schriftform des T) klatschen einmal kräftig zusammen (beim tt zweimal).

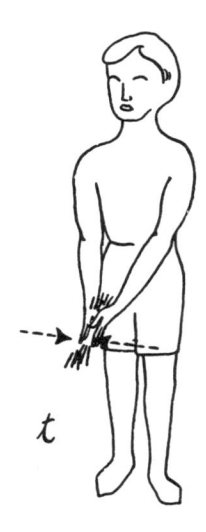

557 Der stimmhafte Verschlußlaut d
Darstellung der D-Lautgebärde:
Die rechte innere Handfläche schlägt leicht (entsprechend der leichten Verschlußsprengung des stimmhaften D) auf die linke äußere Handfläche, wobei der angewinkelte linke Unterarm gestreckt ist und der rechte Arm gekrümmt wird (Schriftform des D).

558 Der stimmlose Verschlußlaut k
Darstellung der K-Lautgebärde:
Die K-Lautgebärde wird in Form eines heftig nach unten geführten Schlages mit der Unterkante der rechten Hand ausgeführt, wobei mit dem Fuß aufgestampft wird, als ob man einen Nußkern aufknacken will. Das ck wird ähnlich ausgeführt, nur mit einer etwas abgekrümmten Schlagbewegung, die Rundung des c nachahmend.

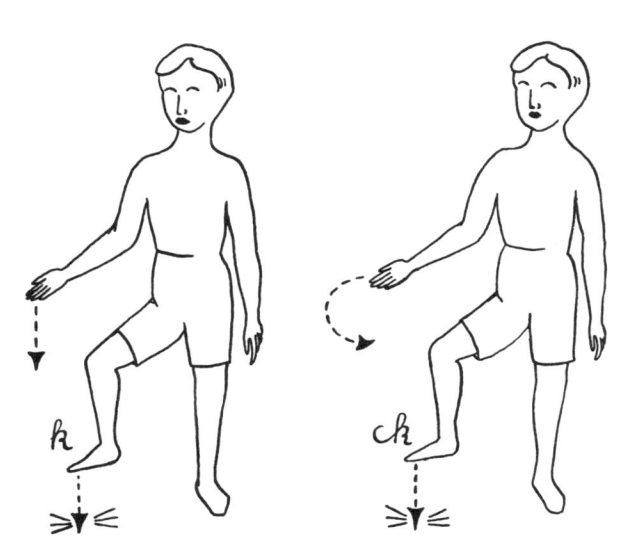

559 Der stimmhafte Verschlußlaut g
Darstellung der G-Lautgebärde:
Die Kinder ahmen das Aufziehen einer Gardine nach. Die Fingerknöchel schlagen leicht aneinander, die Armen öffnen sich etwas.

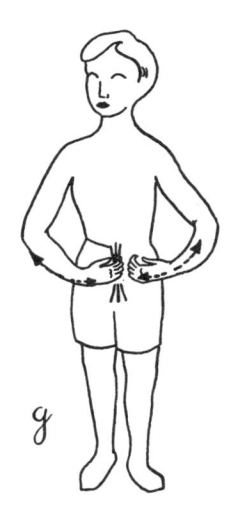

3. Spezielles Übungswortmaterial

Die hier vorgeschlagenen Wörter wurden für einen akustisch-sprechmotorischen Zusatzlehrgang im 1. Schuljahr zusammengestellt (vgl. Blumenstock 1979, S. A 32).

3.1. Wortmaterial für die Anfangs- und Endlautanalyse

Anfangslaute:

560	A	Affe, Ast, Ampel, Amerika, Apfel, Antenne, Anna
561	B:	Boot, Banane, baden, Birne
562	D:	dick, Dose
563	E:	Esel, Elefant, Eskimo, Eva, Ente, Emil
564	F:	Fisch, Faß, fein, Fluß, Flugzeug, Flasche
565	G:	Gabel, Garten, gelb
566	H:	Hammer, Hans, Haus
567	I:	Igel
568	J:	Jäger
569	K:	Katze, Kamel, Knochen, Käfer, Krokodil, kaufen
570	L:	Löffel, Laus, laufen
571	M:	Maus, Mond, Mama, Mutter, Mütze, malen, Motorrad, mit, Maschine, Mauer, Mehl, Messer, Mantel, Mädchen
572	N:	Nest, Nagel, Netz, Nase, nein, Nacht
573	O:	Oma, Opa, Ofen
574	P:	Pinsel, Papa, Platz, Pulli
575	R:	Regen, Roller, Rakete, Ritter, Rock
576	S:	See, Sofa, Sonne, Salat, Susi
577	T:	Tisch, Tafel, Tor, tragen, Taube, Telefon, Tür
578	U:	Uhu, Uhr, Uli
579	W:	Wagen, weiß
580	Z:	Zahn, Zweig, Zirkus
581	Au:	Auto, auf, Auge
582	Ei:	Eisen, Eis, Eisenbahn, Eimer
583	Ö:	Öl
584	Sch:	Schule, Schuh, schmal

Endlaute:

585	A:	Amerika, Oma, Mama, Anna, Christina, Regina, Ursula, da, lila, prima
586	E:	See, Affe, Banane, Löwe, Birne, Käse
587	F:	Schaf, fünf, Schiff, zwölf
588	K:	Sack, Anorak
589	L:	Krokodil, Pinsel, Ball, Esel, Löffel
590	M:	Baum, im
591	N:	Lebkuchen, Eltern, Laden
592	O:	Otto, Eskimo, Auto
593	R:	Uhr, Bär, Anker, Feder, Kinder, Tier
594	S:	Hans, Bus, Gas, Gans, Maus, Eis, Fels
595	T:	Wurst, Hut, mit, rot, halt, Heft, Licht, Bett
596	U:	Uhu, Kanu, mu, du
597	Z:	Herz, Pilz

Es ist bei den Maßnahmen der akustischen Analyse nicht notwendig, alle vorkommenden Anfangs- und Endlaute zu berücksichtigen. Es genügt, die wichtigsten Laute an ausgewählten Beispielen in den Unterricht einzubeziehen.

3.2. Wortmaterial für die Lautdiskrimination
(ähnliche Wörter)

Kino–Kilo	Rübe–Rabe
Kuchen–Gurke	Scheibe–schaben
Seite–Seide	Nebel–Nabel
reizen–reisen	Bad–Rad
Saal–Zahl	Tor–Tür
aus–Haus	Gabe–Gabel
so–Zoo	Wagen–nagen
mein–nein	tüchtig–richtig
Mama–Anna	fressen–Ferse
im–in	Frucht–Furcht
Magen–nagen	Flasche–falsche
Wolke–folgen	Frucht–Furcht
Weste–fest	Blei–Beil
Kirche–Kirsche	bringen–Birne
Feier–Feuer	blind–Bild
vier–für	klar–kalt
Bude–Butter	Reis–Kreis
Nudel–Nadel	grau–rauh
Made–Mode	Gleise–leise
melken–melden	Glas–Gras
neun–nein	Gas–Gras
Netz–Nest	Klaus–Laus
Wade–Wabe	Glanz–ganz
rasen–reisen	

3.3. Wortmaterial für die Einführung in die Analyse und Synthese

(vgl. auch Blumenstock 1979, A 33 und Vestner 1975, S. 120 ff.)

Einsilbige Wörter:
im, am, ist, ein, wo, bei, so, in, um, bei, nun, nein, das, rot, wir, mit, und, aus, du
Tor, Bär, Hut, Fisch, Schal, Maus, Baum, Bus, Tisch, Busch, Hof, Schaf, Haus, Gas, Öl, Bad, Eis, Wein, Tür, Buch, Bein, Zaun

Zweisilbige Wörter:
Opa, Oma, Auto, Evi, Eva, Uli, Ali, Ina, Uta, Udo Mama, Papa, Sofa, lila, Susi, rosa, Kilo, Otto, Foto, Kino, Büro, Schere, Rose, Käse, Nase, Löwe, Hose, Dame

Zweisilbige Wörter mit geschlossener zweiter Silbe
Kamel, Gabel, Salat, Igel, Pudel, Motor, Paket, Doris

Einsilbige Wörter mit Übergangskonsonant
Ast, Pilz, Arm, Holz, Wolf, Heft, Saft, Luft, Milch, Hals, Wort, Turm, ist, Glas, fest, Kopf, Licht, Mond, Pelz, Post, Rost, Schlaf, Topf, uns, Wolf, Lars

4. Grundwortschatzlisten

4.1. Minimalwortschatz

Die Wortliste (99 Wörter) wurde durch folgendes Vorgehen erstellt (vgl. Rathenow, in: Naegele 1981, S. 149):

– Analyse des Wortschatzes gebräuchlicher Fibeln,
– Analyse tatsächlich geschriebener Diktate des ersten Schuljahres
– Vergleich beider Wortschätze auf Gemeinsamkeiten

Die Liste stellt zugleich einen Lese- und Rechtschreibminimalwortschatz dar.

alle, alles, am, an, aus, Auto.
baden, Ball, bauen, Baum, Bett.
da, das, den, der, die.
Ei, Eimer, ein, einen, Eis, er, es.
fallen, fein, für.
Garten, gehen, groß, gut.
haben, Hase, hat, Haus, helfen, holen, holt.
im, in, ist.
ja.
kann, kaufen, kein(e), Kind, kommen, kochen.
lachen, laufen, los.
malen, Maus, mein, meinen, mit, Mund, Mutter.
nach, Nase, neu, nicht, nun, nur.
oben.
Platz (Plätzchen).
Rad, rot.
Sand, sausen, sein(e), sie, sind, singen, so, Sonne, spielen.
Schiff, schön, Schnee, Schule.
Tisch, Tür.
und.
Vater, von, vor.
was, waschen, Wasser, weinen, weiß, wie, will, Wind, wir, wo.
Zaun, zu, zwei.

Wortschatzlisten für die Rechtschreibung des 2. bis 4. Schuljahres finden sich bei Rathenow, in: Naegele 1981, S. 150–153.

4.2. Grundwortschatz der deutschen Umgangssprache

Die folgende Wortliste wurde von Plickat (1980) veröffentlicht und beruht auf der Auswertung von fünf Sprachquellen (vgl. Plickat 1980, S. 10). Es dürfte sich dabei „wirklich (um) die am häufigsten gebrauchten Wörter des Standarddeutschen" handeln (Plickat, S. 10).

Abend	da, dabei	fallen
aber	damals	fast
allein	danken	fehlen
als	dann	Fenster
also	daran	fertig
alt	darauf	Fest
an	darin	fest
andere/andre	darüber	Feuer
Anfang	darum	finden
Angst	denken	fragen
Antwort	denn	Frau
Arbeit	der	frei
arbeiten	deutsch	freuen
Arbeiter	Dezember	Freund
Arzt	dies	früh
auch	doch	führen
auf	dort	für
aus	du	
	durch	ganz
bei	dürfen	gar
beide		Garten
Beispiel	eigene	geben
besonders	eigentlich	Gefahr
Besuch	einfach	gefallen
Bett	einige	gegen
Bild	einmal	gehen
bitten	Eltern	Geld
bleiben	Ende	genau
Blume	Ernst	genug
Boden	erste	gerade
brauchen	erzählen	gern
Brief	es	Geschäft
bringen	essen	gestern
Bruder	etwa	gesund
	etwas	gewinnen

Glück
Grenze
groß
Grund
gut

haben
halb
halten
Hand
handeln
Haus
heißen
helfen
heraus
Herz
heute
hier
Himmel
hin
hinter
hoch
hören
hundert

ich
ihr
immer
in

ja
Jahr
jeder
jemand
jetzt
jung
Junge
Juni

kalt
kein
kennen
Kind
klar
klein
können
Kopf
Kosten
krank

lachen
Land
lang
lassen
laufen

laut
Leben
leben
legen
leicht
Leid
leiden
lernen
lesen
letzter
Leute
Licht
lieben
Luft

machen
Mädchen
manch
manchmal
Mann
Mark
Mensch
mit
möglich
Monat
Morgen
morgen
Mühe
Musik
Mutter

nach
Nacht
Name
Nase
neben
nehmen
nein
neu
nicht
nichts
nie
noch
nun
nur

ob
oben
oder
oft
ohne
Ordnung

paar
Pfennig

Platz
plötzlich
Preis

rechts
richtige
ruhig

Sache
scheinen
Schiff
schlecht
schließen
Schluß
schnell
schon
schön
schreiben
Schule
schwer
Schwester
sehen
sehr
sein
seit
Seite
selber
September
sich
sicher
sie
sitzen
so
Sohn
Soldat
sollen
Sommer
sondern
Sonne
sonst
spät
Spiel
spielen
sprechen
Staat
Stadt
stark
stehen
Stelle
stellen
Straße
Stück
Stunde

Tag
tausend
Teil
Tier
Tisch
Tochter
tot
tragen
trinken
trotzdem
tun
Tür

über
überall
Uhr
um
und
uns
unten

Vater
vergessen
verlieren
viel

vielleicht
Volk
voll
vorher

Wagen
während
wann
warten
was
Wasser
Weg
weg
wegen
weil
weiß
weit
welche
Welt
wenig
wenn
wer
werden
Wetter
wie

wieder
wir
wirklich
Wissen
wissen
wo
Woche
wohl
Wohnung
Wort

Zahl
zehn
Zeit
Zeitung
ziehen
Zimmer
zu
zuerst
Zug
zurück
zusammen
zwar
zwischen

IV Materialanhang

1. Leselehrgänge

(Beschränkung auf einige neuere, dem Verfasser bekannte Lehrgänge)

CVK-Leselehrgang
Autor: Hans Vestner
Verlag Cornelsen-Velhagen u. Klasing, Berlin-Bielefeld 1973

Materialien:

Schülerarbeitsblätter mit zusätzlichen Übungsblättern
gelochte Einzelblätter zum Abheften, DIN A4, Bebilderung schwarzweiß

Lehrerhandbuch

Bild-Wort-Karten für den Schüler:
Pappe, 7 mal 7 cm,
Vorderseite Bild, Rückseite Wort in Druck- und Schreibschrift

Lesekasten für den Schüler:
Buchstaben des Alphabets und Häufigkeitswörter (ziemlich klein und für den Schüler schwer handhabbar)

45 Tafelwortkarten zur Demonstration:
aus Pappe mit Haftmaterial zum Anbringen an der Flanelltafel; auch mit Klebemagneten für Magnettafel

Anschlußlesestoffe:
Lesehefte 1 und 2: Was wir gerne haben (mit Lehrerbegleitheft)
Claudia und Frank – 20 Geschichten von 2 Kindern (aus dem Alltagsleben)

Kommentar:

Lehrgang sehr zielbewußt auf Einsicht in die Struktur der Buchstabenschrift ausgerichtet (Beziehungen zwischen Buchstaben- und Lautstruktur)
Verzicht auf vorbereitende Stufung des Lehrgangs, Verbindung von Lesen und Schreiben, Befürwortung des Druckschreibens
Ziel ist das möglichst rasche selbständige Erlesen von Texten.

Niedriger Steilheitsgrad, systematische Stufung der Schwierigkeiten
sehr übersichtliche Gestaltung der Arbeitsblätter
besonders am Anfang sehr wenig Text, Trennung von Text und Bild
Bild-Wort-Karten sowie Anschlußlesestoffe lassen sich lehrgangsunabhängig einsetzen.

System Radigk
Autoren: W. Radigk/B. Postma/R. Knebel
Düsseldorf: Schwann 1973

Materialien:

Arbeitsfibel
(lose Blätter, DIN A6, für Ringordner),
bestehend aus *Synthesevorsatz, Grundteil, Ergänzungsteil 1 und 2,* schwarzweiße Umrißgraphik zum Ausmalen, als Arbeitsfibel angelegt, Zeichnungen sehr einfach und klar, Prima-Druckschrift, Bild und Text getrennt.

Lehrerhandbuch

Arbeitstransparente:
Nachdrucke der Fibelseiten

Bild-Wort-Karten:
DIN A4, schwarz-weiß, Prima-Druckschrift, auch unabhängig vom Lehrgang verwendbar.

Schreib-Lese-Übungskartei:
28 Übungskarten zum Lesen und Schreiben von Häufigkeitswörtern

Tonbandprogramm:
10 Kassetten mit Arbeitsblättern (DIN A5) zur Gruppen- bzw. Individualarbeit an Buchstaben und Lauten

Schreiblehrgang zur Parallelführung von Lesen und Schreiben

Geschichten zum Lesen, Schreiben und Diktieren:
Ausschnitte aus dem Lernmaterial der Arbeitsfibel

Lesetexte:
Ein Lesebuch mit Umweltgeschichten (überwiegend Sachtexte)

Diaserien, Hörszenen und Filme zur Sprachschulung in Verbindung von Sacherschließung, Sprechen und Lesen.

Kommentar:

Der Lehrgang ist – obwohl im Lehrerhandbuch nicht eigens so gekennzeichnet – besonders auf die Bedürfnisse der Sonderschule ausgerichtet. Er wurde aber auch in Grundschulklassen erprobt (Radigk, W.: Lesenlernen ohne Versagen? Hannover: Schroedel 1978). Die Materialien sind ungewöhnlich reichhaltig und ordnen Lesen und Schreiben in eine grundlegende Spracherziehungsarbeit ein. Das Übungsmaterial ist sehr breit angelegt. Besonders für die differenzierende Arbeit, vor allem mit LRS-Schülern, können ausgewählte Materialien aus dem Lehrgang von Wert sein.

Lesen mit Uli
Autor: Ilse Herrndobler
Paul List Verlag, München 1976

Materialien:

Fibel zur Durchführung des Leselehrgangs
Teil 2 der Fibel: „Ich und Du – Du und Ich"
Lesefibel mit Texten und Bildern

Lehrerhandbuch
DIN A4, gelocht, als Einzelblätter verwendbar

Schreiblehrgang „Schreiben mit Uli"

Übungsblätter – Elterninformation

Arbeitstransparente und Arbeitsblätter zur Arbeit an Lauten und Buchstaben

Bildworttafeln zum Grundwortschatz des Lehrgangs
Abbildung und Wort jeweils in Druck- und Schreibschrift untereinander

Uli-Handpuppe

Namenssymbole (Klassensatz)

Kommentar:

Der Lehrgang enthält eine große Anzahl von Grund- und Zusatzmaterialien, darunter auch Übungsblätter, die offenbar zur Durchführung in häuslichem Unterricht gedacht sind (sehr problematisch schon vom Ansatz her: Was geschieht mit den Schülern, deren Eltern zur Mithilfe nicht in der Lage sind?).
Der Lehrgang führt Schreib- und Druckschrift als Leseschrift von Anfang an parallel. Geschrieben wird nur in Schreibschrift, wobei der Schreiblehrgang an den Leselehrgang angehängt ist.
Die Schüler werden von Beginn an mit vier Zeichen für den Laut konfrontiert. Für eine solche Erschwerung besteht keinerlei Notwendigkeit. Die Texte sind nur zum Teil gut, zum Teil inhaltlich recht fragwürdig.
Die Bebilderung ist nahezu ausschließlich auf die Leitfigur Uli ausgerichtet. Häufig wird der Text durch die Bebilderung stark in den Hintergrund gedrängt.
Einzelne Arbeitsmaterialien (z. B. Bildworttafeln, Arbeitstransparente, Namenssymbole) lassen sich gut lehrgangsunabhängig im ergänzenden und differenzierenden Unterricht einsetzen.

> **Leseschritte**
> Autor: Dagmar Mahlstedt
> Weinheim: Beltz 1977

Materialien:

2 Mappen mit Einzelblättern (insgesamt 300 Blätter, DIN A4, gelocht, Schreibschrift) mit einem Vorkurs

Buchstaben- und Wortkärtchen zum Abtrennen

Lesekasten „Das große Abc" (Das gesamte Alphabet in Druck- und Schreibschrift; ein Kasten für den Lehrer enthält das Alphabet in vergrößerter Form.)

Kommentar:

Der Leselehrgang ist sehr gründlich im Detail und enthält zahlreiche Übungen zu wichtigen Lernzielen im Lehrgang.
Er ist zwar für Sonderschulen konzipiert, kann aber als zusätzliches Übungsmaterial für Fördergruppen im 1. Schuljahr und darüber hinaus bei leseschwachen Schülern eingesetzt werden.
Besonders der Vorkurs bietet sehr einfache, für besonders lernschwache Schüler verwendbare Übungen zur Einführung von Lauten und zur grundlegenden Schulung der Analyse und Synthese.
Die Blätter sind heraustrennbar und daher einzeln einsetzbar.

> **Lesenlernen mit Habakuk**
> (Regensburger Modell)
> Autoren:
> Grimm/Marcinowski/Marenbach/Rüdiger
> Frankfurt: Diesterweg 1978

Materialien:

Fibel mit Texten, sehr bunt bebildert (lustige Leitfigur Habakuk)

Lehrerhandbuch mit genauen Durchführungsanweisungen

Arbeitsheft (DIN A4) mit gelochten Arbeitsblättern:
Basisaufgaben und Erweiterungsaufgaben für schneller und langsamer lernende Schüler
Schreiblehrgang „Spuren und schreiben" mit Schreibheft (DIN A4)

Lesemappe:
Buchstaben des Alphabets, Kunststoff, ziemlich großformatige Buchstaben, Buchstaben mehrfach vorhanden

79 große Demonstrationsbildkarten (DIN A4, schwarzweiß, aus Karton, lehrgangsunabhängig verwendbar)

48 Folien für Tageslichtprojektor (von Schulbuchseiten des Lehrgangs)

Handpuppe „Habakuk"

24 Kopiervorlagen für Kontrollaufgaben (zur Differenzierung)

Kommentar:

Der Lehrgang ist aus dem Forschungsprojekt CELE (Curriculum Elementare Leseerziehung) hervorgegangen. Er ist gut begründet und aufwendig erstellt und erprobt. Auch die Fülle der Materialien läßt kaum Wünsche übrig. Offenbar versuchte das Autorenteam, alle in der Lesediskussion vorgetragenen Forderungen im Lehrgang zu erfüllen. Dennoch bleiben Probleme:
Die Bebilderung ist oft übertrieben kindlich.
Im Bereich der Methoden finden sich alle Ansätze vom ganzheitlichen Einprägen des Grundwortschatzes (sogar ganzheitliche Gestalteinprägung) über optische und akustische Übungen bis zu ausgesprochen elementistischen Maßnahmen, parallel von Anfang an. Es bleibt dem Lehrer überlassen, das Wesentliche vom Unwesentlichen zu trennen.
Der Steilheitsgrad des verwendeten Wortschatzes liegt ziemlich hoch. Zweifellos bietet der Lehrgang aber – unter der Voraussetzung des gezielten Material- und Übungseinsatzes – reiche Möglichkeiten, auf unterschiedliche Schülervoraussetzungen einzugehen.

Von den Materialien läßt sich die Lesemappe (Buchstaben) auch lehrgangsunabhängig verwenden.
Der sehr gut durchdachte Schreiblehrgang ist auch unabhängig vom Leselehrgang durchführbar (Prinzip des Nachspurens).

Fibelkinder
Autoren: A. Leißl/R. Rauh
München: Oldenbourg 1978

Materialien:

Fibel Teil 1 und 2

Lehrerausgabe jeweils zu Teil 1 und 2 mit zwischengeschossenen Seiten

Arbeitshefte jeweils zu Teil 1 und 2

Bildwortkarten: Bild- und Wortkärtchen, voneinander trennbar

Schülerlesekasten „Lesefreude"

Kommentar:

Im Lehrgang wird das „methodenintegrierende Verfahren" angewendet: Nach einer ganzheitlichen Vorstufe wird versucht, analytisch und synthetisch gerichtete Lernprozesse parallel zu führen.
Die ganzheitlich zu sichernde Wortschatzmenge scheint für einen nicht ausgesprochen ganzheitlichen Lehrgang ziemlich hoch (60 Wörter). Auch die innere Struktur des Anfangswortschatzes ist für analytisch-synthetische Maßnahmen nicht immer günstig (lange und schwierige Wörter). Es scheint problematisch, sowohl ganzheitlich als auch analytisch-synthetisch vorgehen zu wollen.
Die eigentliche Stärke des Werkes liegt in seinen Lesestoffen. Inhalte und Bebilderung sind ausgezeichnet gelungen.
Der Schülerlesekasten ist auch lehrgangsunabhängig verwendbar.

Der Lesespiegel 1
Autoren:
Kurt Maiers/Stephan Kaiser/Margot Kaiser
Klett: Stuttgart 1978

Materialien:

Lesekurs Teil 1 und 2 (mit Schreibfolie)

Lesebuch:
Weiterführende Lesetexte, zum Teil parallel, zum überwiegenden Teil im Anschluß an den Lesekurs zu verwenden.

Lehrerhandbuch mit Begründung des Leselehrverfahrens und genauen didaktisch-methodischen Anleitungen

Stecktafel und Buchstaben

Kommentar:

Der Lehrgang ist überwiegend synthetischen Charakters. Er ist bewußt als offenes Verfahren geplant, das den Lehrer nicht gängeln soll. Der grundlegende Lesekurs, der die Schüler ins Lesen einführen soll, ist sehr systematisch aufgebaut, aber wenig attraktiv gestaltet. Die Anfangslesetexte sind klar nach lesetechnischen Gesichtspunkten aufgebaut.
Das Lesebuch ist graphisch sehr individuell, aber einseitig gestaltet (überwiegend farbige Faltfiguren). Die Umwelt des Kindes kommt vor allem im Bild zu kurz. Lesen und Schreiben sind vom Ansatz her gekoppelt; auf einen eigenen Schreiblehrgang wurde bewußt verzichtet. Der Lehrgang ist gründlich durchdacht, ohne äußere Effekthascherei gemacht und soll die Schüler möglichst bald im Lesen selbständig machen. Vor allem Stecktafel und Buchstaben können auch lehrgangsunabhängig eingesetzt werden.

> **Bunte Fibel**
> Autoren: Will-Beuermann/Hinrichs unter Mitarbeit
> von H. J. Reincke; wissenschaftl. Beratung: R. Valtin
> Hannover: Schroedel 1980

Materialien:

Alle Materialien liegen in Druck- und Schreibschriftausgabe vor.

Fibel:
Lesestoffe, farbig bebildert, Text und Bild übersichtlich getrennt

Arbeitsheft (DIN A 5): Übungsangebot zu wichtigen Lernzielen

Handpuppe „Fu" als Lehrgangsleitfigur

Arbeits- und Spielkasten, bestehend aus Buchstabenkarten, Wortkarten und Leselernspielen: Zu vielfältigen Übungsvariationen einsetzbar, auch lehrgangsunabhängig

Bunte Texte:
Mehrere Einzelhefte zur Erweiterung der Lesefähigkeit besonders interessant: Geschichten ohne Überschrift (Umweltgeschichten, die den Leseanfänger Satz für Satz in das Erlesen und Erfassen von längeren Sinnzusammenhängen einführen.)

Kommentar:

Schrittweise Schwierigkeitsstufung, konsequentes In-Beziehung-Setzen von Buchstaben/Lauten – Wörtern – kleinen Sätzen – Sinn.
Dem „Schlüsselwortverfahren" liegt der vernünftige Gedanke zugrunde, daß die Schüler an wenigen geeigneten Wörtern das Grundprinzip des Lesens erfassen können. Der Lehrgang ist ohne unnötigen äußeren Aufwand klar gestaltet und gut aufgebaut.
Die Einzelhefte zur Erweiterung der Lesefähigkeit sind auch unabhängig vom verwendeten Lehrgang sehr gut einsetzbar.

> **Lesestart**
> Autoren: Thiele/Ricke
> Bochum: Kamp (5. Auflage) 1981

Materialien:

Fibel

Arbeitsheft

Lehrerhandbuch

Kommentar:

Analytisch-synthetische Methode: Aus Ganzwörtern werden sofort Buchstaben und Laute gewonnen. Dabei wird sehr systematisch, bisweilen etwas zügig, vorgegangen. Die Beziehungen zwischen Buchstaben und Lauten werden von Anfang an vermittelt: Ziel ist die Einführung in die Buchstaben-Laut-Struktur der Schriftsprache.
Der Wortschatz ist gezielt im Schwierigkeitsgrad gesteigert.
Die Schüler sollen früh dazu befähigt werden, selbständig zu lesen.
Die Bebilderung ist ansprechend (schöne Fotos).
Im Anschluß an den grundlegenden Leselehrgang wird die Schwierigkeit der Lesetexte recht schnell gesteigert. Texte mittlerer Schwierigkeit sollten zahlreicher vorhanden sein.
Insgesamt dürfte der Lehrgang eher den schneller lernenden Schülern entsprechen.

2. Lehr- und Lernmaterialien

2.1. Materialien ohne Selbstkontrolle

2.1.1. Blätter/Hefte

Kategorie	Buchstabenblätter
Name	**Abc-Blätter für den Unterricht**
Verlag	Beltz Weinheim
Autor	Heyer/Jäger
Bestandteile	32 Kopiervorlagen (DIN A 4) Jeweils ein Buchstabe auf einem Blatt in verschiedenen Schrifttypen und -größen, dazu ein Gegenstand, der den jeweiligen Buchstaben als Anfangslaut enthält; außerdem viele Leerzeilen zum Eintragen von Merkwörtern oder zum Einkleben oder Einzeichnen von Bildern zum Buchstaben.
Unterrichtseinsatz	Geeignet für die Buchstaben- und Lautanalyse sowie für die Buchstaben-Laut-Assoziation; auch als Hilfe für lernschwache Schüler einsetzbar.

Kategorie	Bildmaterial für akustische Übungen
Name	**Akustische Übungen zum Erstleseunterricht**
Verlag	Beltz Weinheim
Autor	Heyer/Jäger
Bestandteile	23 Kopiervorlagen mit gezeichneten bildlichen Vorlagen zum Abhören von Lauten, Lautpositionen, zum Zuordnen von Buchstaben zu Lauten und zu unterschiedlichen Übungen und Spielen vorwiegend mit sprachlich-akustischer Zielsetzung.
Unterrichtseinsatz	Geeignet für die Grundphase des Erstleseunterrichtes sowie als Hilfsmittel für die Förderung lernschwacher Schüler (Alleinarbeit mit Partnerkontrolle)

Kategorie	Bildmaterial für akustische und optische Übungen
Name	**Lauter Laute**
Verlag	Finken Oberursel/Ts.
Autor	Schüttler-Janikulla
Bestandteile	36 Bildblätter (DIN A4) zum Bemalen, Ausschneiden, Ankreuzen, Zuordnen usw. aus Papier (Verbrauchsmaterial) Vorderseite: Bilder von Gegenständen, Tieren, Menschen, Szenen Rückseite: Den Bildern auf der Vorderseite sind die entsprechenden Wortbilder zugeordnet.
Unterrichtseinsatz	Es können sowohl akustische (Vorderseite) wie auch optische Übungen (Rückseite) verschiedener Art durchgeführt werden (Allein-, Partnerarbeit, vorwiegend für kleine Gruppen, besonders im Förderunterricht)

Kategorie	Reimhilfen
Name	**Wer kann reimen?**
Verlag	Verlag Schule und Elternhaus, Kassel-Wilhelmshöhe
Autor	E. Schomburg
Bestandteile	8 Karten (DIN A6) mit Hilfen für Wortreime
Unterrichtseinsatz	Als Übungshilfe und zum differenzierenden Unterricht für Alleinarbeit gut verwendbar.

Kategorie	Kreuzworträtsel			
Name	**200 Rätsel**			
Verlag	Verlag Schule und Elternhaus, Kassel-Wilhelmshöhe			
Autor	E. Schomburg			
Bestandteile	Heft im Kleinformat mit 200 einfachen Kreuzworträtseln mit Lösungsspalte und Lösungskontrolle			
Unterrichtseinsatz	Als Zusatzbeschäftigungsmöglichkeit (Lesen, Rechtschreiben) besonders für lesende und interessierte Schüler gegen Ende des 1. Schuljahres gut verwendbar.			

Kategorie	Bildmaterial zur Sprech- und Hörschulung
Name	**Sehen, Hören, Sprechen 1 und 2**
Verlag	O. Maier, Ravensburg
Autor	G. E. Heuß
Bestandteile	2 Mappen mit jeweils 56 bunt bebilderten Übungsblättern (ca. 25 × 18 cm)
Unterrichtseinsatz	Gefördert werden soll die differenzierte Wahrnehmung, der mündliche Ausdruck und die akustische Analyse von Lauten und Wortteilen. Einsetzbar besonders im Anfangsleseunterricht, zur Vorbereitung sprachretardierter Schüler auf das Lesen oder zum Ausgleich von Lernrückständen im sprachlich-akustischen Bereich (kleine Gruppen, Förderunterricht)

2.1.2 Kärtchen

Kategorie	Buchstaben-Lernmaterialien
Name	**Buchstaben-Spürkarten**
Verlag	Huesmann und Benz, Rielasingen
Bestandteile	26 Karten mit Sandpapierbuchstaben Kartengröße ca. 11 × 7 cm Buchstabengröße ca. 5 × 3 cm
Unterrichtseinsatz	Die Buchstabenform ist auf der glatten Kartenoberfläche gut zu ertasten. Somit kann das Material auch im Grundschulunterricht eine zusätzliche Hilfe zum Einprägen der Buchstabenform durch Ertasten sein, besonders für lernschwache, auf unmittelbare manuelle Berührung angewiesene Schüler.

Kategorie	Buchstabenkasten
Name	**Lesefreude**
Verlag	Hahn/Oldenbourg Matthäus Hahn, Pfettrach-Altdorf Oldenbourg, München
Bestandteile	Buchstaben des Alphabets mit Umlauten und Doppellauten (jeweils mehrfach) mit Ordnungskasten für die Schüler (Gesamtgröße ca. 25 × 11 cm) Dazu einige Kärtchen mit häufig vorkommenden Wörtern Buchstaben- und Wortkärtchen aus Plastik, aber recht klein (Höhe 3 cm)
Unterrichtseinsatz	Handhabung und Einordnung der Kärtchen für Schüler besonders in der ersten Hälfte des 1. Schuljahres nicht unproblematisch. Vorteil: Der Kasten ist in mehreren Druck- und Schreibschrifttypen erhältlich (Helvetica, Brückl-Schrift, gem. Antiqua, Prima).

Materialien ohne Selbstkontrolle **129**

Kategorie	Buchstabenkasten
Name	**Leseschritte: Das große Abc**
Verlag	Beltz Weinheim
Autor	Dagmar Mahlstedt
Bestandteile	Einzelbuchstaben für die Hand des Schülers Groß- und Kleinbuchstaben Vorderseite: Druckschrift, Rückseite: Schreibschrift ca. 6 × 3 cm, Plastik Aufbewahrungskasten mit Fächern für die Buchstaben
Unterrichts-einsatz	Auf allen Stufen des Leselehrgangs verwendbar, sehr große, handliche und strapazierfähige Buchstaben, leicht zu sortieren, bereits in der 1. Hälfte des 1. Schuljahres verwendbar.

Kategorie	Buchstabenkasten
Name	**„Lesen ist fein" mit „Vorstufe des Lesens"**
Verlag	E. Kuhlemann, Göppingen/Württ.
Bestandteile	235 Buchstaben mit Einsteckkasten Vorderseite Druck-, Rückseite Schreibschrift Buchstabengröße ca. 2 × 3 cm (Pappe) 36 Bildwortkarten (5 × 5 cm, Pappe) Vorderseite: Bild und Wort in Druckschrift, Rückseite: gleiche Symbole auf Bild- und Wortteil 54 Formwörter Vorderseite: Druck-, Rückseite Schreibschrift
Unterrichts-einsatz	Der Einsatz der Arbeitsmittel ist auf allen Stufen des Leselehrgangs möglich. Die Buchstabenkärtchen sind aber recht klein und bereiten Erstkläßlern Probleme beim Handhaben und Einordnen.

Kategorie	Buchstabenkarten
Name	**Abc-Merkspiel (im „Spielkasten" zum Leselehrgang des Pädagogischen Zentrums Berlin)**
Verlag	Beltz Weinheim
Autor	Peter Heyer u. a.
Bestandteile	Der „Spielkasten" enthält außer dem Merkspiel noch Buchstabenwürfel, Wort- und Bildkarten und Grundkarten, die mit den Wort- und Bildkarten ausgelegt werden können. Abc-Merkspiel: Größe der Buchstabenkarten 5 × 5 cm Das ABC enthält alle Großbuchstaben einschließlich der Umlaute Ä, Ö, Ü in zwei Reihen (schwarze Buchstaben auf weißem Grund und weiße Buchstaben auf schwarzem Grund)
Unterrichts-einsatz	Die Einsatzmöglichkeiten werden in einem Begleitheft besprochen. Vor allem für alle möglichen Zuordnungen ist das Material geeignet (Buchstabe-Laut, Buchstabe-Buchstabe, Wort-Buchstabe). Die Ausführung ist handlich und stabil.

Kategorie	Buchstaben-Lernmaterial
Name	**Abc-Arbeitsblätter**
Verlag	Huesmann und Benz, Rielasingen
Bestandteile	Kärtchen (Größe ca. 10 × 7 cm) für alle Großbuchstaben des Alphabets (Buchstabenhöhe ca. 3 cm) für den Einzelschüler. Auf jedem Kärtchen (weiß) ist ein Buchstabe (schwarz) abgebildet, verbunden mit einem typischen Gegenstand oder Tier, das diesen Buchstaben als Anfangslaut enthält.

Unterrichts-einsatz	Besonders für die Anfangslautanalyse geeignet, auch für die Einprägung der Buchstabenform, besonders im Förderunterricht, bei Schülern, die mit solchen Übungen Schwierigkeiten haben.
Kategorie	Lesekarten
Name	**Das große und kleine Alphabet**
Verlag	Verlag Schule und Elternhaus, Kassel-Wilhelmshöhe
Bestandteile	58 Karten (DIN A 6) in Druckschrift. Die Buchstabenkarten dienen der Demonstration; jeweils 1 Karte für einen Groß- und Kleinbuchstaben
Unterrichts-einsatz	Geeignet zur Buchstabeneinführung und für die Zuordnung von Groß- und Kleinbuchstaben. Zum Wortaufbau nicht geeignet, da hierfür von jedem Buchstaben (besonders von den häufigen) mehrere Exemplare nötig wären.
Kategorie	Buchstaben- und Wortteilkarten
Name	**Lesebox**
Verlag	Hahn/Oldenbourg Matthäus Hahn, Pfettrach-Altdorf Oldenbourg, München
Autor	M. Atzesberger (Mitwirkung)
Bestandteile	In einem Einsteckkasten (ca. 26 × 15 cm) befinden sich sämtliche Buchstaben des Alphabets einschließlich der Um- und Doppellaute (mehrfach), dazu 29 häufig vorkommende Wortteile (Morpheme, Silben, Konsonantenhäufungen usw.) Wortkarten recht klein (Höhe 3 cm)

Unterrichts-einsatz	Die Einordnung und Handhabung dürfte für die erste Hälfte des 1. Schuljahres nicht unproblematisch sein; verwendbar gegen Ende des 1. Schuljahres vor allem im Förderunterricht zur Vorbeugung von Lese-Rechtschreibschwäche.
Kategorie	Wort-Bild-Karten
Name	**Lesememory**
Verlag	O. Maier Ravensburg
Autor	F. O. Schmaderer
Bestandteile	Bilder- und Wörterlegespiel 3 Kartensätze zu je 48 Karten: 1. Kartensatz: Ganze Wörter mit Bildern, jeweils doppelt, 2. Kartensatz: Wörter nach Silben getrennt, Silben stehen auf zwei Kärtchen, die zusammengehören. 3. Kartensatz: Zusammengesetzte Wörter sind auf zwei Kärtchen verteilt, die zusammengehören.
Unterrichts-einsatz	Die Karten können zu unterschiedlich schweren Memoryspielen verwendet werden (kleine Gruppen): Zuordnung von gleichen Wörtern, Zuordnung von Wortteilen. Zuordnung von Bestandteilen von Komposita. Dabei ist von Nachteil, daß die Bilder und Wörter auf einer Seite stehen. Somit werden die Kinder häufig zum Erraten der Wörter verleitet.

Kategorie	Wort-Bild-Karten	Unterrichts-einsatz	Besonders für Übungen und Spiele zur Artikulation und Lautanalyse geeignet (Anfangslaute Sch, L, F, B, P, A, O, U, S, T, K), für Partner- und Kleingruppenarbeit besonders in der ersten Phase des Leselernprozesses oder für lernschwache, artikulatorisch-akustisch gestörte Kinder.
Name	**Wir lesen**		
Verlag	O. Maier, Ravensburg		
Autor	F. O. Schmaderer		
Bestandteile	6 Legetafeln (ca. 18 × 18 cm, steifer Karton) 54 Bildkarten (ca. 5 × 5 cm) 54 Wortkarten (ca. 5 × 5 cm, dünner Karton) 126 Wortkärtchen (Vorderseite Druck-, Rückseite Schreibschrift, ca. 3 × 2 cm, dünner Karton) 130 Buchstabenkärtchen (ca. 2,5 × 2,5 cm, in Druck- und Schreibschrift, Vorderseite Groß-, Rückseite Kleinbuchstabe)	Kategorie	Bild-Wortkarten
		Name	**Bild- und Wortkarten aus dem System Radigk (Multimedialer Leselehrgang)**
		Verlag	Schwann Düsseldorf
		Autor	W. Radigk u. a.
		Bestandteile	Bildkarten (schwarz-weiß, ca. 20 × 30 cm) Wortkarten (den Bildkarten zugeordnet, ca. 20 × 7 cm) aus Pappe Leerkarten (20 × 7 cm) mit Linien zum Beschriften
Unterrichts-einsatz	Das vielfältige Material kann zu zahlreichen Übungen und Spielen während des Leselehrganges mit Buchstaben, Wörtern und kleinen Sätzchen verwendet werden (Allein-, Partner-, Kleingruppenarbeit). Eine Anleitung liegt bei. Die Ausführung ist im allgemeinen stabil; dies trifft allerdings für die kleinen Buchstabenkärtchen und die Wortkärtchen nicht zu.	Unterrichts-einsatz	Da Wort- und Bildkarten getrennt sind, können vielfältige Zuordnungsaufgaben vollzogen werden; lehrgangsunabhängig verwendbar, besonders auch für akustische Syntheseaufgaben mit Sinnunterstützung durch Bildkarten.
Kategorie	Bildkarten		
Name	**Sprechlernspiele**		
Verlag	O. Maier, Ravensburg		
Autor	E. Schaar	Kategorie	Wort- und Wortteilkarten
Bestandteile	10 Legetafeln mit Mundbildern (Gesicht eines Kindes, das einen Laut ausspricht, ca. 22 × 30 cm) 110 Deckkärtchen (Bilder von Gegenständen, Tieren, Körperteilen, ca. 7 × 7 cm) Material aus fester Pappe, strapazierfähig	Name	**Wörter – Morpheme – Buchstaben** **Karten für die Stecktafel (zu „Lesen heute")**
		Verlag	Schroedel Hannover
		Autor	Pregel

Bestandteile	Material in Druckschrift zur Demonstration: Sämtliche Buchstaben, sehr wenige Morpheme, einige Grundwörter (auf den Leselehrgang „Lesen heute" bezogen)		Bestandteile	50 Kartenpaare: Wortkarten und Bildkarten (5 × 5 cm) unterschiedliche Schriftgrößen und Schrifttypen, dazu 4 Grundkarten mit jeweils 18 Abbildungsfeldern (Wort bzw. Bild), auf die die Kärtchen gelegt werden können. Außerdem befinden sich im „Spielkasten" noch ABC-Karten und Buchstabenwürfel.
Unterrichtseinsatz	Vor allem die Buchstabentafeln sind lehrgangsunabhängig verwendbar			
Kategorie	Wort-Bild-Karten		Unterrichtseinsatz	Vielfältige Zuordnungsaufgaben unterschiedlicher Schwierigkeit sind didaktisch möglich (Hinweise im Begleitheft): Bildkarte zu Wortkarte Bild- (bzw. Wort)karten zu Grundkarten Wortkarten zu Wortkarten Der Wortschatz entspricht dem des Leselehrgangs des Pädagog. Zentrums (PZ); dennoch können die Materialien auch zusätzlich zu anderen Lehrgängen verwendet werden.
Name	**Lesepeter 1 und 2**			
Verlag	Verlag Sellier, Freising			
Autor	Reidel/Drexler			
Bestandteile	Bildkarten (DIN A 6) mit darunter geschriebenem Reim Wortkarten (DIN A 6) Lottobögen (mit Bild- oder Wortkarten zum Auslegen; dabei entstehen Sätze).			
			Kategorie	Bilderlotto
Unterrichtseinsatz	Die Materialien lassen sich spielerisch in Allein-, Partner- und Gruppenarbeit einsetzen (z. B. Schnapp-, Lotto-, Domino- und Zuordnungsspiele aller Art). Die Bildkarten wurden von Marlene Reidel sehr ansprechend und kindertümlich gestaltet. Die Materialien sind auf mehreren Stufen und zu unterschiedlichen Zielen als Zusatzmaterialien im Leseunterricht verwendbar.		Name	**Was gehört zusammen?**
			Verlag	Kuhlemann Göppingen/Württ.
			Bestandteile	2 Serien mit je 54 Bildwortkarten und 9 Situationsbildern (15 × 10 cm), denen jeweils 6 Bildwortkarten inhaltlich zugeordnet werden können (Material aus Pappe) Bildwortkarten: Vorderseite Bild und Wort (Druckschrift), Rückseite Raster zur Selbstkontrolle
Kategorie	Wort- und Bildkarten		Unterrichtseinsatz	Die Kärtchen können nicht in einen Bild- und einen Wortteil getrennt werden. Damit ist der Einsatz im Leseunterricht auf das ganzheitliche Einprägen der Wörter und auf die optische Arbeit an Wörtern und Buchstaben begrenzt. Die Bilder entstammen überwiegend dem ländlichen Raum. Die Ausführung ist stabil und handlich.
Name	**Wörtermerkspiel (im „Spielkasten" zum Leselehrgang des Pädagog. Zentrums Berlin)**			
Verlag	Beltz Weinheim			
Autor	Peter Heyer u. a.			

Materialien ohne Selbstkontrolle **133**

Kategorie	Bildwortkarten
Name	**Legitur**
Verlag	Kuhlemann Göppingen/Württ.
Bestandteile	Bildkärtchen, Wort-Bildkärtchen, Kärtchen mit Bildern und Wortteilen, Wortkärtchen und Wortteilkärtchen (5 × 5 cm, Karton)
Unterrichtseinsatz	Das sehr umfangreiche Material läßt sich zu vielfältigen Arbeits- und Spielformen verwenden: Zuordnungen von Bildern und Wörtern, Wörtern und Wortteilen, Wortteilen und Bildern. Allerdings erscheint die Aufteilung der Wörter bisweilen recht zufällig. Angesichts der Fülle des Materials scheint ein Einsatz in einer kleineren Gruppe günstiger. Die Ausführung ist sehr stabil.

Kategorie	Wort-Bildkarten
Name	**„Ganzwort-Bildkarten" (Leselotto)**
Verlag	Kuhlemann Göppingen/Württ.
Bestandteile	2 Serien mit je 108 Kärtchen Vorderseite Bild und Wort in Druckschrift, Rückseite Wort in Druckschrift und Schreibschrift Die Teile können evtl. auch voneinander getrennt werden (in Wort- und Bildteil) Größe: 5 × 5 cm, Pappe
Unterrichtseinsatz	Die Materialien sind für das Ganzwortlesen geeignet; sie sind nur dann für echte Erleseaufgaben zu verwenden, wenn das Wort vom Bild getrennt ist. Unter dieser Bedingung kann die Zuordnung von Ganzwörtern zu Bildern und von Schreib- zu Druckschriftwörtern vollzogen werden. Besonders für Zusatzübungen in kleinen Gruppen (LRS-Schüler) verwendbar Stabile handliche Ausführung

2.1.3. Würfel/Steine

Kategorie	Leselernwürfel
Name	**System Bayer I und II**
Verlag	Lehrmittel Heinz Späth, Bad Ditzenbach-Auendorf
Autor	Bayer
Bestandteile	28 Silbenwürfel (3,5 × 3,5 cm, Plastik, Druckschrift) in zwei Ausführungen (System Bayer I und II). Würfel unterschiedlicher Farbe mit verschiedenen Kombinationsmöglichkeiten. Durch Austausch von Anfangssilben zu Endsilben lassen sich vielfältig Wörter zusammenstellen.
Unterrichtseinsatz	Geeignet für die Förderung der Wortbildung und der Wortlesefertigkeit im ganzen 1. Schuljahr (Allein- und Partnerarbeit), sehr handliche stabile Ausführung, lehrgangsunabhängig

Kategorie	Leselernwürfel
Name	**Bauen und Lesen**
Verlag	Schroedel Hannover
Autor	K. G. Kühnle

Bestandteile	45 Buchstabensteckwürfel aus Plastik (2,5 × 2,5 cm, Druckschrift, in vier Farben; dunkelblau: Großbuchstaben, hellblau: Konsonanten, rot: Vokale und Doppellaute, grau: Blancowürfel.	Autor	Wilhelm Krick
		Bestandteile	16 Holzwürfel 3 × 3 cm (4 unterschiedliche Farben) enthalten das ABC in Groß- und Kleinbuchstaben
Unterrichts-einsatz	Die Würfel sind lehrgangsunabhängig verwendbar und besonders für Wortauf- und -abbauübungen geeignet. Die Steckvorrichtung ist leicht zu handhaben.	Unterrichts-einsatz	Zum Einprägen der Buchstaben-Laut-Beziehung sowie zum Legen einzelner Wörter geeignet. Handliche Größe, überschaubare Anzahl, vor allem im Anfang des Leselehrgangs gut verwendbar.
Kategorie	Leselernwürfel		
Name	**Buchstabensteckwürfel nach W. Radigk**	Kategorie	Buchstabenwürfel
Verlag	Harrasser u. Überla Bayreuth	Name	**Buchstabenwürfel im „Spielkasten" zum Leselehrgang des Pädagogischen Zentrums Berlin**
Autor	W. Radigk	Verlag	Beltz Weinheim
		Autor	Heyer u. a.
Bestandteile	24 Plastik-Steckwürfel (gelb mit schwarzer Prima-Druckschrift, 6 Würfel mit Großbuchstaben, 18 Würfel mit Kleinbuchstaben) zum Zusammenstecken, 3 × 3 cm.	Bestandteile	30 Buchstabenwürfel (1,5 × 1,5 cm) Die 6 Seiten eines Würfels zeigen jeweils verschiedene Großbuchstaben (ABC einschließlich der Umlaute), dazu 6 Blancowürfel (beliebig zu beschriften) Außerdem befinden sich im „Spielkasten" noch ABC-Merkkarten, sowie Wort- und Bildkarten mit Grundkarten, die mit den Wort- und Bildkarten ausgelegt werden können.
Unterrichts-einsatz	Die Würfel sind vom Schrifttyp her für den Lehrgang „System Radigk" konzipiert, aber auch lehrgangsunabhängig gut verwendbar. Die Primaschrift entspricht allerdings nicht der heute meist in Lehrgängen verwendeten Druckschrift. Das Zusammenstecken bzw. Trennen der Würfel kann den Wortauf- und -abbau anschaulich-manuell stützen. Die Steckvorrichtung dürfte allerdings etwas leichter gängig sein.	Unterrichts-einsatz	Im Unterricht sind vielfältige Zuordnungsübungen durchführbar; außerdem Buchstaben-Laut-Übungen, Legen von Wörtern, Buchstabensynthese. Spielregeln enthält ein Begleitheft. Die Würfel sind ziemlich klein, ermöglichen aber vielfältige Aufgabenstellungen für die Allein- und Partnerarbeit.
Kategorie	Buchstabenwürfel		
Name	**Buchstabenwürfel in der „Lesekiste"**		
Verlag	Finken Verlag, Oberursel/Ts.		

Kategorie	Leselernwürfel
Name	**System Prof. Birkel**
Verlag	Lehrmittel Heinz Späth, Bad Ditzenbach-Auendorf
Autor	Birkel
Bestandteile	30 Würfel (3,5 × 3,5 cm, Plastik) Je 3 Würfel gleicher Farbe gehören zusammen: 2 Silbenwürfel, dazu ein Bildwürfel Jedem Bild auf dem Bildwürfel entspricht ein Wort, das aus je einer Silbe der beiden Silbenwürfel gebildet werden kann. Ein Anleitungsblatt gibt Hinweise für Arbeits-, Übungs- und Spielformen in Partner- und Kleingruppenarbeit.
Unterrichtseinsatz	Die Würfel sind geeignet zur Einsicht in die Wortbildung, für Erlese- und Schreibübungen auf mehreren Stufen des Lehrgangs. Stabile und handliche Ausführung, lehrgangsunabhängig.

Kategorie	Leselernwürfel
Name	**System Bayer**
Verlag	Lehrmittel Heinz Späth, Bad Ditzenbach-Auendorf
Autor	Bayer
Bestandteile	20 Wortwürfel (3 × 3,5 cm, Plastik) Druckschrift; auf dem Würfel sind Häufigkeitswörter (insgesamt 120) abgebildet (z. B. vor, von, um, uns, über)
Unterrichtseinsatz	Eine Anleitungskarte gibt Hinweise für den unterrichtlichen Einsatz, vorwiegend bei lernschwachen Schülern mit schlechter Wortmerkfähigkeit bei unterschiedlichen Wörtern. Geübt werden kann das Einzelwortlesen in Allein- und Gruppenarbeit; sehr handliche und stabile Ausführung, lehrgangsunabhängig.

Kategorie	Leselernwürfel
Name	**System Straub**
Verlag	Lehrmittel Heinz Späth, Bad Ditzenbach-Auendorf
Autor	Anton Straub
Bestandteile	28 Buchstabenwürfel (3,5 × 3,5 cm, Plastik) mit Groß- und Kleinbuchstaben, erhältlich in Druck- oder Schreibschriftausführung. Verschiedene Farben für Buchstaben-Lautgruppen: rot: Große Anfangsbuchstaben blau: Zischlaute, Reibelaute, Explosivlaute gelb: Vokale, Doppelvokale grün: Nasale, Hauchlaute, Schwinglaute, Engelaute braun: verschiedene Konsonanten, Präfixe, Suffixe
Unterrichtseinsatz	Durch Verwendung verschiedener Farben bei den Würfeln werden die Kombinationen von Buchstaben zu sinnvollen Wörtern erleichtert; zumindest lassen sich erlesbare Buchstabenkombinationen erzielen. Ein Begleitheft gibt Anleitungen für vielfältigen Einsatz im Unterricht. Lehrgangsunabhängig besonders in frühen Lernphasen, aber auch bei langsam lernenden Schülern verwendbar. Besonders ist das Material zur Betreuung lese-rechtschreibschwacher Schüler geeignet (Allein- und Partnerarbeit), stabile und sehr handliche Ausführung

136 Lehr- und Lernmaterialien

Kategorie	Leselernwürfel
Name	**Wörter- und Silbenwürfel**
Verlag	Huesmann und Benz, Rielasingen
Bestandteile	5 Würfelnetze aus Pappe zum Selbstherstellen von Würfeln (Kantenlänge: 10 cm), unbeschriftet
Unterrichtseinsatz	Die Würfel sollen zusammengeklebt und beschriftet werden (Buchstaben, Wörter, Wortteile). Somit ist es möglich, daß für alle Stufen des Leselehrgangs Materialien hergestellt werden. Der Lehrer wird vom Zurechtschneiden der Würfelnetze aus Pappe entlastet.
Kategorie	Buchstaben-Stecksteine
Name	**Latty-L**
Verlag	Huesmann und Benz
Bestandteile	176 Buchstaben-Stecksteine aus Plastik in verschiedenen Farben, jeweils Buchstaben einer lautlichen Kategorie farbgleich (z. B. d-b-g in weiß), jeweils mehrere Exemplare eines Buchstabens vorhanden Größe: ca. 2 × 2 cm, eine Seite Großbuchstabe, andere Seite Kleinbuchstabe in Druckschrift
Unterrichtseinsatz	Zum Einprägen der Einzelbuchstaben, zum Zuordnen von Groß- und Kleinbuchstaben geeignet. Besonders wertvoll auf der Ebene der Synthese: Das Zusammenfügen von zwei und mehr Buchstaben zu einer Einheit kann manuell mitvollzogen werden; besonders für lernschwache Schüler wichtig. Steckvorrichtung ist leicht gängig.

2.1.4. Lernmittel mit Spielvorlagen oder Hilfsgeräten

Kategorie	Würfelspielvorlage
Name	**Schlangenspiele**
Verlag	Klett Stuttgart
Bestandteile	3 Spielvorlagen für Würfelspiele mit 3 bis 4 Kindern (jede Vorlage mit 33 Abbildungen) mit Spielanleitung
Unterrichtseinsatz	Die Vorlagen können zu Würfelwettspielen benutzt werden, die die akustische Anfangs- oder Endlautanalyse bzw. das Reimen unterstützen. Als spielerische Auflockerung in Fördergruppen verwendbar.
Kategorie	Buchstabenspiel
Name	**Scrabble**
Verlag	Spear, Nürnberg
Bestandteile	120 Buchstabenplättchen aus Holz (1,8 × 1,8 cm) mit allen Großbuchstaben des Alphabets einschließlich der Umlaute, je nach Vorkommenshäufigkeit in unterschiedlicher Anzahl, mit Spielplan zum Auslegen.
Unterrichtseinsatz	Als Erwachsenenspiel konzipiert; die Spielplättchen lassen sich aber auch sehr gut zum Legen von Wörtern und kreuzwortartigen Anordnungen in Spiel- und Wettkampfform verwenden.

Kategorie	Buchstabenspiel		Bei insgesamt 100 Begriffen aus der Umwelt der Kinder lassen sich wichtige Wörter erlesen und rechtschriftlich erarbeiten. Besonders für die Alleinarbeit geeignet.
Name	**Hangman**		
Verlag	MB-Spiel		
Bestandteile	Spiel mit Buchstaben und Wörtern Das Spiel kann von zwei Partnern durchgeführt werden. Der eine Spieler steckt ein Wort aus seinen Buchstabenplättchen; der Mitspieler versucht, durch Nennen von Buchstaben das Wort herauszubringen. Dabei können Wörter bis zu 8 Buchstaben Länge gebildet werden.	Kategorie	Buchstabenspiel
		Name	**Buchstabenuhr**
		Verlag	Klett Stuttgart
		Bestandteile	Mittels zweier drehbarer Buchstabenscheiben können in einem Lesefenster zwei Großbuchstaben und dazwischen der zugehörige Kleinbuchstabe (Druckschrift) sichtbar gemacht werden. Ausführung in Pappe, Gesamtgröße (oval) ca. 28 × 15 cm, Größe des Lesefensters ca. 5 × 1,5 cm, Buchstabenhöhe 0,7 bzw. 1 cm.
Unterrichtseinsatz	Das Spiel ist nur als Partnerspiel durchzuführen, eignet sich aber sehr gut zur Buchstaben- und Lautanalyse, zum Auf- und Abbau von Wörtern; auf späteren Lernstufen kann die Rechtschreibung bei Einzelwörtern gefestigt werden.		
		Unterrichtseinsatz	Für lernschwache Schüler zur Einprägung der Einzelbuchstaben und der Groß- bzw. Kleinbuchstabenzuordnung geeignet (Allein- bzw. Partnerarbeit).
Kategorie	Buchstabenspiel		
Name	**Buchstabieren**		
Verlag	Spear, Nürnberg		
Bestandteile	20 bunte Bildtafeln (ca. 23 × 21 cm, Karton) mit jeweils 5 Bildern und den entsprechenden gelochten Buchstabenfeldern neben jedem Bild zum Einstecken der Buchstabenplättchen. 90 Buchstabenplättchen mit Zapfen, die in die jeweils verschiedenen Lochungen der Buchstabenfelder hineinpassen (Größe der Buchstaben: 2,5 × 2 cm).	Kategorie	Stempelkasten
		Name	**Wir drucken. Stempelsatz zum Lesenlernen. Schulausgabe**
		Verlag	Finken Verlag, Oberursel/Ts.
		Bestandteile	Plastik-Stempel für die Buchstaben des Alphabets einschließlich der Umlaute in Druckschrift (Groß- und Kleinbuchstaben), farbliche Unterscheidung der Großbuchstaben (rot) und der Kleinbuchstaben (blau), dazu Stempelkissen, Filzstift, DIN A 4-Block mit Rastereinteilung (ein Rasterfeld für einen Buchstaben (Schülerausgabe)
Unterrichtseinsatz	Mit den Buchstaben können Wörter zu den Bildern gesteckt werden. Die Schüler können ihre Lösung selbst kontrollieren, da nur die richtigen Buchstaben in die Lochungen passen.		

Unterrichts-einsatz	Geeignet für die optische Einprägung von Buchstaben, die Buchstaben-Laut-Assoziation, den Wortaufbau und das Drucken von Wörtern und kleinen Sätzen. Die Buchstabenstempel sind griffig und besonders in der Grundphase des Leselehrganges sowie bei der Betreuung leseschwacher Schüler sehr gut verwendbar.
Kategorie	Stempelkasten
Name	**Stempelkasten**
Verlag	Beltz Verlag, Weinheim
Bestandteile	Stempel aus Holz für die Hand des Schülers für die Groß- und Klein-Druckbuchstaben einschließlich der Umlaute und der Satzzeichen, dazu Stempelkissen und gut gestaltete Arbeitsblöcke zum Bestempeln.
Unterrichts-einsatz	Der Stempelkasten ist für alle Übungen zur Buchstaben-Laut-Assoziation sowie für das Schreiben von Einzelwörtern gut geeignet. Bei Verwendung der Schreibschrift kann er die wichtige Beziehung zwischen Lesen und Schreiben unterstützen. Die Buchstabenstempel sind gut handhabbar.
Kategorie	Buchstabenlernmaterial
Name	**Leseuhr**
Verlag	Kuhlemann, Göppingen/Württ.
Bestandteile	Arbeitsmittel für die Hand des Schülers (auch als Demonstrationsmittel erhältlich). Unterlage mit 9 drehbaren konzentrischen Buchstabenscheiben (jeweils mit den häufigsten Buchstaben des Alphabets), Ausführung in Druck- oder Schreibschrift. In einem Lesefenster können bis zu neun Buchstaben nebeneinander erscheinen.
Unterrichts-einsatz	Wörter können in Alleinarbeit durch Drehen der Buchstabenscheiben auf- oder abgebaut werden. Der Vorteil gegenüber Buchstabenkästen besteht darin, daß keine Buchstaben verloren gehen oder in Unordnung geraten können. Ein Nachteil liegt in der Fülle der gleichzeitig zu überblickenden Buchstaben, die besonders schwächere Schüler verwirrt. Beim Drehen der Scheiben können leicht bereits im Lesefenster eingestellte Buchstaben wieder verschoben werden.
Kategorie	Lesestreifen
Name	**Lesefix**
Verlag	Lehrmittelverlag Ulrich Jülfs, Göttingen
Bestandteile	Gerät mit „Lesefenster" zum Durchschieben von Lesestreifen (maximal 10 Streifen nebeneinander) für den Schüler. Verwendet werden können Buchstabenstreifen, Wortstreifen, Wortteilstreifen. Größe des Gerätes zum Durchschieben der Streifen: ca. 22 × 2,5 cm. Breite der Lesestreifen: 1,5 bis 2,5 cm.
Unterrichts-einsatz	Das Lesefenster des Gerätes gibt nebeneinander Einzelelemente der Lesestreifen frei, so daß Übungen mit Buchstaben (zu Wörtern), Wortteilen (zu Wörtern) und Wörtern (zu einfachen Aussagesätzen) durchgeführt werden können. Eine Lehreranleitung gibt Hinweise zu vielfältigen Übungsmöglichkeiten. Gerät und Lesestreifen dürften etwas größer im Format sein.

2.1.5. Buchstaben und Buchstabenelemente

Kategorie	Buchstaben-Lernmaterial
Name	**Buchstaben zum Anfassen**
Verlag	Huesmann und Benz, Rielasingen
Bestandteile	62 Buchstaben aus Hartplastik Größe ca. 6 cm alle Groß- und Kleinbuchstaben des Alphabets in Druckschrift, in einer Plastikbox (ca. 20 × 15 cm) aufbewahrt
Unterrichtseinsatz	In erster Linie zur Einprägung der optischen Buchstabenform geeignet, ermöglicht ein Befühlen der Buchstaben durch den Schüler, vorwiegend für lernschwache Schüler.

Kategorie	Buchstaben-Lernmaterialien
Name	**Buchstabenelemente**
Verlag	Huesmann und Benz, Rielasingen
Bestandteile	Buchstabenelemente aus geraden und gebogenen Kartonstücken und Punkten für die Oberzeichen
Unterrichtseinsatz	Die Kinder können mit dem Material die Druckbuchstaben des Alphabets selbst zusammensetzen. Damit ist vor allem den langsam lernenden Schülern eine wichtige Lernhilfe zur Einprägung der optischen Buchstabenform gegeben.

Kategorie	Buchstaben-Lernmaterialien
Name	**Haftbuchstaben**
Verlag	Huesmann und Benz, Rielasingen
Bestandteile	340 Haftbuchstaben und -ziffern, Höhe der Buchstaben ca. 5 cm, weiß (auch als Magnetbuchstaben für die Magnettafel lieferbar)
Unterrichtseinsatz	Die Buchstaben haften an Flanelltafeln. Sie stechen durch ihre weiße Farbe gut vom Hintergrund ab.

2.2. Materialien mit Selbstkontrolle

Kategorie	Bild- und Wortmaterial zur Artikulationsschulung
Name	**Sprechbilderbuch 1, 2, 3**
Verlag	Roßner/Vogel
Autor	Heinz Vogel Verlag, Wilhelmshaven
Bestandteile	3 Hefte mit Bild- und Wortmaterial zum Sprechen und Hören unter Anleitung eines mitübenden Erwachsenen.
Unterrichtseinsatz	Geeignet für kleine Fördergruppen sprachretardierter Kinder

Kategorie	Hefte zum Lesenlernen
Name	**Bilder-Buchstaben-Wörter. Übungen zum Lesenlernen**
Verlag	Heinz Vogel, Wilhelmshaven
Bestandteile	3 Hefte (DIN A 4) in Druck- bzw. Schreibschrift Selbstkontrolle über mini-LÜK
Unterrichtseinsatz	Heft 1: Übungen zur akustischen Analyse, zur Zuordnung von Lauten und Buchstaben Heft 2: Übungen zur akustischen Analyse, zum Wortauf- und -abbau, zu Erleseübungen Heft 3: Übungen zur akustischen Analyse, Erleseübungen

Kategorie	Arbeitsmaterial zum Lesenlernen mit Selbstkontrolle
Name	**Erstes Lesen**
Verlag	Heinz Vogel Verlag, Wilhelmshaven
Autor	I. von Maydell
Bestandteile	Arbeitsheft in Druck- bzw. Schreibschrift Selbstkontrolle über mini-LÜK
Unterrichtseinsatz	Der Schüler kann mehrere Zuordnungen vollziehen: Wort-Bild, Bild-Wort, Anfangsbuchstabe-Bild usw. Die Übungen sind für Alleinarbeit mit Selbstkontrolle auf mehreren Stufen des Leselernprozesses geeignet.

Kategorie	Material für Leseübungen mit Selbstkontrolle
Name	**Leseübungen 1, 2, 3**
Verlag	Heinz Vogel Verlag, Wilhelmshaven
Autor	Baumgartl/Vogel
Bestandteile	3 Hefte Selbstkontrolle über mini-LÜK
Unterrichtseinsatz	Leseheft 1: Üben des exakten, fehlerfreien Erlesens von Einzelwörtern (mit Einzelwörtern und Bildern) Leseheft 2: Üben des bedeutungserfassenden Lesens von Einzelsätzen Leseheft 3: Üben des bedeutungserfassenden Lesens an mehreren Sätzen und an Texten Geeignet für die Alleinarbeit vor allem bei etwas fortgeschrittenen Lesern im 1. Schuljahr bzw. bei älteren Schülern mit Leseschwächen.

Kategorie	Leseübungsmittel mit Selbstkontrolle (Hefte)			
Name	**Bunte Leseübungen 1, 2, 3**			
Verlag	Hannover: Schroedel			
Autor	Helene Will-Beuermann und Jens Hinrich (unter Mitarbeit von Hans-Joachim Reincke und Renate Valtin)			
Bestandteile	3 Hefte, DIN A 5 mit schrittweise schwieriger werdenden Übungen auf der Elementebene, Wort- und Satzebene. Selbstkontrolle über eine Abdeckfolie			
Unterrichts-einsatz	Die Hefte bieten vielfältige Übungen zur Zuordnung von Einzellaut und Wort/Bild, Wortteil und Wortteil, Wort und Bild, Wort und Satz, Satz und Bild. Die Selbstkontrolle kann leicht durchgeführt werden. Die Hefte sind nach Einführung der Elemente ab der 2. Hälfte des 1. Schuljahres im Einzel- oder Partnerunterricht besonders zur Binnendifferenzierung oder in kleinen Fördergruppen verwendbar.			

Kategorie	Bildkarten zum Sprechen und Hören
Name	**Wörter sprechen – Laute hören (Kontrollsystem Kleikamp)**
Verlag	O. Maier, Ravensburg
Autor	L. Kleikamp
Bestandteile	36 Bildkarten (steifer Karton ca. 15 × 7,5 cm) 36 Aufgabenkarten (3 unterschiedliche Schwierigkeitsgrade)
Unterrichts-einsatz	Ein Spiel zur Schulung der akustischen Wahrnehmungsfähigkeit

Das Material kann bei Schülern, die die Aufgaben bereits erlesen können, für Gruppenwettspiele eingesetzt werden.

Im Leselehrgang können die graphisch ansprechend gestalteten Bildkarten für die Spracherziehung und für akustische Schulungszwecke eingesetzt werden. Zur Verwendung der Aufgabenkarten bedarf es der Mithilfe des Lehreres; daher kleine Fördergruppen. Das Selbstkontrollsystem ist sehr interessant und vermag zusätzlich zu motivieren.

Kategorie	Leselernmittel mit Selbstkontrolle
Name	**Heinevetters Lesetrainer**
Verlag	O. Heinevetter, Hamburg
Bestandteile	4 Einlegeblätter mit insgesamt 7 Arbeitsseiten (je 49 Felder für Kontrollblättchen) 49 Kontrollblättchen, die reihenweise ineinandergepaßt werden können (dadurch Möglichkeit der Selbstkontrolle vom 2. Plättchen an)
Unterrichts-einsatz	Vielfältige Zuordnungen von Bild und Wort, Wort und Bild, Wort mit farbig abgehobenen Buchstaben und Bild, Buchstaben im Wort und Wort/Bild. Das Arbeitsmittel kann vor allem für die ganzheitliche Bild-Wort-Zuordnung wertvoll sein. Die Zuordnung von Einzelbuchstaben (mitten im Wort) und Bildern ist schwierig. Die farbliche Hervorhebung von Buchstaben am Anfang, im Wortinneren und von ganzen Buchstabengruppen ist manchmal sehr willkürlich vorgenommen.

Kategorie	Lesespiel
Name	**Das Ravensburger Lesetelefon**
Verlag	O. Maier, Ravensburg
Autor	F. O. Schmaderer
Bestandteile	Telefonwählscheibe (zum Wählen von Einzelbuchstaben) 20 Spielvorlagen (zum Austauschen) Auf der Telefonwählscheibe können die Buchstaben eines Wortes nacheinander gewählt werden; bei richtiger Buchstabenfolge zeigt der Pfeil auf der Wählscheibe auf das entsprechende Bild (Selbstkontrolle)
Unterrichts-einsatz	Das Spiel ist zur Ergänzung und Auflockerung des Lese- und vor allem des ersten Rechtschreibunterrichts recht motivierend (Alleinarbeit, Ende des 1., Anfang des 2. Schuljahres). Nachteil: Die Selbstkontrolle zeigt zwar einen Fehler an, läßt aber keinen Rückschluß darüber zu, an welcher Stelle im Wort der falsche Buchstabe gewählt wurde.

3. Lesestoffe

Die Auswahl ist rein subjektiv nach dem Kenntnisstand des Verfassers vorgenommen; es besteht keinerlei Anspruch auf Vollständigkeit.

Die ausgewählten Lesestoffe wurden in drei Kategorien eingeteilt:

Kategorie I: Leichter Wortschatz, kurze Sätze, überwiegend Bilder, große Schrifttypen
(kann bereits vor Abschluß des grundlegenden Leselehrgangs etwa nach 6–8 Monaten eingesetzt werden)

Kategorie II: Längere Sätze, kurze Texte, Schrift und Bild etwa zur Hälfte
(unmittelbar nach Abschluß des Leselehrgangs zu verwenden, als Übergangsschriften zum weiterführenden Leselehrgang des 2. Schuljahrs)

Kategorie III: Längere, etwas anspruchsvollere Texte, schwierigerer Wortschatz, Text überwiegt die Bilder
(für gut lesende Schüler gegen Ende des 1. Schuljahres)

Zur eigenen Information und zur Zusammenstellung einer Klassenbücherei kann der Lehrer folgende Publikationen benützen:

Naegele u. a.: Lese- und Rechtschreibschwierigkeiten. Weinheim 1981, Seite 65 ff. (Beltz Verlag)

Buch – Partner des Kindes. Ravensburg 1979 (O. Maier Verlag)

Arbeitskreis für Jugendliteratur e. V. München (Hg.): Das Buch der Jugend (zu beziehen über die Katalogvertriebsstelle, Schönbornstraße 3, 6500 Mainz)

Arbeitskreis für Jugendliteratur München (Hg.): Das Bilderbuch (zu beziehen über die Katalogvertriebsstelle, Schönbornstraße 3, 6500 Mainz)

Deutsches Jugendschriftwerk Frankfurt (Hg.): Buch-Besprechungsdienst (zu beziehen über das Deutsche Jugendschriftwerk, Kurt-Schumacher-Straße 1, 6000 Frankfurt/M.)

Deutsche Lesegesellschaft: Buchtestbuch. Schenk mir ein Buch
(Gutenberg-Museum, Liebfrauenplatz 5, 6500 Mainz)

Pädagog. Zentrum Hannover (Hg.): Jugendtaschenbücher
(zu beziehen bei O. Maier Ravensburg).

3.1. Kategorie I:

I
Sellier Verlag, Freising
Bilderbücher für das erste Lesealter

Bilderbücher mit sehr großer Druckschrift, ganz einfachen Sätzen und Wörtern aus dem Erstlesewortschatz

Marlene Reidel: Der Apfel
Marlene Reidel: Die Puppe
Marlene Reidel: Ich bin ein Frosch
Konrad Sattler/Barbara von Johnson/Margot Naumann: Ein Stück Papier.

I
Pestalozzi Verlag Erlangen
Reihe „Lesestart" Stufe 1

Boldi sucht ein Haus
Ein Marienkäfer sucht einen Freund

Bilderbücher mit stark anthropomorphisierender Tendenz. Bild überwiegt bei weitem den Text: Pro Seite nur ein einfacher Satz in Großantiqua; für Leseanfänger geeignet, die kleine Sätze erlesen können.

I
Wiesbaden: Brockhaus
Mein erster Brockhaus. Ein buntes Bilder-ABC

Lexikon mit gut gezeichneten großformatigen Bildern zu Begriffen aus dem Wortschatz von Grundschulkindern. Einzelwortbeschriftung in gemischter Antiqua

I
Carlsen Verlag, Reinbek bei Hamburg
Reihe „Totte-Bücher"

Kurzerzählungen aus der Umwelt der Kinder, weit überwiegende Bebilderung, kurze sehr leichte Sätze in großer Druckschrift, einfache Inhalte, dennoch recht lehrreich, aus der kindlichen Erlebniswelt.

Totte geht aus
Totte badet sich
Totte und Monika
Totte und die Muschikatze
Totte geht zum Arzt
Totte verkleidet sich

I/II
Carlsen Verlag, Reinbek
Reihe pixi-Bücher

Einzelheftchen im Kleinformat in mehreren Serien, Bebilderung überwiegt bei weitem den Text, kurze Sätze und überwiegend leichte Texte, nicht ganz einheitlich im Schwierigkeitsgrad, Druckschrift

Serie 1:
Ich spiele, Ich bade, Ich esse, Ich gehe schlafen, Ich bin zu Hause, Ich ziehe mich an.

Serie 2:
Im Frühling, Im Sommer, Im Herbst, Im Winter, Wir spielen zusammen, Wir spielen zu Hause.

Serie 3:
Ich male mich, Ein schöner Tag, Was spielen wir?, Was sagt der Hund?, Was ist darin?, Alle bringen was mit.

Serie 36:
Die Zwillinge im Zelt, Das Rehkitz, Rudies Stablampe, Strubbel und Purzel, Eichhörnchen, Wach auf, Igel, IO der Cowboy, das tapfere Schneiderlein.

Serie 32:
Die Bergtrolle im Tal, Das Schwein und der Pfannkuchen, Das Männchen, das den Schwanz verlor, Jako baut Höhlen, Die Stadtmaus und die Feldmaus, Pitt und Onkel Paul, Da geht Onkel Otto, Ralf und die Semmeln.

Serie 25:
Einmal, zweimal um das Haus, Was sind das für Sachen, Mein Söhnchen, komm mal her, Die Ziege läuft den Berg hinauf, Fiedelhänschen, Rische, rasche, Plaudertasche, Put, put, put, mein Hühnchen, Petersilie Suppenkraut.

Serie 44:
Viola und Bommel, Wir spielen Zirkus, Die Geschichte von Ingo, Lisa und der geheimnisvolle Schrank, Ein kleiner Vogel, Anna ist hungrig, Die Maus und der Elefant.

Serie 43:
Die goldene Gans, Schneewittchen, Tischlein deck dich, König Drosselbart, Der Wolf und die sieben Geißlein, Die Bremer Stadtmusikanten, Brüderchen und Schwesterchen, Das tapfere Schneiderlein.

Serie 40:
Teddy und die anderen, Klip klap und die Tiere, Der Lebkuchenmann, Tiere im Versteck, Ein Ausflug mit Teddy, Das Einschlaf-Buch, Schlaufuchs, Der kleine rote Stiefel.

Serie 39:
Miezekatzen, Ferkelchen, Mama Miezemau und ihre Kinder, Der kleine Kater Schnurr, Im Ponygarten, Babybär, Der kleine Elefant, Klein-Wuschel.

Serie 37:
Das kleine Haus im Wald, Androklus und der Löwe, Katrin hat alles satt, Peters kleiner Rabe, Mein Fahrradbuch, Campingferien, Familie Maulwurf, Die Frau mit den Eiern.

Weihnachts-pixi-Serie 1:
Von drauß vom Walde komm ich her, Schneeflöckchen Weißröckchen, Es weihnachtet sehr, Äpfel, Nuß und Mandelkern, Stille Nacht, heilige Nacht, Tannenbaum und Weihnachtsstern, Mäuseweihnacht, Wenn der Dezember naht.

Weihnachts-pix-Serie 2:
Der Weihnachtskalender, Max und Lili, Vaters Weihnachtsmärchen, Am Heiligen Abend.

3.2. Kategorie II:

II
Sellier Verlag, Freising
Barabara von Johnson: Kuddelmuddel

Unsinnbilderbuch, bei dem durch Umklappen der vier Teile einer Seite Bild und text willkürlich kombiniert werden können. So entstehen ganz einfache Unsinnbilder und -texte, die stark zum Lesen anreizen.
Große Durckschrift, einfache Sätze, mittelschwierige Wörter

II
Verlag Huesmann und Benz, Rielasingen
Lauttreue Lesehefte

Einfache Texte ohne Dehnungen und Kürzungen, mit rechtschriftlich und lesetechnisch einfachem Wortschatz. Dennoch ist die Sprache nicht gekünstelt. Die Heftchen sind mit ganzseitigen Schwarzweißfotos bebildert.

Ochsner/Bär: Im Zirkus
Ochsner/Kocher: Das Entchen Wendelin

II
Jugend und Volk, Wien-München
Reihe für Leseanfänger „Die goldene Leiter"

Lesehefte mit 16 bzw. 32 Seiten, kürzere Einzelgeschichten, bunt und ansprechend bebildert, Druckschrift, große Schrifttypen, Texte gut gegliedert, sehr kindgemäße Inhalte

Hans Domengo: Das ist Ursel
Helen Cresswell: Ein Haus für Jonas
Die kleinen Schweinchen
Pearl S. Buck: Peter und das Eichhörnchen
Vera Ferra-Mikura: Der alte und der junge und der kleine Stanislaus
Auböck/Schießer (Hg.): Hampel Strampel (Gedichte)
Mira Lobe: Ich wünsch' mir einen Bruder
Mira Lobe: Hänschen klein...
Käthe Recheis: Tiki und die kleine weiße Ziege
Ernst A. Ekker: Mein Freund Flexi

II
Benziger Verlag, Köln-Zürich

Marolles/Vendrell: Der Bauer, die Bäuerin und drei kleine Mäuse
(Von einer putzwütigen Bäuerin und drei verfressenen kleinen Mäusen...)
Evelin Hasler: Der Buchstabenkönig und die Hexe Lakritze
(Zwei heitere Geschichten für Kinder, die gerade lesen können)
Irina Korschunow: Steffis roter Luftballon
(Lustige Episoden aus dem Alltag der kleinen Steffi...)
Rosemary Wells: Tim geht zur Schule
Antonella Bolliger-Savelli: Gute Reise, Olivia

Druckschrift, gut illustriert, lustige Texte, setzen Lesevermögen voraus, Ende 1. Schuljahr

II
Carlsen Verlag, Reinbek bei Hamburg
Reihe PETZI-Bücher

Bilderhefte mit kurzen Texten in Druckschrift, inhaltlich anspruchslos, aber für Kinder im Vorschul- und ersten Schulalter ansprechend, vor allem wegen der sehr beliebten Leitfiguren Pingo und Petzi.

Petzi baut ein Schiff
Petzi und Ursula
Petzi trifft Mutter Barsch
Petzi im Siebenschläferland
Petzi bei den Pyramiden
Petzi auf der Schildkröteninsel
Petzi am Nordpol
Petzi als Bergsteiger
Petzi als Bauer
Petzi bei der Ernte
Petzi reist um die Erde
Petzi als Taucher
Petzi auf der Robinson-Insel
Petzi in Pingonesien
Petzi sucht Kuddelmuddel
Petzi auf der Schatzsuche
Petzi als König

Petzi im Schloß
Petzi sucht die Zauberhöhle
Petzi im Unterseeboot
Petzi und sein kleiner Bruder
Petzi beim Wettrudern
Petzi im Doggerland
Petzi und die Trolle
Petzi fährt zur See
Petzi sucht die Mary
Petzi und die Geburtstagskinder
Petzi auf Flußfahrt
Petzi sucht seinen Großvater
Petzi als Baumeister
Petzi trifft Tick-Tack und andere Freunde

II
Pestalozzi Verlag Erlangen
Reihe „Lesestart" Stufe 2

Boldi will helfen
Das hungrige Reh

Tiergeschichten mit anthropomorphisierender Tendenz, aber dennoch guten Informationen;
Bebilderung sehr großformatig.
Text in großformatiger Druckschrift; mehrere einfache Sätze pro Seite.

II
Carlsen Verlag, Reinbek bei Hamburg
Reihe „Karin Bücher"

Kurzerzählungen aus der Kinderwelt, leicht zu lesen und zu verstehen, Bebilderung überwiegt Text, überwiegend kurze Sätze.

Karin beim Zahnarzt
Karin und der Arzt
Karin und Karin Anders
Karins Bruder ist krank
Karins Werkstatt

II
Sellier Verlag, Freising
E. Schwartz/K. Warwel/G. Winter (Hg.)
Bilder und Wörter. Ein Sprech-, Spiel- und Wörterbuch für deutsche und ausländische Kinder in Kindergarten und Grundschule.

Ein Bilderbuch mit beschrifteten Einzelgegenständen und Situationen; Druckschrift, DIN A 4, Querformat, dazu Buchstaben- und Wortblätter zum Ausschneiden;
Anhang: Wortlisten alphabetisch geordnet.

Das Buch ist in erster Linie für die Begriffsbildung und Sprechschulung gedacht, kann aber auch gut ergänzend zum Leseunterricht, vor allem für Worterleseübungen, eingesetzt werden. Es ist auch gut zur Differenzierung, besonders mit ausländischen Kindern, geeignet.

3.3. Kategorie III:

III
Stalling Verlag Oldenbourg
Reihe Lesespatz
Einzelgeschichten, Gedichte, Rätsel
Druckschrift, bebildert, überwiegend Text
anspruchsvolle Wortwahl

Eva Marder: Taggeschichten-Traumgeschichten
(neun kurze, vergnügliche und auch nachdenklich stimmende Geschichten in Großdruckschrift)
Rosemarie Künzler-Behncke: Alle Tage ist was los!
(Gutentag- und Gutenachtgeschichten. Acht kurze Geschichten aus dem Alltag eines Jungen)
Josef Guggenmos: Wer braucht tausend Schuhe
(14 Tiergeschichten und Gedichte vom Tausendfüßler und vielen anderen Tieren)
Dietlind Neven-du-Mont: Wenn die Eulen schaurig heulen
(Ein Tier-ABC in Reimen vom Affen bis zum Zebra...)
René Rilz (Hg.): Mein erstes Fabelbuch
(25 Geschichten von Wolf und Fuchs, von Schaf und Ochs)

René Rilz (Hg.): Mein erstes Rätselbuch
(Eine vergnügliche Sammlung von 99 Rätseln und Scherzfragen)
Alfons Schweiggert: Simsalabim
(13 verwunderliche Zauberergeschichten)
Alfred Hageni: Der Riesenschnurrbart
(...und andere spaßige Geschichten)
Elisabeth Stiemert: Wunschgeschichten
(Elf kurze Geschichten von den Wünschen der Tiere)
Manuela Mechtel: Es lebt ein Krokodil am Nil
(20 neue Kinderlieder zum Singen und Spielen)

III
Arena Verlag Würzburg
Reihe: Erstlesebuch (Taschenbücher)

Ganzschriften, für das erste Lesealter gedacht.
Die Inhalte sind leicht verständlich, interessant erzählt und lustig. Der Text überwiegt die Bebilderung. Die Bilder sind grafisch hervorragend. Der zusammenhängende Text ist in leicht überschaubare Sinnschritte gegliedert, die jeweils mit einer Zeile zusammenfallen. Wortwahl und Ausdrucksweise sind auf den Erstkläßler abgestimmt. Geeignet für gut lesende Schüler ganz am Ende des 1. Schuljahres; auch als erste kleine Klassenlektüre einsetzbar.

Elisabeth Stiemert: Spaß im Zirkus Tamtini
Irmela Wendt: Wo kleine Igel sind
Boy Lornsen: Williwitt und Fischermann

III
Benziger Verlag, Zürich Köln

Irina Korschunow: Steffi und Muckel Schlappohr
Eveline Hasler: Die Hexe Lakritze und Rino Rhinozeros
(Lustige Geschichte von den Erlebnissen des Hexenmädchens Lakritze in der Hexenschule und in der Menschenschule)
Tilde Michels: Als Gustav Bär klein war
(zwölf lustige und spannende Geschichten)
Tilde Michels: Gustav Bär erzählt Gute-Nacht-Geschichten

Emil Zopfi: Musettina, mein Kätzchen
(Die neunjährige Manuela kämpft darum, daß sie Musettina, ihr buntgeschecktes Kätzchen, behalten darf)

Geschichten in kindertümlicher Sprache, aber zusammenhängend, meist längere Texte, setzen gutes Lernvermögen Ende 1. oder 2. Schuljahr voraus, Druckschrift.

III
Jugend und Volk, München-Wien
Reihe „Bilderbücher zur Natur- und Sachbegegnung"

Reiche farbige Sachbebilderung, sachlich erklärende und erläuternde Texte, leicht verständlich, kurze Sätze, aber relativ kleine Schrifttypen.

Wiesmüller/Hofbauer/Tschinkel: Sachbilderbuch I Herbst
Fessl/Tschinkel: Sachbilderbuch II Winter
Zink/Tschinkel: Sachbilderbuch III Frühling
Klein/Tschinkel: Sachbilderbuch IV Sommer
Kunstreich/Hofbauer/Tschinkel: Der Herbst ist schön
Kunstreich/Ekker/Tschinkel: Der Sommer ist heiß
Fessl/Ekker/Tschinkel: Hören und horchen
Rummel/Ekker/Tschinkel: Kennst du den Wind?
Schössow/Hofbauer/Tschinkel: Komm mit nach Blumental im Winter
Schössow/Hofbauer/Tschinkel: Komm mit nach Blumental im Frühling
Schössow/Hofbauer/Tschinkel: Komm mit nach Blumental im Sommer
Kutschera/Hofbauer/Tschinkel: Komm mit nach Blumental im Herbst
Rothfuß/Tschinkel: Wo Menschen arbeiten
Rothfuß/Tschinkel: Wo Menschen wohnen
Rothfuß/Tschinkel: Wer arbeitet hier?
Rothfuß/Tschinkel: Leichte Arbeit – schwere Arbeit
Kreynhop/Hofbauer/Tschinkel: Tierfamilien
Oppermann-Dimow/Ekker/Tschinkel: Kennst du die Luft?

148 *Lesestoffe*

III
Verlag Friedrich Oetinger, Hamburg
Reihe fürs Erstlesealter „Sonne, Mond und Sterne"

Meist längere Geschichten, reich schwarz-weiß bebildert, überwiegend von bekannten Kinderbuchautoren, vom Lesevermögen für die sehr gut lesenden Schüler geeignet, Großdruckschrift

Margret und Rolf Rettich: Gesagt ist gesagt
Josef Guggenmos: Herr Dachs lädt zum Geburtstag ein
James Krüss: Florian auf der Wolke
Astrid Lindgren: Pippi plündert den Weihnachtsbaum
Paul Maar: Die Eisenbahn-Oma
David Henry Wilson: Ich bin ein Superhund

III
Verlag Diesterweg, Frankfurt
Diesterweg Mini-Bücher (Reihen mit Einzelheften)
Kleine sachlich informierende Bild- und Lesehefte, kurzer Text, ziemlich schwierige Wortwahl, Großdruck, Druckschrift, sehr gute Bebilderung

1. Reihe:

Tiere in kalten Ländern:
Der Eisbär – Das Rentier – Der Pinguin – Der Seehund – Der Polarhund – Der Polarfuchs

Tiere in heißen Ländern:
Der Elefant – Der Löwe – Die Giraffe – Das Kamel – Der Affe – Der Tiger

Unsere Vögel:
Die Amsel – Die Singdrossel – Der Sperling – Der Buchfink – Die Blaumeise – Das Rotkehlchen

2. Reihe:

Tiere auf dem Bauernhof:
Die Kuh – Das Schaf – Das Pferd – Das Schwein – Der Hahn und die Henne – Die Ziege

Kinder in anderen Ländern:
Kinder in Indien – Kinder in China – Kinder in Peru – Eskimokinder – Zulukinder – Kinder der Eingeborenen in Australien

Was Menschen lernten:
Menschen beschaffen Kleidung – Menschen machen Kleidung – Menschen bauen Wohnungen – Menschen haben die Schrift erfunden – Menschen haben das Zählen gelernt – Menschen haben die Zeit eingeteilt

3. Reihe:

Vom Wetter:
Wind – Wolken, Nebel und Regen – Eis und Schnee – Die Sonne und die Jahreszeiten – Das Wetter auf der ganzen Welt – Wir beobachten das Wetter

Kinder in vergangenen Zeiten:
Kinder im alten Ägypten – Kinder in Palästina – Kinder im alten Griechenland – Kinder im alten Rom – Kinder zur Zeit der Wikinger – Kinder zur Zeit der Normannen

Was wir essen und trinken:
Getreide und Brot – Zucker – Milch, Butter und Käse – Fleisch und Fisch – Obst und Südfrüchte

4. Reihe:

Nutzpflanzen:
Kaffee, Kakao und Tee – Die Kokospalme – Pflanzen, aus denen Papier gemacht wird – Baumwolle – Kautschuk – Gewürzpflanzen

Menschen und andere Lebewesen:
Menschen in früheren Zeiten – Säugetiere – Insekten – Fische – Vögel in ihrer Umwelt – Amphibien und Kriechtiere

Verkehr:
Das Rad – Die Eisenbahn – Das Auto – Schiffe – Flugzeuge – Fahrzeuge im Weltraum

III
Sellier Verlag, Freising
Kinderhandbücher

Sachlich informierende Büchlein im Kleinformat, steifer Karton, Spiralheftung, kurze erklärende Texte in Druckschrift, ganzseitig bebildert

Ali Mitgutsch:
Vom Holz zum Papier
Vom Meer zum Salz
Vom Korn zum Brot
Vom Baum zum Tisch
Vom Gras zur Butter
Vom Kern zur Birne
Von der Blüte zum Honig
Vom Schaf zum Schal
Vom Kakao zur Schokolade
Von der Milch zum Speiseeis
Von der Rübe zum Zucker
Vom Kautschuksaft zum Reifen
Vom Graphit zum Bleistift
Vom Zement zur Brücke
Vom Obst zur Marmelade
Vom Erdöl zum Benzin
Von der Kuh zum Schuh
Von der Zitrone zur Limonade
Vom Erz zum Löffel
Vom Lehm zum Ziegel
Vom Sand zum Glas
Von der Baumwolle zur Hose

Marlene Reidel:
Vom Nest zum Vogel
Von der Raupe zum Schmetterling
Vom Eis zum Regen
Vom Laich zum Frosch
Vom Kätzchen zur Katze
Menschen unserer Erde

Veronika Neubauer-Zacharias:
Der Wasserkreislauf

Franz Högner:
Vom Plan zum Haus

Annegret Fuchshuber:
Tiere der Urwelt

Ursula Durach/Rossita Gracia-Reichel:
Die Maus ist grau

Veronika Neubauer-Zacharias:
Die Zoo-Tiere

Barbara von Johnson:
Vom Bürger zum Bürgermeister

Sofie Frenzel:
Kinder im Park

III
Klett Verlag Stuttgart
Geschichten

Kleine Lese- und Bildhefte mit Einzelgeschichten, Druckschrift

Geschichten Reihe A:
Drei freche Ziegen
Der Schatz
Der Wettkampf
Drei schwarze Katzen
Der Wettermann
Simons Zoo
Vier junge Schwäne
Pedro und sein Esel
Zarifa, das Kamel

Geschichten Reihe B:
Thomas und die kleine Lok
Der kleine Teekessel
Der Sausewind
Eine Suppengeschichte
Der alte Kessel
Schnipp schnipp schnapp
Die Puppe Belinda
König Löwe
Der Geburtstag
Caroline Liederlich

Der kleine Schlüssel
Die Wanduhr
Ali am Fluß
Hexe Wanda
Der Riesenberg
Der kleine Elefant
Der Schlitten
Die Maus und der Mond

Geschichten Reihe C:
Kastanien zum Spielen
Philipp geht angeln
Der fremde Hund
Wo wohnen die Schwalben?
Der kleine Bruder
Die blaue Diesel-Lok

III
Klett Verlag Stuttgart
Reihe „Geschichten von Monster"
von E. Blance und A. Cook (aus dem Englischen)

Einzelhefte mit lustigen Geschichten von „Monster" (liebenswert dargestellte Figur im Stil der Sesamstraße), Druckschrift in mittelgroßen Typen, comicartig bebildert

1. Serie:
Monster kommt in die Stadt
Monster sucht ein Haus
Monster putzt sein Haus
Monster sucht einen Freund
Monster und Monster-Frau
Monster und sein Zauber-Schirm
Monster geht ins Museum
Monster im Bus
Monster geht zur Schule
Monster in der Schule
Monster feiert Geburtstag
Monster geht in den Zoo

2. Serie:
Monster malt mit den Kindern
Monster-Frau kommt zu Hilfe
Monster macht eine Radfahrt

Monster geht in den Zirkus
Monster geht ins Krankenhaus
Monster geht an den Strand
Monster sucht Arbeit
Monster backt eine Überraschung
Monster macht einen Stadtbummel
Monster beim Spielwaren-Ausverkauf
Monster kauft ein Haustier
Monster baut ein Tierhaus

III
Hoch Verlag, Düsseldorf
Bücher von Ursula Wölfel mit kurzen lustigen Geschichten

Die Bücher sind teils in Druckschrift, teils in Schreibschrift gehalten, sprechen Kinder des 1. Schuljahres vom Inhalt her sehr an, setzen aber eine gute Lesefähigkeit voraus. Die Schrift ist relativ klein. Die Bebilderung ist reichhaltig, bunt und kindertümlich.

Ursula Wölfel: Zwanzig verrückte Geschichten in Schreibschrift
Ursula Wölfel: Neunundzwanzig verrückte Geschichten
Ursula Wölfel: Achtundzwanzig Lachgeschichten
Ursula Wölfel: Eine und sechsundzwanzig ABC-Geschichten
Ursula Wölfel: Zwanzig Lachgeschichten in Schreibschrift
Ursula Wölfel: Zwanzig Suppengeschichten in Schreibschrift
Ursula Wölfel: Siebenundzwanzig Suppengeschichten

Eva Mander: Tim und die Kinder aus der Dachstraße
Einzelgeschichten von 1 bis 2 Seiten Text in großer Druckschrift, schwarz-weiß bebildert, für gute Leser Ende des 1. Schuljahres auch vom Wortschatz her erlesbar.

III
Carlsen Verlag, Reinbek bei Hamburg

Zusammenhängende Inhalte unterschiedlicher Art, einfache Wortwahl, kurze Sätze, große Druck- oder Schreibschrift, erfordert jedoch bereits eine gewisse Lesefertigkeit zum Durchhalten.

Kleiner Läufer
Roter Fuchs und sein Kanu
Die Maus sucht ein Haus
Die Gans legt ein Ei
Fünf kleine Schweinchen
Nina und die Schildkröte
Dino der Delphin
Zweifuß und seine Adlerfeder
Fränzi ist unvorsichtig
Ootahs Glückstag
Bei Eule zu Hause
Frosch und Kröte bei jedem Wetter
Geh nach Hause, kleiner Hund
Die Leute aus der Kullergasse
Die Angsthasen
Lauf, Kaninchen, lauf!
Das grüne Buch
Seeotter
Frosch und Kröte und ihr Drachen
Das war ein schlimmer Tag!
Ein Hund ist ein Freund
Olli auf Fischfang
Löwenzahn

III
Carlsen Verlag, Reinbek bei Hamburg

Katarina Hellner/Tineke Daalder: Janna ist fröhlich
Katarina Hellner/Tineke Daalder: Janna ist traurig

Reich bebilderte Geschichten von den Erlebnissen eines 6-jährigen Mädchens in seiner Umwelt, sehr feinfühlig für die Freuden und Kümmernisse eines Kindes, recht große Druckschrift, einfache, kurze Sätze, spricht Erstkläßler stark an.

III
Franz Schneider Verlag, München
Reihe „Großdruck für junge Leser"

Bücher mit Einzelgeschichten über mehrere Seiten, Druckschrift in besonders großen Typen, Bücher kleinformatig, dadurch wenig Text pro Seite, reich bebildert, kurze Sätze.

Blyton: Jojo und die Wundertasche
Fischer: Wuffi im Schlaraffenland
Hoferer/Keck: Reise zu den Sternhexen
Inkiow: 5 fürchterliche Räubergeschichten
Inkiow: Ich, der Riese, und der große Schreck
Inkiow: Ich, der Riese, und der Zwerg Schnips
Inkiow: Eine Kuh geht auf Reisen
Jögrg: Ach, Roberta
Natus: Kater Schnurzeputz
Natus: Wir Kinder vom Hochhaus
Riehl: Zirkus Mirabelli
Scheffler: Donner, Blitz und Regenbogen
Tschöß: Der dicke und der dünne Pit

III
Loewes Verlag, Bayreuth
Reihe „Leselöwen"

Mehrere Einzelgeschichten in einem Buch, lustig oder spannend, leicht verständlich, mittlere Wortschwierigkeiten, schwarz-weiß bebildert, Text überwiegt, Druckschrift im Großformat

Hans Baumann: Spaßgeschichten
Alfred Hageni: Räubergeschichten

4. Testvorschläge für den Verlauf des 1. Schuljahres

4.1. Artikulation

Phonetisches Bilder- und Wörterbuch von M. Cerwenka
(München-Wien: Jugend und Volk o. J.)
Ermöglicht wird eine Einteilung der Fehler in Vokalfehler und Fehler in den verschiedenen Artikulationszonen bei mehreren häufig vorkommenden Lautverbindungen.

Bremer Artikulationstest (BAT) von W. Niemeyer
(Bremen: Herbig o. J.)

Der Test enthält 100 Wörter zum Nachsprechen mit unterschiedlicher Schwierigkeit; er ist leicht und schnell durchführbar, bietet jedoch nur quantitative Auswertungsmöglichkeiten. Außerdem scheint der Wortschatz keinesfalls kindgemäß.

Lautbildungstest (LBT) von L. Fried
(Weinheim: Beltz 1980)
Der standardisierte Test ist für die Vorschule konzipiert, aber für das 1. Schuljahr noch geeicht. Er ermöglicht sowohl eine Grobeinschätzung wie auch eine Feindiagnose der Lautbildungsschwierigkeiten.

4.2. Lautdiskrimination

Differenzierungsprobe von Breuer und Weuffen
(in: Gut vorbereitet auf das Lesen- und Schreibenlernen. Berlin-Ost: VEB Deutscher Verlag der Wissenschaften 1978)
Die Lautdiskrimination kann sehr exakt überprüft werden; allerdings ist der Test nicht standardisiert.

Bremer Lautdiskriminationstest (BLDT) von W. Niemeyer
(Bremen: Herbig o. J.)
An 66 Wortpaaren wird die Fähigkeit überprüft, gleiche bzw. nicht gleiche Wörter zu erkennen (auf akustischem Wege). Der Test ist in der Durchführung sehr rationell. Jedoch muß bezweifelt werden, ob der Wortschatz kindgemäß ist.

Lautunterscheidungstest (LUT) von L. Fried
(Weinheim: Beltz 1980)
Der exakt standardisierte Test ermöglicht eine Grob- und Feindiagnose der Lautunterscheidungsschwächen im Alter von 4 bis 7 Jahren, kann also im 1. Schuljahr noch verwendet werden. Eine Tonbandcassette mit akustisch zu unterscheidendem Wortmaterial ist dem Testhandbuch beigefügt.

4.3. Buchstaben-Laut-Kenntnis

Überprüfung der Buchstabenkenntnis nach Anselm u. a.
(in: Diagnostische Hilfsmittel für die Arbeit mit lese-rechtschreibschwachen Kindern, Kinderpsychologie 1966, S. 208 ff.)
Überprüft werden kann die Zuordnung von Groß- zu Kleinbuchstaben in Druck- und Schreibschrift, das Lesen von Buchstaben in Druck- bzw. Schreibschrift und das Schreiben von Buchstaben in lateinischer Schreibschrift.

Bremer Buchstaben-, Lese- und Diktatprobe von W. Niemeyer
(Bremen: Herbig o. J.)
Die informellen Testverfahren erfassen die Fähigkeit, Groß- und Kleinbuchstaben in Druck- bzw. Schreibschrift zu lesen und zu schreiben.

Teiltest „Einzellaute und Lautverbindungen" aus dem Zürcher Lesetest von Linder/Grissemann

(Bern-Stuttgart-Wien: 3. Auflage, Hans Huber 1974)
Die Lesefähigkeit gegenüber Groß- und Kleinbuchstaben und häufigen Buchstabenverbindungen in Druckschrift kann überprüft werden.

Verfahren nach F. Holzner
(in: Schulproblem: Lese-Rechtschreibschwäche, München: Oldenburg 1977, S. 64 ff.)
Der Teiltest erfaßt die Zuordnung von großen Druck- zu großen Schreibschriftbuchstaben, sowie von kleinen Druck- zu kleinen Schreibschriftbuchstaben im Lesen, außerdem das Schreiben von Schreibschrift- zu Druckschriftbuchstaben und das Finden von Fehlern bei der Zuordnung von Schreibschrift- zu Druckschriftbuchstaben.

Teiltest „Buchstabenkenntnis" aus dem Untertest „Rechtschreiben" der „Schulleistungstestbatterie für Lernbehinderte und für schulleistungsschwache Grundschüler SBL I" von Kautter/Storz
(Weinheim: Beltz 1972)
Die Schüler schreiben nach Diktat Groß- und Kleinbuchstaben zu einfachen, Doppel- und Mehrfachlauten, Standardnormen liegen nur für den gesamten Untertest „Rechtschreiben" im letzten Drittel des 1. Schuljahres vor.

4.4. Lautanalyse

Informelle Tests zur Überprüfung der Analysefähigkeit der Schüler in den Bereichen Anfangslaute, Endlaute und Gesamtlautbestand eines Wortes von L. Blumenstock
(in: Prophylaxe der Lese- und Rechtschreibschwäche, Weinheim: Beltz 1979)
Die Tests beruhen auf einer gründlichen Wortauswahl und überprüfen die Fähigkeit der Schüler, Laute am Anfang, am Ende des Wortes und den gesamten Lautbestand des Wortes akustisch zu erfassen.

Informelles Prüfverfahren von Anselm u. a.
(in: Diagnostische Hilfsmittel für die Arbeit mit lese-rechtschreibschwachen Kindern, Kinderpsychologie 1966, S. 208ff.)
Die Anfangs- und Endlautanalyse und die Lautierfähigkeit wird erfaßt.

Teiltest „Akustische Analyse von Anfangsbuchstaben" im Untertest „Rechtschreiben" der „Schulleistungstestbatterie für Lernbehinderte und für schulleistungsschwache Grundschüler SBL I" von Kautter/Storz
(Weinheim: Beltz 1972)
Der Test ermöglicht eine Überprüfung der Fähigkeit, vorgesprochene Wörter akustisch erfassen und dann aufschreiben zu können.
Standardnormen liegen nur für den gesamten Untertest Rechtschreiben und für das letzte Drittel des 1. Schuljahres vor.

4.5. Lautverbindung

Informeller Test von L. Blumenstock
(in: Prophylaxe der Lese- und Rechtschreibschwäche, Weinheim: Beltz 1979)
Mittels ausgewähltem Wortmaterial wird die Fähigkeit überprüft, Laute zu ganzen gesprochenen Wörtern zu verbinden.

Subtest „Laute verbinden (LV)" aus dem „Psycholinguistischen Entwicklungstest (PET)" von M. Angermaier
(Weinheim: Beltz 1974)
Mündlich gegebene Lautreihen müssen zu Wörtern synthetisiert werden (steigende Schwierigkeit)

4.6. Lesefähigkeit

Bremer Lesetest (BLT 1–2) von W. Niemeyer
(Bremen: Herbig o. J.)
Der Test erfaßt die Lesetechnik gegenüber überwiegend bekanntem Wortmaterial. Er überprüft daher vermutlich mehr die Wortmerkfähigkeit als die Fähigkeit zum selbständigen Erlesen fremder Wörter.

Zürcher Lesetest von Linder/Grissemann
(Bern-Stuttgart-Wien: Hans Huber, 3. Auflage, 1974)
Der Lesetest enthält Buchstaben und Buchstabenverbindungen sowie Wörter, deren Schwierigkeitsgrad kontinuierlich von sehr kurzen und leichten Wörtern bis zu sehr langen und schwierigen gesteigert wird. An ganzen Sätzen und Textabschnitten kann das zusammenhängende Erlesen von größeren Sinneinheiten überprüft werden.

Lesetestserie von F. Biglmaier
(München-Basel: Reinhardt, 2. Auflage, 1969)
Der Test erfaßt folgende Bereiche:
Lautes Vorlesen von Leseabschnitten unterschiedlichen Schwierigkeitsgrades (1. Abschnitt für das 1. Schuljahr besonders gut geeignet); dabei werden Leseverständnis, Artikulation und Lesegeschwindigkeit überprüft.

Das Erlesen von Einzelwörtern (Worttest) mit steigendem Schwierigkeitsgrad; hierbei werden besonders Umstellungstendenzen erfaßt.
Die Wortunterscheidung: Der Schüler soll das ihm vorgesprochene Wort aus 7 veränderten Wörtern heraussuchen.
Untertests zum Lesen aus der „Schulleistungstestbatterie für Lernbehinderte und für schulleistungsschwache Grundschüler SBL I" von Kautter/Storz
(Weinheim: Beltz 1972)
Dieser Test erfaßt als Gruppentest die Lesefertigkeit und das bedeutungserfassende Lesen der Schüler. Als Einzeltest dient er zur genaueren Analyse der Leseleistung.
Der Test ist für das letzte Drittel des 1. Schuljahres nach Untertests getrennt geeicht.

5. Literaturvorschläge vorwiegend zur Unterrichtspraxis

5.1. Erstlesen

Bierwisch, M.: Schriftstruktur und Phonologie. In: Hofer, A. (Hg.): Lesenlernen – Theorie und Unterricht. Düsseldorf 1976, S. 50 ff.
Bleidick, U.: Lesen und Lesenlernen unter erschwerten Bedingungen. Essen (4. Auflage) 1976.
Blumenstock, L.: Einführung in den Gebrauch der Schriftsprache im Erstunterricht. In: Renner, E. (Hg.): Akzente für den Unterricht auf der Primarstufe. Heinsberg-Oberbruch: Agentur Dieck 1982, S. 125 ff.
Breuer, H./Weuffen, M.: Gut vorbereitet auf das Lesen- und Schreibenlernen? Berlin-Ost 1978.
Der Senator für das Schulwesen Berlin (Hg.): Kartei zum Erstleseunterricht. Berlin 1975.
Deutsche Forschungsgemeinschaft (Hg.): Probleme des Lese-Schreib-Erstunterrichts. Boppard 1979.
Dobiess, F.: Ich lerne lesen. Ratingen 1966.
Dühnfort, E./Kranich, E. M.: Der Anfangsunterricht im Schreiben und Lesen. Stuttgart 1971.
Goodman, K. S.: Die psycholinguistische Natur des Leseprozesses. In: Hofer, A. (Hg.): Lesenlernen: Theorie und Unterricht. Düsseldorf 1976.
Gümbel, R.: Erstleseunterricht. Entwicklungen – Tendenzen – Erfahrungen. Kronberg/Ts. 1980.
Heller, D.: Über den Zusammenhang zwischen Lesen und Rechtschreiben. In: Psychologie in Erziehung und Unterricht 1977, S. 205 ff.
Kern, A./Kern, E.: Praxis des ganzheitlichen Lesenlernens. Freiburg (12. Auflage) 1964.
Knebel, R. u. a.: System Radigk. Lehrerhandbuch. Düsseldorf 1973.
Meiers, K.: Erstlesen. Bad Heilbrunn (2. Auflage) 1981.
Meiers, K.: Die Praxis des Erstleseunterrichts. Analyse, Konsequenzen für die Praxis. Kronberg 1977.
Piecherowski, A. (Hg.): Vielfältiger Erstleseunterricht. Ulm 1980.
Rabenstein, R.: Erstleseunterricht. In: Rabenstein, R. (Hg.): Erstunterricht (2. Auflage). Bad Heilbrunn 1979.
Radigk, W.: Lesenlernen unter besonderer Berücksichtigung der Arbeit mit lernbehinderten Schülern. Berlin (3. Auflage). 1979.
Ritz-Fröhlich, G. (Hg.): Lesen im 2.–4. Schuljahr. Bad Heilbrunn 1981.
Ritz-Fröhlich, G.: Weiterführender Leseunterricht in der Grundschule. Bad Heilbrunn 1971.
Schönpflug, W.: n-Gramm-Häufigkeiten in der deutschen Sprache. I. Monogramme und Diagramme. In: Zeitschrift für experimentelle und angewandte Psychologie 1969, S. 157 ff.
Schubenz, S.: Eine Morphemanalyse der deutschen Sprache und ihre lernpsychologische Bedeutung für die Vermittlung von Schriftsprachenkompetenz. In: Legasthenie-Zentrum (Hg.): Materialien zur Entwicklung einer Kindertherapiekonzeption. Berlin 1978, S. 8 ff.
Topsch, W.: Lesenlernen, Erstleseunterricht. Bochum 1979.
Vestner, H.: CVK-Leselehrgang. Lehrerhandbuch. Berlin (2. Auflage) 1975.
Warwel, K.: Signalgruppen und strukturgemäßes Lesenlernen. In: Die Grundschule 1975. S. 311 ff.

5.2 Erstschreiben

Boehncke, H./Humburg, J.: Schreiben kann jeder. Reinbek b. Hamburg 1980.
Bärmann, F. (Hg.): Lernbereich: Schrift und Schreiben. Braunschweig 1979.
Chomsky, C.: Zuerst schreiben, später lesen. In: Hofer, A. (Hg.): Lesenlernen: Theorie und Unterricht. Düsseldorf 1976, S. 239 ff.
Dostal, K.: Methodik des Schreibunterrichts. Wien-München 1972.
Diener, K.: Schreibenlernen. Psychologische und didaktische Voraussetzungen. Stuttgart 1980.
Glöckel, H.: Erstschreibunterricht – Schreiben und Rechtschreiben. In: Rabenstein, R. (Hg.): Erstunterricht. Bad Heilbrunn (2. Auflage) 1979, S. 109 ff.
Glöckel, H.: Schreiben lernen, Schreiben lehren. Donauwörth (3. Auflage) 1976.
Gramm, D.: Entwicklungsgemäßes Schreibenlernen. Teil I: Schreiben in der Vorschule und im 1. Schuljahr. Hannover 1971.
Heuß, G. E.: Aktuelle Fragen des Erstlesens und Erstschreibens. In: Pädagogische Welt. Donauwörth 1977, S. 620 ff.
Lämmel, A.: Natürliches Schreiben. Bonn 1960.
Liedel, M.: Gegenwärtige Tendenzen in der Praxis des Schreibenlernens. In: Pädagogische Welt 1977, S. 533 ff.

Meis, R.: Schreibleistungen von Schulanfängern und das Problem der Ausgangsschrift. Göttingen 1963.
Menzel, W.: Schreibenlernen. In: Pregel, D. (Hg.): Lesen heute – Schreiben heute. Lehrerhandbuch. Hannover 1975.
Muth, J.: Ausgangsschrift im Erstleseunterricht. In: Meiers, K. (Hg.): Erstlesen. Bad Heilbrunn 1977, S. 139 ff.
Neuhaus-Siemon, E.: Schreibenlernen im Anfangsunterricht der Grundschule. Königstein 1981.
Weinert, F. u. a.: Schreiblehrmethode und Schreibentwicklung. Weinheim 1966.

5.3. Lese-Rechtschreibschwäche

Angermaier, M. (Hg.): Legasthenie. Frankfurt 1976.
Blumenstock, L.: Prophylaxe der Lese- und Rechtschreibschwäche. Weinheim (Diss.) 1979.
Deutsche Forschungsgemeinschaft (Hg.): Zur Lage der Legasthenieforschung. Bonn-Bad Godesberg 1977.
Holzner, F.: Schulprobleme; Lese-Rechtschreibschwäche. München 1977.
Kossakowski, A.: Wie überwinden wir die Schwierigkeiten beim Lesen- und Schreibenlernen, insbesondere bei Lese-Rechtschreibschwäche. Berlin-Ost (2. Auflage) 1962.
Kowarik, O./Kraft, J.: Legasthenie und ihre methodische Behandlung. Wien–München 1973.
Kossow, H.-J.: Zur Therapie der Lese-Rechtschreibschwäche. Berlin-Ost (6. Auflage) 1979.
Malmquist, E./Valtin, R.: Förderung legasthenischer Kinder in der Schule. Weinheim-Basel 1974.
Metze, W.: Früherkennung von Leseschwäche. In: Die Grundschule 1976, S. 690–692.
Metze, W.: Verhinderung von Leseschwäche durch Frühdiagnose und gezielte Förderung. In: Blätter für Lehrerfortbildung 1978, S. 276 ff.
Meyer, H.: Lese-Rechtschreibschwäche und ihre Behandlung im Unterricht. Hannover 1974.
Müller, R.: Leseschwäche – Leseversagen – Legasthenie. Bd. 1: Gezieltes Lese- und Rechtschreibtraining auf der Grundlage einer funktionalen Theorie der Legasthenie. Weinheim 1974.
Müller, R.: Leseschwäche – Leseversagen – Legasthenie. Bd. 2.: Theoretische und empirische Grundlagen eines gezielten Lese- und Rechtschreibtrainings. Weinheim 1974.
Naegele, I. M. u. a.: Lese- und Rechtschreibschwierigkeiten. Weinheim-Basel 1981.
Niemeyer, W.: Zur Prophylaxe der L-R-S. In: Ehrenwirth Grundschulmagazin 1977, S. 9 ff.
Oehrle, B.: Visuelle Wahrnehmung und Legasthenie. Weinheim 1974.
Pilz, D.: Zur Arbeitsweise mit der Morphemmethode im Zentrum für Lese-Rechtschreibförderung in Berlin. In: Legasthenie-Zentrum (Hg.): Materialien zur Entwicklung einer Kindertherapiekonzeption. Berlin 1978, S. 61 ff.
Rathenow, P./Vöge, J.: Erkennen und Fördern lese- und rechtschreibschwacher Schüler. Fuldatal 1979.
Schneider-Rumor, M.: Erste Übungen mit Klängen, Lauten und Buchstaben. In: Fernstudienlehrgang Legasthenie. Studienbegleitbrief 4. Weinheim 1974, S. 7 ff.
Schultheis, J.: Legasthenie und Leselehrmethode. In: Analysen und Ansätze einer neuen Grundschuldidaktik. Kastellaun 1976, S. 117 ff.
Straub, A.: Die Förderung des Legasthenikers in der Schule. Stuttgart 1974.
Straub, A. u. a.: Gezielte Lese- und Rechtschreibförderung in Grundschule und Orientierungsstufe. Stuttgart 1979.
Valtin, R.: Empirische Untersuchungen zur Legasthenie. Hannover 1972.
Valtin, R.: Ursachen der Legasthenie: Fakten oder Artefakte? In: Zeitschrift für Pädagogik 1975, S. 407 ff.

5.4. Sprache – Artikulation – Sprachfehler

Atzesberger, M.: Sprachaufbau, Sprechbehinderungen, Pädagogische Hilfen. Stuttgart
Fried, L.: Spiele und Übungen zur Lautbildung. Weinheim-Basel 1981.
Führing, M. u. a.: Die Sprachfehler des Kindes und ihre Beseitigung. Wien (7. Auflage) 1978.
Hofmann, W.: Sprachbildung und Sprecherziehung des lernbehinderten Kindes auf phonetischer Grundlage. Villingen-Schwenningen 1969.

Schilling, K.-H./Wicke, E. (Hg.): Sprechkursus. Stimmbildung-Lautbildung-Sprechübungen. Kassel-Wilhelmshöhe 1974.

5.5. Grundwortschatz

Bühnemann, H.: Die Wortschatzfrage im Anfangsleseunterricht. In: Die Welt der Schule 1963, S. 554–552.
Duden-Redaktion (Hg.): ABC-Duden. Mannheim 1971.
Lemke, H.: Mein buntes Bilderwörterbuch. Gütersloh 1970.
Oehler, H.: Grundwortschatz Deutsch. Stuttgart 1966.
Plickat, H.-H.: Deutscher Grundwortschatz. Wortlisten und Wortgruppen für Rechtschreibunterricht und Förderkurse. Weinheim 1980.
Rathenow, P.: Minimalwortschatz Rechtschreiben Klasse 1. In: Naegele, I. M. u. a. (Hg.): Lese- und Rechtschreibschwierigkeiten. Arbeitskreis Grundschule. Weinheim 1981.
Schultze, W.: Der Wortschatz der Grundschule. Stuttgart 1956.
Wendelmuth, E.: Mindestwortschatz für den Rechtschreibunterricht in den Klassen 1–4. Berlin-Ost 1971.

5.6. Lautgebärden

Bleidick, U.: Lesen- und Lesenlernen unter erschwerten Bedingungen. Essen 1966, S. 121 ff.
Dummer, L.: Lautgebärden als psychomotorische Hilfen. In: Die Grundschule 1978, S. 442–444.
Kraft, W.: Lautgebärden im Erstleseunterricht der Lernbehinderten- und Geistigbehindertenschule. Eine vergleichende Untersuchung der bisherigen Gebärdemethoden. In: Zeitschrift für Heilpädagogik 1971, S. 1–19.
Radigk, W.: Lesenlernen unter besonderer Berücksichtigung der Arbeit mit lernbehinderten Schülern. Berlin (3. Auflage) 1979.
Schultheis, J.: Lautgebärden als didaktische Hilfe zur Integration sprachbehinderter Kinder. In: Die Sprachheilarbeit 1972, S. 202–210.

Mit Kindern lesen
1. Schuljahr 2. Schuljahr

Von Doris Mauthe-Schonig, Bruno Schonig und Mechthild Speichert

Das Projekt »Mit Kindern lesen« ist der Versuch, ein Unterrichtsangebot zu schaffen, mit dem sich Lehrer und Kinder identifizieren können. Im Mittelpunkt des Unterrichts steht die Idee der fortlaufend erzählten Geschichte. Diese Geschichten spiegeln inhaltlich und atmosphärisch die zentralen Motive kindlichen Erlebens und Handelns wider. In den Geschichten werden Gefühle und Probleme angesprochen, die denen der Kinder ähnlich sind: neugierig sein, alleine sein, sich geborgen fühlen, sich trennen müssen, Angst haben, sich bewegen wollen, angeben wollen, von etwas träumen, Streit haben, sich etwas wünschen...

Das Geschichtenerzählen erfolgt zu einem Zeitpunkt, wo die Lücke zwischen der Lesefertigkeit einerseits und der emotionalen und intellektuellen Entwicklung andererseits noch besonders groß ist.

Die Kinder verstehen im 1. und 2. Schuljahr weitaus mehr als sie sich durch eigenes Lesen aneignen können. Diese Kluft wird durch die Differenziertheit der Erzählungen überbrückt.

Mit Kindern lesen im ersten Schuljahr
Anfangsunterricht mit den Geschichten von der kleinen weißen Ente.
95 S. Format DIN A 4. DM 28,– (62305)

Das Lehrerhandbuch enthält die Darlegung der Unterrichtskonzeption, die Beschreibung der ersten Schultage und größerer Unterrichtsprojekte und die Vorlesegeschichten.

Die kleine weiße Ente
Die kleine weiße Ente – Mal- und Lesefibel. 72 S. Format DIN A 4. Mit 32 mehrfarbigen Abb.
DM 18,– (62303)

Mit der Fibel bekommen die Kinder ein richtiges Kinderbuch in die Hand. Am Anfang überwiegen Bilder zum Angucken, später kommen auch Texte und Bilder hinzu, die sich nicht mehr ausschließlich auf die Vorlesegeschichten beziehen.

Die kleine weiße Ente – Arbeitsheft.
65 S. Format DIN A 4. DM 8,– (62304)

Im Arbeitsheft findet der Lehrer ausführliche Unterrichtshinweise in Form kleiner Kommentare. Das Arbeitsheft ist eine Art Wörterbuch, in dem die Kinder angeleitet und auch selbständig die Bedeutung von Buchstaben und Lauten herausfinden können.

Bitte fordern Sie unseren Sonderprospekt »Mit Kindern lesen« an.

Beltz Verlag, Postfach 1001 54, 6940 Weinheim
Preisänderungen vorbehalten.

Da es sich beim gesamten Gulli-Material um ein Konzept handelt, in dem Themen des Deutschunterrichts und Inhalte des Sachunterrichts als Einheit behandelt werden, wird nicht ausschließlich geschrieben.
Neben dem kommunikativen Charakter der Schreibanlässe geht es hier um die Sicherung eines begrenzten Schreibwortschatzes.

Gulli
Gullis Lesebuch
96 S. Format 12,8 × 20,7 cm.
DM 15,– (62297)

Dieses Lesebuch unterscheidet sich hauptsächlich von üblichen Lesebüchern dadurch, daß die Personen, von denen erzählt wird, den Kindern aus den Vorlesegeschichten bekannt sind.

Gullis Arbeitsheft
64 S. Format DIN A 4.
DM 6,– (62298)

Gullis Arbeitsheft ist kapitelweise gegliedert. Die kleinen Arbeitsaufgaben stehen in assoziativem Zusammenhang zu der Erzählung.

Gullis Schreibheft
36 S. Format DIN A 4. je DM 6,–
Lateinische Ausgangsschrift: (62299)
Vereinfachte Ausgangsschrift: (62301)

Mit Kindern lesen
Handlungsorientierter, fächerübergreifender Unterricht im zweiten Schuljahr. 134 S. mit den 14 Gulli-Geschichten u. zahlr. Abb., Magazinformat. DM 26,– (62080)

BELTZ